GOPI KRISHNA · KUNDALINI

GOPI KRISHNA

KUNDALINI

ERWECKUNG
DER GEISTIGEN KRAFT
IM MENSCHEN

OTTO WILHELM BARTH VERLAG

Der Titel, der bei Ramadhar & Hopman, New Delhi and Zürich, erschie-
nenen englischen Originalausgabe lautet: Kundalini · The Evolutionary
Energy in Man. © Copyright 1967 by Gopy Krishna, Karan Nagar, Srinigar,
Kashmir.
Autorisierte Übersetzung: Sinai R. B. Pleyer und Ursula von Mangoldt.

Dr. Sinai Barbara Rotraut Pleyer,

der Friedensbotin für die große Aufgabe,
Religion und Wissenschaft in Harmonie,
Völker und Menschen in Frieden zu verbinden.

Mein Dank gilt Frederic J. Hopman aus Taverna/Schweiz und Dr. James Hillman, Studienleiter am Jung-Institut Zürich, für ihre Hilfe bei der Veröffentlichung dieses Werkes in Indien. Sie trafen mich im Sommer 1952 in Srinagar. Der Besuch führte zu einer Verbindung, die bis heute andauert. Herr Hopman half bei der Herausgabe des Buches. Dr. Hillman schrieb einen psychologischen Kommentar für die indische Ausgabe, in dem er die Parallele zieht zwischen meinen Erfahrungen und dem Individuationsprozeß von C. G. Jung. Mein Dank gilt auch Dr. Frederic Spiegelberg, ehemaligem Professor der Vergleichenden Religionswissenschaft und der Indologie an der Stanford-Universität, für seine wissenschaftliche Einführung in die indische Ausgabe.

Weilheim/Obb., Schilcherhof   *Gopi Krishna*
Januar 1968

Erstes Kapitel

ERWECKUNG DER KUNDALINI

Eines Morgens, Weihnachten 1937, saß ich mit gekreuzten Beinen im Zimmer eines kleinen Hauses in der Umgebung von Jammu, der Winterhauptstadt des Staates Jammu und Kaschmir in Nordindien. Ich meditierte, das Gesicht zum Fenster nach Osten gewendet. Die ersten grauen Strahlen der langsam sich erhellenden Morgenröte fielen in das Zimmer. Durch lange Übung war ich daran gewöhnt, stundenlang in der gleichen Stellung zu sitzen ohne die geringste Unbequemlichkeit, und ich saß da, atmete langsam und rhythmisch, richtete meine Aufmerksamkeit auf den obersten Teil meines Kopfes und versenkte mich in eine imaginäre Lotusblüte, die dort in hellem Licht erstrahlte.

Ich saß unbewegt und aufrecht. Ohne Unterbrechung strömten meine Gedanken zu dem leuchtenden Lotus hin in der festen Absicht, meine Aufmerksamkeit dort zu halten, vom Abschweifen zu bewahren und sie immer wieder zurückzubringen, wenn sie sich in einer anderen Richtung bewegten. Die Intensität der Konzentration unterbrach meinen Atem, langsam wurde er so still, daß er kaum mehr wahrnehmbar war. Mein ganzes Wesen war so sehr in den Lotus eingetaucht, daß ich für mehrere Minuten hintereinander die Berührung mit meinem Körper und meiner Umgebung verlor. Während einer solchen Unterbrechung — für einen Augenblick — war es mir, als ob ich mitten in der Luft ohne irgendein Körpergefühl schwebte. Das einzige, dessen ich gegenwärtig wurde, war ein Lotus in hellem Glanz, der Strahlen von Licht aussandte. Diese Erfahrung haben viele Menschen gemacht, die in dieser oder anderer Form sich für eine längere Zeit regelmäßig in der Meditation geübt haben. Aber, was sich an diesem schicksalhaften Morgen bei mir ereignete und mein ganzes Leben wandelte, mögen nur wenige erlebt haben. Während eines Augenblicks der starken Konzentration fühlte ich etwas Seltsames unten an der Wirbelsäule, gerade dort, wo ich den Boden berührte. (Ich saß im Schneidersitz auf einer gefalteten Decke auf dem Boden.) Die Sensation war so außerordentlich und so wonniglich, daß ihr meine Aufmerksamkeit folgen mußte. In dem Augenblick, in dem sich meine Konzentration nicht mehr auf den Lotus richtete, auf den Punkt, auf den sie eingestellt war, hörte die Empfindung plötzlich auf. Ich dachte, dies könnte nur Täuschung sein, von meiner Phantasie hervorgerufen, und schlug mir die ganze Sache aus dem Kopf. Dann brachte ich meine Aufmerksamkeit zurück an den Punkt, von dem sie abgeschweift war. Ich konzentrierte mich wieder auf den Lotus, und als das Bild auf dem Scheitel meines Kopfes klar und ganz deutlich wurde, hatte ich erneut die gleiche Empfindung. Dieses Mal versuchte ich, meine Aufmerksamkeit nicht schweifen zu lassen und war für einige Sekunden erfolgreich, aber die Empfindung, die von unten immer höher nach oben wanderte, war so intensiv, so ungewöhnlich und stellte alles bisherige in den Schatten, daß trotz aller meiner Anstrengung meine Gedanken sich darauf richteten. Im selben Augenblick verschwand sie wieder. Nun war ich davon überzeugt, daß mir etwas Außerordentliches widerfahren war und daß hierfür meine täglichen Konzentrationsübungen verantwortlich waren.

Ich hatte wunderbare Berichte von gelehrten Männern über große Wohltaten als Ergebnis der Konzentration gelesen und über geheimnisvolle Kräfte, die die Yogis durch solche Übungen erlangt hatten. Mein Herz begann wie wild zu schlagen, und ich fand es schwierig, meiner Aufmerksamkeit den notwendigen Grad der Zielgerichtetheit zu geben. Aber nach einer Weile wurde ich ruhig und fand mich bald in tiefer Meditation. Als ich vollkommen versunken war, erfuhr ich die gleiche Empfindung, aber diesmal nahm ich meine ganze Kraft zusammen, um meine Gedanken auf dem Punkt zu halten, auf den ich sie eingestellt hatte. Mit großer Disziplin blieb meine Aufmerksamkeit dort gebannt. Die Empfindung stieg wieder nach oben, wuchs an Intensität, und ich fühlte, wie ich zu schwanken begann. Mit großer Mühe konzentrierte ich mich wieder auf den Lotus. Plötzlich fühlte ich einen Strom flüssigen Lichtes, tosend wie einen Wasserfall, durch meine Wirbelsäule in mein Gehirn eindringen.

Ganz unvorbereitet auf ein solches Geschehen, war ich völlig überrascht. Ich blieb in derselben Stellung sitzen und richtete meine Gedanken auf den Punkt der Konzentration. Immer strahlender wurde das Leuchten, immer lauter das Tosen. Ich hatte das Gefühl eines Erdbebens, dann spürte ich, wie ich aus meinem Körper schlüpfte, in eine Aura von Licht gehüllt. Es ist unmöglich, dieses Erlebnis genau zu beschreiben. Ich fühlte, wie der Punkt meines Bewußtseins, der ich selber war, immer größer und weiter wurde und von Wellen des Lichtes umgeben war. Immer weiter breitete es sich nach außen hin aus, während der Körper, normalerweise der erste Gegenstand seiner Wahrnehmung, immer mehr in die Entfernung zu rücken schien, bis ich seiner nicht mehr bewußt war. Ich war jetzt reines Bewußtsein, ohne Grenze, ohne Körperlichkeit, ohne irgendeine Empfindung oder ein Gefühl, das von Sinneswahrnehmungen herrührte, in ein Meer von Licht getaucht. Gleichzeitig war ich bewußt und jedes Punktes gegenwärtig, der sich ohne jede Begrenzung oder materielles Hindernis gleichsam in alle Richtungen ausbreitete. Ich war nicht mehr ich selbst, oder genauer: nicht mehr, wie ich mich selber kannte, ein kleiner Punkt der Wahrnehmung, in einen Körper eingeschlossen. Es war vielmehr ein unermeßlich großer Bewußtseinskreis vorhanden, in dem der Körper nur einen Punkt bildete, in Licht gebadet und in einem Zustand der Verzückung und Glückseligkeit, der unmöglich zu beschreiben ist.

Nach einer Weile — wie lange es gedauert hat, wüßte ich nicht zu sagen — begann der Kreis wieder enger zu werden. Ich fühlte, wie ich mich zusammenzog und immer kleiner wurde, bis ich der Grenzen meines Bewußtseins erst dumpf, dann klarer bewußt wurde. Als ich in meine alte Beschaffenheit zurückschlüpfte, nahm ich plötzlich wieder den Lärm auf der Straße wahr, fühlte ich wieder meine Arme, meine Beine und meinen Kopf und wurde wieder mein enges Selbst in Kontakt mit Körper und Umgebung. Als ich meine Augen öffnete und um mich blickte, fühlte ich mich ein wenig schwindelig und verwirrt, als ob ich aus einem seltsamen Land zurückkehrte, das mir ganz fremd gewesen war.

Die Sonne war aufgegangen und schien mir voll ins Gesicht, warm und angenehm. Ich versuchte meine Hände zu heben, die während der Meditation übereinander in meinem Schoß ruhten. Meine Arme fühlten sich lahm und leblos an. Mit Mühe erhob ich sie und streckte sie aus, um das Blut frei fließen zu lassen. Dann versuchte ich, meine Beine aus der Stellung zu befreien, in der ich gesessen hatte und sie in eine bequemere Lage zu bringen, aber ich vermochte es nicht. Sie waren schwer und steif. Mit Hilfe meiner Hände befreite ich sie und streckte sie aus, dann lehnte ich meinen Rücken gegen die Wand und entspannte mich in einer leichten und angenehmen Art.

Was war mir widerfahren? War ich das Opfer einer Halluzination? Oder hatte ich dank einer seltsamen Laune des Schicksals die Erfahrung des Übersinnlichen gemacht? Hatte ich tatsächlich Erfolg gehabt, wo Millionen andere versagt hatten? War überhaupt ein Stück Wahrheit in der oft wiederholten, jahrtausendealten und von Generation zu Generation bezeugten Behauptung der Weisen und Asketen Indiens, daß es möglich sei, die Wirklichkeit zu erfassen, wenn man gewissen Regeln der Lebensführung folgt und die Meditation in einer bestimmten Weise übt? Meine Gedanken waren äußerst verwirrt. Ich konnte kaum glauben, daß ich eine göttliche Vision gehabt hatte. Mein Selbst, mein Bewußtsein hatte sich erweitert und der Lebensstrom, der unterhalb der Wirbelsäule aufgebrochen war und durch das Rückenmark in meinem Gehirn Eingang fand, hatte die Wandlung bewirkt. Ich erinnerte mich, daß ich vor langer Zeit in der Yoga-Literatur über einen bestimmten Mechanismus, Kundalini, gelesen hatte, der mit dem unteren Ende der Wirbelsäule in Verbindung steht und durch besondere Übung aktiviert werden kann. Einmal erweckt, trägt er das begrenzte menschliche Bewußtsein zu übersinnlichen Höhen und schenkt dem Individuum unvorstellbare psychische und geistige Kräfte. War mir das Glück zuteil geworden, den Schlüssel zu diesem wunderbaren Vorgang gefunden zu haben, der, eingehüllt in die Legende der Zeiten, von Menschen flüsternd besprochen wurde, ohne daß sie ihn jemals in sich oder anderen am Werke gesehen hätten? Ich versuchte die Erfahrung noch einmal zu machen, aber ich war so schwach und verblüfft, so daß ich meine Gedanken nicht genügend sammeln und in einen Zustand der Konzentration bringen konnte. Mein Gehirn war in Aufruhr. Ich blickte zur Sonne. Hatte ich sie vielleicht im Zustand der äußersten Konzentration für die strahlende Aura gehalten, die mich im überbewußten Zustand umgab? Ich schloß meine Augen und ließ die Sonnenstrahlen auf meinem Gesicht tanzen. Nein, die Glut, die ich jetzt über meinen geschlossenen Lidern empfand, war völlig anders. Sie war äußerlich und hatte nicht jenen Glanz. Das Licht, das ich erlebt hatte, war inwendig, ein wesenhafter Teil meines erweiterten Bewußtseins, ein Teil meiner selbst. Ich erhob mich. Meine Beine waren schwach und schwankten unter mir. Meine Lebenskraft war wie ausgesogen. Mit meinen Armen stand es nicht besser. Ich massierte leicht meine Ober- und Unterschenkel. Als ich mich ein bißchen besser fühlte, ging ich langsam die Treppe hinunter. Meiner Frau sagte ich nichts. Schweigend nahm ich das Frühstück und ging zur Arbeit. Mein Appetit war nicht so gut wie gewöhnlich, mein Mund war ausgedörrt. In meinem Amt konnten sich meine Gedanken nicht in die Arbeit fügen. Ich war in einem Zustand der Erschöpfung und Müdigkeit, nicht geneigt zu sprechen. Ich fühlte mich so benommen, daß ich hinaus auf die Straße ging, um auf andere Gedanken zu kommen. Mein Geist wanderte immer wieder zurück zu dem Erlebnis am Morgen und versuchte, das wunderbare Phänomen, das ich erfahren hatte, in der Vorstellung noch einmal zu gestalten, aber ohne Erfolg. Mein Körper, vor allem meine Beine waren immer noch schwach, und ich konnte nicht lange gehen. Ich fand kein Interesse für die Menschen, die mir begegneten. Ich bewegte mich losgelöst und gleichgültig gegenüber meiner Umgebung, die mir völlig fremd erschien.

Ich kehrte früher zu meinem Schreibtisch zurück, als ich beabsichtigt hatte, und verbrachte die restlichen Stunden, indem ich mit Papier und Bleistift spielte, ganz unfähig meine Gedanken auf die Arbeit zu konzentrieren. Als ich am Nachmittag nach Hause zurückkehrte, fühlte ich mich nicht besser. Ich konnte mich nicht entschließen mich hinzusetzen und ein Buch zu lesen, was ich gewöhnlich am Abend tat. Schweigend nahm ich mein Abendessen ohne Appetit oder Vergnügen und zog mich zum Schlafen zurück. Für gewöhnlich fiel ich in Schlaf, sobald ich meinen Kopf auf das Kissen gelegt hatte, aber in dieser Nacht fühlte ich mich seltsam unruhig und verstört. Ich konnte die Verzückung am Morgen nicht mit der abendlichen Niedergeschlagenheit in Einklang bringen. Diese lastete schwer auf mir, während ich mich auf dem Bett von einer Seite auf die andere drehte. Ich hatte ein unaussprechliches Gefühl der Angst und Ungewißheit. Zu guter Letzt schlief ich mit allen Zweifeln ein. Mein Schlaf war unregelmäßig, ich hatte seltsame Träume und wachte nach kurzen Zeitabständen auf im scharfen Gegensatz zu meinem sonst ungestörten, tiefen Schlaf. Von drei Uhr morgens an blieb ich wach. Ich saß für einige Zeit aufrecht in meinem Bett. Der Schlaf hatte mich nicht erfrischt. Ich fühlte mich immer noch müde, und meine Gedanken ermangelten der Klarheit. Die übliche Zeit für meine Meditation rückte heran. Ich entschied mich, früher damit zu beginnen, ehe die Sonne mir auf Gesicht und Hände scheinen würde. Ohne meine Frau aufzuwecken, ging ich die Treppe hinauf in mein Studio. Ich breitete die Decke aus, setzte mich wie gewöhnlich mit gekreuzten Beinen auf den Boden und begann zu meditieren.

Ich konnte mich nicht mit der gleichen Intensität konzentrieren wie am Vortag, obwohl ich mein bestes versuchte. Meine Gedanken schweiften ab. Anstatt den Zustand der freudigen Erwartung zu erlangen, fühlte ich mich seltsam nervös und unbehaglich. Nach wiederholter Bemühung gelang es mir endlich, meine Aufmerksamkeit auf den üblichen Punkt zu richten, in Erwartung eines Ergebnisses. Nichts geschah, und ich begann an der Echtheit meines früheren Erlebnisses zu zweifeln. Ich versuchte es wieder. Diesmal mit besserem Erfolg. Ich riß mich zusammen, konzentrierte meine wandernden Gedanken, fixierte meine Aufmerksamkeit auf den Scheitel des Kopfes und versuchte, mir den Lotus in voller Blüte vorzustellen, wie es meine Gewohnheit war. Sobald ich auf dem höchsten Punkt der geistigen Zielgerichtetheit angelangt war, fühlte ich wieder, wie sich der Strom nach oben bewegte. Ich hielt meine Aufmerksamkeit bewegungslos, und wieder floß, wie eine Sturzflut mit tosendem Geräusch in meinen Ohren, der Strom des Lichtglanzes in mein Gehirn und erfüllte mich mit Macht und Lebenskraft. Ich fühlte, wie ich mich nach allen Richtungen hin ausweitete und mich über die leiblichen Grenzen hinaus entfaltete, während ich vollständig in das strahlende bewußte Glühen versenkt blieb, eins mit ihm und dennoch nicht vollständig in ihm aufgegangen. Der Zustand hielt kürzer an als am Vortag, und das Gefühl der Verzückung war nicht so stark. Als ich wieder zu mir kam, fühlte ich mein Herz wild schlagen, und ein bitterer Geschmack war in meinem Mund. Es schien, als ob ein beißender Sturm heißer Luft durch meinen Körper fuhr. Das Gefühl der Erschöpfung und Müdigkeit war stärker als am vorhergehenden Tag.

Es war noch dunkel. Ich ruhte eine Weile aus, um Kräfte und Gleichgewicht wiederzugewinnen. Ich hatte nun keinen Zweifel mehr, daß die Erfahrung Wirklichkeit war und die Sonne nichts mit dem innerlich geschauten Glanz zu tun hatte. Aber warum fühlte ich mich so unruhig und niedergeschlagen? An Stelle eines Gefühles der Glückseligkeit und der Freude über mein Erlebnis, hatte mich die Traurigkeit übermannt. Ich wußte nicht warum. Mir war, als schwebte ich in einer drohenden Gefahr von etwas, das jenseits meines Verstehens und meiner Macht lag, von etwas Unfaßbarem und Geheimnisvollem, das ich weder fassen noch analysieren konnte. Eine dunkle Wolke der Niedergeschlagenheit und Traurigkeit schien mich zu umgeben. Sie erhob sich aus meinen inneren Tiefen und stand in keiner Beziehung zu äußeren Gegebenheiten. Ich hatte das Gefühl, als ob ich nicht mehr derselbe Mensch wäre, der ich noch einige Tage vorher gewesen war. Diese unerklärbare Veränderung ließ mich in einen Zustand des Schreckens fallen, aus dem mich, wie sehr ich es auch versuchen mochte, keine Willensanstrengung herausreißen konnte. Ich ahnte, daß ich von diesem Tage an niemals mehr mein altes natürliches Ich sein würde. Ohne es zu wollen, ohne Vorbereitung, selbst ohne ein angemessenes Wissen, hatte ich die wunderbarste, gewaltigste Kraft im Menschen zur Tätigkeit erweckt und hatte unwissend den Schlüssel zu dem meist behüteten Geheimnis der Alten berührt. Von nun an hing mein Dasein an einem Faden, der zwischen Leben und Tod hin- und herschwang, zwischen Gesundheit und Wahnsinn, zwischen Licht und Finsternis, zwischen Himmel und Erde.

Mit 17 Jahren begann ich zu meditieren. Ein nicht bestandenes Examen im College, das mich daran hinderte, die Universität zu besuchen, hatte in meinem jugendlichen Gehirn eine Revolution ausgelöst. Mich bekümmerte nicht so sehr der Fehlschlag und das verlorene Jahr, wie der Gedanke, daß es meiner Mutter, die ich sehr liebe, großen Kummer bereiten mußte. Tage- und nächtelang grübelte ich, wie ich ihr die schmerzliche Nachricht am liebevollsten beibringen könnte. Sie war von meinem Erfolg so überzeugt, daß ich einfach nicht den Mut hatte, sie zu enttäuschen. Ich war ein ausgewählter Stipendiat und hatte im College eine Vorrangstellung. Aber statt mich dem Studium der vorgeschriebenen Texte zu widmen, war ich damit beschäftigt, Bücher aus der Bibliothek zu lesen, die nicht zum Stoff gehörten. Zu spät erkannte ich, daß ich über einige Themen beinahe nichts wußte und keine Aussicht hatte, die

Prüfung zu bestehen. Ich hatte in meiner ganzen Schulzeit niemals die Schande einer fehlgeschlagenen Prüfung erlitten und war immer von den Lehrern gelobt worden. So fühlte ich mich jetzt am Boden zerstört durch den Gedanken, daß meine Mutter — die stolz auf meine Leistungen und von einem Examen mit Auszeichnung überzeugt war — schmerzlich berührt sein würde durch das Zugeständnis meiner Nachlässigkeit.

Geboren in einem Dorf, in einer Familie hart arbeitender und gottesfürchtiger Bauern, hatte das Schicksal sie zum Partner eines Mannes bestimmt, der beträchtlich älter war und aus Amritsar stammte. Diese Stadt lag zu jener Zeit sechs Tagereisen von ihrem Geburtsort entfernt. Unsicherheit und Gesetzlosigkeit auf dem Lande hatte einen meiner Vorfahren gezwungen, den schönen, kühlen Erdboden seiner Heimat zu verlassen und sein Glück in den dürren Ebenen des entfernten Punjab zu suchen. Dort lebten mein Großvater und Urgroßvater in veränderter Kleidung und mit anderer Sprache im Exil. Alles mußten sie ändern. Nur die religiösen Gebräuche und die unverkennbaren Gesichtszüge der Kaschmir Brahmanen blieben die alten. Mein Vater kehrte in das Land seiner Ahnen zurück, nachdem er die Höhe seines Lebens fast schon überschritten hatte, um dort zu heiraten und sich niederzulassen. Er hatte eine tief mystische Anlage. Selbst zu der Zeit seiner großen weltlichen Aktivität hielt er Ausschau nach Yogis und Asketen, die dafür bekannt waren, geheimnisvolle okkulte Kräfte zu besitzen. Er war niemals müde, ihnen zu dienen und bei ihnen das Geheimnis ihrer wunderbaren Kräfte zu erlernen.

Er glaubte fest an die traditionellen Schulen der religiösen Lehre und des Yoga, die in Indien seit undenklichen Zeiten blühen. Die freiwillige Aufgabe irdischen Ehrgeizes und Besitzes befähigen den Geist, sich von den schweren Ketten, die ihn an die Erde binden, zu befreien und seine unergründlichen Tiefen zu messen, die von Wünschen und Leidenschaften nicht gestört werden. Die Vollmacht für eine solche Lebensführung stammt aus den Veden, nein, aus den Beispielen selbst, die jene vom Geiste ergriffenen Schöpfer der Veden-Gesänge und die berühmten Seher der Upanishaden hatten. Diese schlossen sich einer feststehenden Praxis der alten Indo-Arier an und zogen sich vom geschäftigen Leben eines Hausvaters im reifen Alter von 50 Jahren oder später zurück, manchmal sogar in Begleitung ihrer Frauen, um den Rest ihres Lebens in einer Wald-

Einsiedelei in Meditation und Gebet zu verbringen, das Vorspiel zu einem würdigen und friedlichen Tod.

Mein Vater, ein glühender Bewunderer dieses antiken Ideals, das im herzerfrischenden Gegensatz steht zum: »Kehre dem Himmel den Rücken und heirate auf der Erde« von heute, wählte etwa zwölf Jahre nach seiner Heirat das Leben eines Einsiedlers. Seine allmählich wachsende Entscheidung wurde durch den tragischen Tod seines ältesten Sohnes im Alter von fünf Jahren beschleunigt. Von einem einträglichen Regierungsposten ließ er sich – noch ehe er fünfzig war – pensionieren, verzichtete auf alle Freuden und Pflichten des Lebens, schloß sich mit seinen Büchern in der Einsamkeit ein und überließ die ganze Verantwortung der Haushaltsführung seiner unerfahrenen jungen Frau.

Sie hatte schrecklich gelitten. Mein Vater verließ die Welt als sie 27 Jahre alt war, Mutter von drei Kindern, zwei Töchtern und einem Sohn. Wie sie uns aufgezogen hat, mit welcher Hingabe sie für die kleinsten Dinge meines asketischen Vaters sorgte, der sich vollkommen von der Welt abgeschnitten hatte und niemals mit uns ein Wort wechselte, mit welch unermüdlicher Arbeit und großer Opferbereitschaft sie unseren guten Namen und die Ehre der Familie zu wahren wußte, würde den Stoff liefern zu einem großen Epos von unvergleichlichem Heldentum, unbeugsamer Pflichterfüllung, Keuschheit und größter Selbstverleugnung.

Ich fühlte mich schuldig und zerknirscht. Wie konnte ich ihr im Eingeständnis meiner Schwäche gegenübertreten? Um nicht wieder der gleichen Verfehlung schuldig zu werden und um meine Neigung zur Unbeständigkeit zu zügeln, war es unerläßlich, Herr meiner selbst zu werden. Nachdem ich diesen Entschluß gefaßt hatte, suchte ich nach einer Möglichkeit, ihn in die Tat umzusetzen. Dafür war es notwendig, zumindest ein wenig darüber zu wissen, wie man sein aufrührerisches Selbst bezwingt. So las ich einige Bücher über die Entwicklung der Persönlichkeit und Selbstbeherrschung. Aus dem umfangreichen Material, das in diesen Büchern stand, wählte ich zwei Themen aus: Konzentration der Gedanken und Entwicklung der Willenskraft. Mit jugendlicher Begeisterung begann ich mit den Übungen. Ich lenkte meine ganze Energie auf die Erreichung dieses Zieles und ordnete ihm alle meine Wünsche in der kürzesten Zeit unter. Niedergeschlagen und verärgert über meinen Mangel an Selbstbeherrschung, der mich meiner Neigung für fesselnde Romane und andere leichtere Literatur eher nachgeben ließ, als die trockenen und schwierigen Lehrbücher zu lesen, traf ich nun die Entscheidung, meinen Willen in allen Dingen zu üben. Zunächst tat ich es im Kleinen, dann übte ich mich langsam an größeren und schwierigen Dingen. Als Buße legte ich mir unangenehme und harte Übungen auf, gegen die sich meine Art, das Leichte zu lieben, widerwillig aufbäumte, bis ich die ersten Zeichen der Selbstbeherrschung zu spüren begann und die zunehmende Überzeugung, daß ich in Zukunft nicht mehr die Beute gewöhnlicher Versuchungen sein würde.

Von der Selbstbeherrschung ist es nur ein Schritt zu Yoga und den Geheimlehren. Fast unmerklich glitt ich vom Lesen der Bücher über Yoga zum eingehenden Studium der geistlichen Literatur über. Ich las auch einige der Schriften. Im Schmerz über den ersten Fehlschlag meines Lebens, getroffen von meiner Schuld, fühlte ich in mir einen wachsenden Widerwillen gegen die Welt und ihre hoffnungslos verwickelten Angelegenheiten, die mich so gedemütigt hatten. Das inbrünstige Verlangen nach Entsagung brannte in mir. Ich suchte nach einem ehrenvollen Weg aus dieser Spannung, diesem Wirrwarr des Daseins herauszukommen und den Frieden, die ruhige Gewißheit eines geweihten Lebens zu finden. In dieser Zeit des inneren Konfliktes übte die heilige Botschaft der Bhagavad Gita eine tiefe und wohltätige Wirkung auf mich aus. Sie beruhigte das brennende geistige Fieber durch das Versprechen auf ein ewiges, friedliches Leben im Einklang mit der unendlichen Wirklichkeit, jenseits der Welt der Erscheinungen, in der sich Freude und Schmerz miteinander mischen. Ich schwenkte vom ursprünglichen Plan unmerklich zum anderen Pol über, da ich die Möglichkeit des Versagens durch mangelnde Entschlußkraft ausschalten wollte. Bald übte ich meinen Willen und meine Gedanken nicht mehr im Hinblick auf weltliche Ziele, sondern mit dem einzigen Wunsch, im Yoga erfolgreich zu sein, selbst unter dem Opfer aller meiner irdischen Aussichten.

Mein weltlicher Ehrgeiz starb. In diesem jugendlichen Alter, in dem man mehr von Idealen und Träumen als vom praktischen Sinn der Wirklichkeit bestimmt wird und eher dazu neigt, die Welt durch eine rosarote Brille zu betrachten, sollten die Sorge und das Leid, die überall sichtbar sind, durch den klar betonten Gegensatz zwischen dem, was ist, und dem, was sein soll, die Richtung der Gedanken, vor allem bei empfindsamen Naturen, wandeln. In meinem Fall war die Wirkung eine zweifache: Ich wurde realistischer, aufgerüttelt aus dem holden Traum eines schmerzlosen, leichten Daseins. Zum anderen wurde mein Wille dahin ausgerichtet, ein Glück zu finden, das immer währt und nicht auf Kosten anderer besteht. In der einsamen Stille meines Zimmers wog ich die Vor- und Nachteile der verschiedenen Wege, die mir offen standen, gegeneinander ab. Einige Monate vorher hatte ich noch den Ehrgeiz, mich auf eine erfolgreiche Laufbahn vorzubereiten, auf ein Leben voller Freuden und Bequemlichkeiten, die der reichen Gesellschaftsschicht beschieden sind. Jetzt erstrebte ich nur noch ein Leben des Friedens ohne weltlichen Ehrgeiz und Wettstreit. Warum sollte ich mein Herz an Dinge hängen, fragte ich mich, die ich letzten Endes doch wieder aufgeben muß, meist mit tausend Schmerzen, unter dem Schwert des Todes? Warum sollte ich nicht zufrieden nur mit dem leben, was vernünftigerweise notwendig ist für die Erfüllung der wenigen natürlichen Bedürfnisse und die Zeit, die ich dadurch spare, dem Erlangen der Dinge widmen, deren Wert von Ewigkeit ist? Warum nicht lieber den unvergänglichen Schmuck für mein unwandelbares ewiges Selbst gewinnen als nur dem Leib zu dienen und ihn zu verherrlichen?

Je länger ich darüber nachdachte, desto mehr zog es mich zu einem einfachen, unauffälligen Leben, frei vom Verlangen nach der irdischen Größe, die ich mir ausgesucht hatte. Das einzige Hindernis — und es schien mir schwer überwindbar zu sein — war die Frage, wie ich die Einwilligung meiner Mutter hierfür gewinnen könnte. Schon einmal, als mein Vater die Welt verließ, waren all ihre Hoffnungen zerstört worden. Nun hatte sie alle Erwartungen in mich gesetzt. Sie wünschte, mich in einer stolzen Position zu sehen, durch die ich die nach dem Fortgang meines Vaters in Armut gefallene Familie wieder zu wirtschaftlicher Blüte bringen würde. Mein Vater hatte alles, was meine Mutter vom Einkommen sparen konnte, verschenkt, so daß uns selbst für die Not nichts übrigblieb.

Ich wußte, daß die geringste Kenntnis meiner Pläne ihr großen Schmerz verursachen würde. Das wollte ich auf jeden Fall verhindern. Der Drang, mich ganz der Suche nach Wahrheit zu widmen, war auf der anderen Seite zu stark, um unterdrückt zu werden.

Es kam mir aber niemals in den Sinn, meine Familie und mein Zuhause aufzugeben. Alles hätte ich eher geopfert, sogar den Weg, den ich für mich ausgewählt hatte, ehe ich mich von meinen Eltern getrennt oder mich der Pflichten entledigt hätte, die ich ihnen schuldig war. Von diesen Gedankengängen abgesehen, sträubte sich auch mein ganzes Wesen gegen die Idee, ein heimatloser Wandermönch zu werden, der für seine Erhaltung von der Arbeit anderer abhängig ist. Wenn Gott die Verkörperung alles Guten, Edlen und Reinen ist, wie kann er dann anordnen, daß alle, die den brennenden Wunsch haben, ihn zu finden und sich seinem Willen hinzugeben, ihre Familie verlassen müssen, der sie durch Bindungen, die er ihnen selbst ins Herz gelegt hat, verpflichtet sind? Wie kann er verlangen, daß sie von Ort zu Ort wandern, um auf die Liebe und Barmherzigkeit jener angewiesen zu sein, die diese Bindungen achten?

Ich hatte mich entschlossen, ein einfaches und sauberes Familienleben zu führen, in dem ich meine Pflichten erfüllen und friedlich von dem Ertrag meiner Arbeit leben könnte. Ich würde meine Wünsche niedrig halten und mich auf das Lebensnotwendige beschränken, um genug Zeit und die geistige Ruhe zu haben, den Weg weiter zu gehen, den ich für mich ausgewählt hatte. In diesem zarten Alter war es nicht mein Verstand, sondern etwas in mir, das tiefer und weiter sah und den Sieg über meinen inneren Konflikt davon trug. Es entwarf den Weg des Lebens, dem ich seither gefolgt bin. Ich ahnte damals noch nicht, daß ich Jahre später blindlings in den furchtbaren Mahlstrom von überirdischen Mächten tauchen mußte, um aus ihren unheimlichen Tiefen eine Antwort auf die Frage herauszuholen, die die Menschheit seit Jahrtausenden bewegt. Vielleicht hatte dieses Rätsel auf eine Gelegenheit gewartet, um durch seltenes Zusammentreffen von Umständen eine Übereinstimmung mit den heutigen wissenschaftlichen Bestrebungen des menschlichen Denkens zu finden und damit den Abgrund zwischen dem schlichten Glauben auf der einen und der kritischen Vernunft auf der anderen Seite zu überbrücken.

Ich war nicht reif genug, die Schwierigkeiten zu bemessen, die ein solcher Schritt im Gefolge hat. Ich suchte nach Selbstverwirklichung und wollte trotzdem ein normales Familienleben führen, anstatt alle Bindungen des Herzens niederzureißen, wie es von hunderten verzweifelter junger Menschen getan wird im Nacheifern großer Vorbilder und in Übereinstimmung mit den Schriften und der überlieferten Autorität.

Wir lebten in jenen Tagen in einem kleinen Haus mit drei Stockwerken in einer engen Gasse am Rande der Stadt. Es war eine übervölkerte Gegend, aber wir hatten genug Luft und Sonne und einen schönen Ausblick auf Feld und Wiesen. Ich wählte mir eine Ecke in einem unserer beiden Zimmer aus und ging täglich beim ersten Dämmerschein dorthin, um zu meditieren. Am Anfang tat ich es nur für kurze Zeit. Im Laufe der Jahre aber vermochte ich, in derselben Stellung für Stunden aufrecht und stetig zu sitzen, meine Gedanken zu zügeln und sie fest auf den Gegenstand der Konzentration zu richten, ohne ein Anzeichen von Müdigkeit oder Ruhelosigkeit zu spüren. Mit harter Entschlossenheit versuchte ich, den strengen Lebensregeln zu folgen, die für den Studenten des Yoga vorgeschrieben sind. Es war kein leichtes Unterfangen für einen Schüler meines Alters, ohne Führung eines verehrten Lehrers, mit jener Mäßigkeit, Geradheit und Selbstbeherrschung zu leben, die für den Erfolg im Yoga entscheidend sind. Und das inmitten des Glanzes und der Lustbarkeit einer modernen Stadt, stets umgeben von unbekümmerten, wilden Schulfreunden. Aber ich hielt durch. Zäh folgte ich meiner Entscheidung. Jeder Fehler spornte mich zu einer größeren Anstrengung an. Ich war fest entschlossen, mein unbeherrschtes Temperament zu zügeln, anstatt ihm Macht über mich zu geben. Wie weit ich hierin Erfolg hatte, kann ich nicht sagen. Ohne die unerbittliche Selbstbeherrschung aber, die ich jahrelang übte, um das Ungestüm und die Überschwenglichkeit der Jugend zu bändigen, hätte ich wohl niemals die Feuerprobe in meinem fünfunddreißigsten Jahr überleben können.

Meine Mutter entnahm meiner völlig veränderten Haltung, daß eine tiefgehende Wandlung mich betroffen hatte, so daß ich ihr nichts mehr erklären mußte. Hinzu kam ein plötzlicher Fieberausbruch, der ihr solche Angst einjagte, daß sie auf meiner sofortigen Abreise nach Kaschmir bestand. Als es um die Frage meiner Gesundheit ging, maß sie meinem Studium keine Wichtigkeit mehr bei. Da man mir in diesem Augenblick ein Angebot als Angestellter in niedriger Gehaltsstufe des Staatsministeriums für Öffentliche Arbeiten machte, nahm ich es mit ihrer Zustimmung bereitwillig an. Ich reiste nach dem schönen Kaschmirtal und erlebte zum ersten Mal die mechanische und sklavische Arbeit in einem kleinen Amt. Innerhalb eines Jahres zogen meine Eltern nach Srinagar, und bald war meine Mutter damit beschäftigt, eine passende Braut für mich zu finden. Im nächsten Sommer, im dreiundzwanzigsten Jahr meines Lebens, wurde nach traditioneller Art die Ehe mit meiner Frau vollzogen, die sieben Jahre jünger ist als ich und einer Panditfamilie aus Baramulla entstammt. Ich setzte sie schon in der Hochzeitsnacht in Erstaunen, als ich das eheliche Schlafzimmer um drei Uhr morgens verließ, um in einem am Fluß gelegenen Tempel ein Bad zu nehmen. Nach einer Stunde kehrte ich zurück, versenkte mich schweigend in Meditation, bis es Zeit war, ins Büro zu gehen. Sie paßte sich in wunderbarer Weise einem Zug ihres Mannes an, der ihrem natürlichen Verstand ungewöhnlich erscheinen mußte. So empfing sie mich im Winter, wenn ich ganz benommen vor Kälte nach Hause zurückkehrte, mit einem warmen Handtuch.

Ein Jahr später wurde ich nach Jammu versetzt. Nach einigen Monaten folgte sie mir mit meinen Eltern, die sie in ihr Herz schlossen um ihres hohen Pflichtgefühls willen und ihrer nicht nachlassenden Sorge für sie. Manchmal mußte ich die Meditation unterbrechen aus Gründen, auf die ich keinen Einfluß hatte. Aber ich verlor niemals das Ziel aus den Augen, schweifte niemals von dem Wege ab, den ich erwählt hatte. Ich bereitete mich vor, ohne von der großen Krise zu ahnen, die vor mir lag.

Zur Zeit dieses außerordentlichen Erlebnisses, 1937, war ich Sekretär des Erziehungsministers. Vorher war ich in gleicher Eigenschaft im Ministerium für Öffentliche Arbeiten tätig gewesen, hatte aber dort die Kühnheit besessen, den Minister, der ein krankhaftes Vergnügen daran fand, Untergebene zu tyrannisieren, auf eine ungerechte Anordnung aufmerksam zu machen. Darauf wurde ich ins Erziehungsministerium versetzt. In beiden Ämtern schätzte ich die Arbeit wenig, obwohl ich in den Augen meiner Kollegen beneidenswerte Stellungen innehatte. Die Ungerechtigkeiten, denen ich begegnete, erschwerten mir das Leben, zumal ich stets Partei für die Unterdrückten nahm und deshalb auch Gelegenheit zur Beförderung ausschlug. Da ich keine Befähigung für einen anderen Beruf hatte, noch Mittel oder Neigung, mich für einen besseren vorzubereiten, blieb ich auf dem gleichen Gleis, auf das ich mich vom ersten Tage an begeben hatte.

Zweites Kapitel

KINDHEIT UND JUGEND

Ich wurde im Juni 1903 in einem kleinen Dorf in Gairoo, 20 Meilen von Srinagar, der Hauptstadt Kaschmirs, entfernt, geboren. Es war das Elternhaus meiner Mutter. Sie wohnte dort, um zur Zeit meiner Geburt die Hilfe ihrer älteren Schwester und der Brüder zu haben. Mein Vater hatte auf ihrem großen Gelände sein eigenes kleines zweistöckiges Haus gebaut. Es war einfach aus gedörrten Ziegeln errichtet und hatte ein Grasdach. Es war unser Zuhaus in den Jahren meiner Kindheit und diente uns später als Aufenthalt, wenn wir der Stadt müde, Sehnsucht nach frischer Landluft hatten.

Die ersten schwachen Erinnerungen an meine Kindheit kreisen um ein mittelgroßes Haus an einem ruhigen Platz in der Stadt Srinagar. Ich kann mich noch an den Augenblick erinnern, als mein ältester Onkel, ein Bruder meiner Mutter, mich fest umschlossen auf seinen Armen hielt und mit liebevollen Worten sanft tröstete, nachdem meine Mutter mich gescholten hatte, weil ich zu lange draußen mit den Kindern spielte. Da ich ihr einziger Sohn war, gab sie mir nie schöne Kleider, damit kein böser Blick auf mich falle. Sie erlaubte mir auch nicht, lange fortzugehen, aus Angst, es könnte mir etwas zustoßen.

Eine andere unauslöschliche Kindheitserinnerung ist eine Mondnacht mit meiner Mutter und einem meiner Onkel mütterlicherseits, als ich in einer Kornkammer schlief, die an den Seiten offen, aber mit einem Dach bedeckt war, wie es in den ländlichen Bezirken von Kaschmir üblich ist. Wir waren den ganzen Tag zu Pferde gereist, auf dem Weg zu einem berühmten Einsiedler. Da wir unser Ziel bei Einbruch der Nacht noch nicht erreicht hatten, suchten wir Unterschlupf im Hause eines Bauern, der uns in seiner Kornkammer unterbrachte.

An die Erscheinung des Heiligen kann ich mich nicht erinnern, nur an sein langes mattes Haar, das ihm über die Schultern fiel, da er mit gekreuzten Beinen an der Wand seines kleinen Zimmers saß, den Blick zur Tür gewandt. Ich erinnere mich, daß er mich auf seinen Schoß nahm und mein Haar streichelte, das meine Mutter — einem feierlichen Gelübde treu, daß die Schere es nicht berühren sollte bis zur heiligen Schur-Zeremonie — hatte lang wachsen lassen.

Jahre später, als ich klug genug war, meine Mutter zu verstehen, erzählte sie mir den Sinn ihrer Reise zu dem Heiligen: Er war ihr vor vielen Jahren im Traum erschienen. Sie hatte den vorhergehenden Tag in Angst und Verwirrung zugebracht, weil ich nichts trinken konnte. Mein Hals war geschwollen und sehr entzündet. Im Traum hatte der Heilige, von dessen Wundertaten unzählige Augenzeugen ihr berichtet hatten, mit seiner Hand meinen Mund sanft geöffnet und ihn inwendig bis zur Kehle mit seinen Fingern zart berührt; dann gab er ihr ein Zeichen, mich zu stillen und entschwand ihren Blicken. Als meine Mutter mit Verwunderung erwachte, drückte sie mich ganz fest an sich und zu ihrer größten Erleichterung fühlte sie, wie ich die Milch ohne Schwierigkeit saugte und schluckte.

Voller Freude schrieb sie die plötzliche Heilung der Wundertat des Heiligen zu und leistete auf der Stelle das Gelübde, eine Pilgerfahrt zu ihm zu machen, um sich persönlich für seine Wohltat zu bedanken. Durch Schwierigkeiten im Haushalt und andere Verpflichtungen verhindert, konnte sie einige Jahre lang die Pilgerfahrt nicht unternehmen, sondern machte sie erst zu einer Zeit, als ich schon groß genug war, um einen schwachen Eindruck von der Reise und dem Besuch zu behalten. Das Erstaunlichste an dieser Geschichte ist, daß — wie meine Mutter wiederholt danach bestätigte — der Heilige in dem Augenblick als wir sein Zimmer betraten, sich erkundigte, ob ich nach seinem Besuch in ihrem Traum wieder hätte trinken können. Wie vom Blitz getroffen, fiel meine Mutter zu seinen Füßen nieder und erflehte seinen Segen für mich.

Ich kann dieses Wunder nicht bezeugen. Alles, was ich sagen kann, ist, daß meine Mutter in allen Dingen wahrhaftig und eine kritische Beobachterin war. Für mich ist diese Episode nur ein Kindheitserlebnis, an das ich mich schwach erinnern kann. Seitdem habe ich unzählige Geschichten von noch unglaublicheren Dingen gehört, die von vertrauenswürdigen und hochintelligenten Augenzeugen berichtet wurden. Aber bei näherer Erforschung zeigte sich, daß die Mehrzahl des Materials zu schwach belegt war, um einer strengen wissenschaftlichen Forschung standzuhalten. Lange Zeit habe ich solchen Geschichten keinen Glauben geschenkt, und ich kann heute mit aller Entschiedenheit bestätigen, daß ein echter Yogi, der mit der anderen Welt in Berührung steht und fähig ist, unmittelbare psychische Erscheinungen willentlich hervorzubringen, eine der seltensten Erscheinungen auf dieser Erde ist.

Ein anderes bemerkenswertes Geschehen — ich habe es viel lebendiger in Erinnerung — ereignete sich, als ich acht Jahre alt war. Zu Beginn des Frühjahrs ging ich auf einer Straße in Srinagar den Weg zum Hause unseres Religionslehrers. Der Himmel war bewölkt und die Straße aufgeweicht, so daß mir das Laufen schwer fiel. Plötzlich schoß wie der Blitz eine Frage in mir auf, die mir nie zuvor gekommen war. Ich blieb mitten auf der Straße stehen, tauchte in die Tiefe meines Wesens und fragte »Was bin ich?« Damit verbunden drängte sich die Frage auf: »Was bedeutet das alles?« Mein ganzes Sein und die Welt, die mich umgab, erschienen mir wie eine ewige, unaufhörliche, nicht zu beantwortende Frage, die mich überwältigte und hilflos ließ. Mit aller Kraft suchte ich nach einer Antwort, bis sich mein Kopf drehte und die mich umgebenden Gegenstände, wie von einem Wirbel gepackt, um mich herum tanzten. Mir wurde übel und ich fühlte mich verwirrt, kaum fähig, mich aufrecht zu halten, ohne ohnmächtig auf die schmutzige Straße zu fallen. Trotzdem ging ich weiter. Mein kindliches Gemüt war über den Vorfall in Aufruhr geraten. Ich konnte aber in meinem Alter seine Bedeutung noch nicht ermessen.

Einige Tage darauf hatte ich einen bemerkenswerten Traum, in dem mir ein kurzer Blick in ein anderes Dasein geschenkt wurde. Ich war weder Kind noch Erwachsener, sondern eine Traumpersönlichkeit, die von meiner gewöhnlichen grundverschieden war. Ich sah eine himmlische Gegend, von gottähnlichen, himmlischen Wesen bevölkert und war selber körperlos, ein völlig anderer — wie ätherisch, aufgelöst —, ein Fremder, der einer ganz anderen Ordnung zugehört. Dennoch glich dieser mir genau, war inniglich mit mir verbunden: mein eigenes verwandeltes Selbst in einer wunderbaren friedlichen Umgebung, die ganz im Gegensatz stand zu der elenden, lauten Umwelt, in der ich lebte. Dieser Traum war so einzigartig und ungewöhnlich lebendig, daß er sich meinem Gedächtnis unauslöschlich einprägte und ich mich, selbst heute noch, seiner genau entsinne. In späteren Jahren war die Erinnerung an diese Szene von einem Gefühl des Wunderbaren begleitet und einer tiefen Sehnsucht nach der fremdartigen, unaussprechlichen Glückseligkeit, derer ich mich für einen kurzen Augenblick erfreut hatte. Der Traum bildete wahrscheinlich die Antwort auf die überwältigende unvermeidbare Frage, die ein paar Tage zuvor aus meiner Tiefe aufgetaucht war. Es war der erste unwiderstehliche Ruf aus der unsichtbaren anderen Welt, die, wie ich erst später erfuhr, unsere Wachsamkeit aus allernächster Nähe erwartet, die aber für jene, die ihr den Rücken kehren, weiter entfernt ist als der fernste Stern am Himmel.

1914 reisten wir nach Lahore, wo mein Vater sich persönlich im Schatzamt des Finanzministeriums vorstellen mußte, um seine Pension in Empfang zu nehmen. Von diesem Tage an bis zu meinem Berufsbeginn im Jahre 1923 lebten wir dort im Sommer und im Winter. Ich besuchte die Oberschule und zwei Jahre lang das College. Schon in diesem jungen Alter fühlte ich mich von ungünstigen und schwierigen Umständen niedergedrückt. Wir waren arm und hatten nicht den Vorteil einer eigenen Kutsche oder Begleitung. Nur unter großen Schwierigkeiten konnte meine Mutter genug Geld auftreiben, um mir die notwendigsten Schulbücher und Kleider zu beschaffen. Da sie keine anderen Bücher kaufen konnte, blieb mein Studium auf die Lektüre von Schulbüchern beschränkt.

Mit ungefähr 12 Jahren stieß ich zufällig im Hause meiner Tante auf eine leicht gekürzte Urdu-Übersetzung von »Tausend und einer Nacht«. Das Buch entfesselte zum ersten Mal ein glühendes Verlangen für Märchen-, Abenteuer- und Reisebücher und für andere romantische Erzählungen. Dies hielt unvermindert mehrere Jahre lang an. Im Alter von 14 Jahren wechselte ich, mit einfachen Erzählungen beginnend, von Urdu ins Englische über und verschlang mit Heißhunger jedes Märchenbuch und jeden Roman, der in meine Hände fiel. Von Romanen und anderer leichter Lektüre schwenkte ich über zu den Einführungsbüchern in die Wissenschaft und Philosophie, die in unserer kleinen Schulbibliothek vorhanden waren. Ich las begierig, mein wachsender Verstand suchte eifrig nach befriedigenden Antworten auf plötzlich auftauchende Fragen. Sie waren Ergebnis meiner eigenen Beobachtung der engen Welt, in der wir lebten, und der vereinzelten Einblicke in die weitere Welt, von der ich immer mehr aus den Bildern und Aufzeichnungen erfuhr, die in den Büchern enthalten waren.

Ich wurde in einer streng religiösen Atmosphäre erzogen. Der Glaube meiner Mutter hielt unerschütterlich an den vielen Göttern und Göttinnen in ihrem reich bevölkerten Pantheon fest. Täglich ging sie in den Tempel, ehe der erste Strahl der Morgendämmerung auftauchte. Bei Tagesanbruch kehrte sie zurück, um nach dem Haushalt zu sehen und vor allem, um mein spärliches Frühstück herzurichten. In meiner frühen Kindheit folgte ich ganz ihrem schlichten Glauben — manchmal so weit, daß ich meinen letzten süßen Schlaf am frühen Morgen opferte, um mit ihr in den Tempel zu gehen. Mit gespannter Aufmerksamkeit vernahm ich die übermenschlichen Heldentaten von Krishna. Mein mütterlicher Onkel las sie jeden Abend bis kurz vor Mitternacht laut vor aus seiner Lieblingsübersetzung Bhagvata Purana, einem berühmten Buch der Hindu-Mythologie, das die Geschichten der verschiedenen Inkarnationen des Gottes Vishnu in menschlicher Form enthält. Nach dem Volksglauben überbrachte Krishna die heilige Lehre der Bhagavad Gita dem Krieger Arjuna auf dem Schlachtfeld vor Beginn des großen im Epos gestalteten Krieges, dem Mahabharata. Ich wunderte mich über die gewaltigen, übernatürlichen Heldentaten, die mit einem solchen Reichtum bis in alle Einzelheiten erzählt wurden, daß meine kindliche Einbildungskraft in die höchsten Höhen gehoben wurde. Ich hielt jede unmögliche und unglaubliche Tat für wahr und der Wunsch wuchs in mir, ein Übermensch mit der gleichen Macht zu werden.

Die Informationen, die ich nun aus den Lehrbüchern der Oberschule sammelte und noch ausgiebiger aus dem Studium der anderen Literatur, wirkten ernüchternd. Sie befreiten mein Gehirn allmählich von den unwirklichen Vorstellungen, die ich in meiner Kindheit gewonnen hatte. Ich erneuerte sie durch ein vernünftiges und wirklichkeitsnahes Bild von der Welt. Manchmal geschah es, daß ich einen Gedanken, den ich fühlte, aber nicht erklären konnte, von einem Schriftsteller so klar und deutlich ausgedrückt fand, daß ich vor innerer Bewegtheit das Buch fallen ließ, für eine Weile aufstand und im Zimmer auf- und abging, um wieder das innere Gleichgewicht zu gewinnen und weiterzulesen. Auf diese Weise wurde mein Geist stufenweise geformt, ebenso auch durch die mir eingeborenen Ideen über die Natur der Dinge. Er entwickelte sich durch die Übung der Vernunft in der gesunden Atmosphäre der Literatur und durch den Einfluß der großen Denker, deren Ideen ich aus ihren Werken einatmete. Zu dieser Zeit hatte ich mein erstes Jahr im College beendet. Der Einfluß der Bücher, vor allem die elementaren Abhandlungen über Astronomie und Naturwissenschaften, zu denen ich in der Bibliothek des College Zugang fand, und die eigenen Gedanken, die ich mir bildete und durch fortgesetztes Studium bestätigen ließ, waren stark genug geworden, um mich auf einen Weg zu führen, der dem meiner Kindheit diametral entgegengesetzt war. Es dauerte nicht lange und ich war ein eingefleischter Agnostiker voller Zweifel und Fragen über die überspannten Ansichten und irrationalen Glaubensvorstellungen unserer eigenen Religion, der ich noch einige Jahre zuvor mein volles Vertrauen geschenkt hatte.

Aus dem sicheren Hafen vertrieben, der meiner Mutter einfacher Glaube mir gewesen war, wurde mein nicht mehr verankerter Geist hin- und hergerissen. Er hing einmal der einen, dann wieder einer anderen Idee an und fand nach einiger Zeit auch diese unhaltbar. Ich wurde ruhelos, auch unbekümmert, nicht fähig, das Feuer der Unsicherheit und des Zweifels zu löschen, das durch meine eigenen, oberflächlichen Studien angezündet worden war. Ohne jemals ein wesentliches Buch über Religion oder geistliche Literatur gelesen zu haben, das ein gesundes Gegengewicht zur rein materialistischen Richtung der durchgearbeiteten wissenschaftlichen Werke gebildet hätte, ergriff ich die Partei der letzteren und führte meine Waffen mit einer solchen Geschicklichkeit, daß in den Diskussionen im College und im privaten Kreise wenige Anhänger des Glaubens ihren Standpunkt verteidigen konnten. Ich hatte bis zu jener Zeit weder Religion studiert noch mich in einer Methode der unmittelbaren geistigen Erfahrung geübt oder mir eine systematische Grundlage in irgendeiner Wissenschaft oder philosophischen Richtung über das Anfangswesen hinaus errungen. Doch fanden die Fragen und Probleme, die meinen Geist bewegten, niemals in irgendeinem Buch über Naturwissenschaft, Philosophie oder Religion eine Antwort, die mich befriedigte. Mehr dazu geneigt, einzureißen als aufzubauen, las ich gierig, bis ich in meinem zweiten College-Jahr die Lektüre der vorgeschriebenen Lehrbücher zu vernachlässigen begann und der

Bibliothek gegenüber dem Klassenzimmer eindeutig den Vorrang gab. Dies führte zu einem jähen Ende, als ich Ende 1920 mein Examen nicht bestand. Dieser Schock zerstörte mit einem Schlag die anscheinend unbesiegbare Festung meiner intellektuellen Skepsis, die mein unreifes Urteil aufgerichtet hatte.

Anstatt zu unterliegen oder zusammenzubrechen, wandte ich mich entschlossen dem Weg zu, der von Natur aus für mich bestimmt war wie heute auch für Tausende von Männern und Frauen in der ganzen Welt. Ich konnte damals nicht erkennen, was mir nachher klar wurde, genau so, wie selbst der intelligenteste Mensch sich nicht durch Übung seiner Einbildungskraft ausmalen kann, was ihn im überbewußten Bereich erwartet. Enttäuscht und ernüchtert wandte ich mich schließlich der Übung des Yoga zu, nicht als Flucht vor den Folgen meines eigenen Versagens, sondern als einem praktischen Weg für dürstende Gemüter, um die unbeweisbare innere Wahrheit der Religion in sich selber zu verwirklichen. Da sich nahezu 17 Jahre lang zwischen meinem 17. und 34. Lebensjahr nichts besonderes ereignete, begann ich zu zweifeln. Manchmal glaubte ich nicht mehr an die angenommene Methode, ein andermal schöpfte ich Verdacht an der ganzen Wissenschaft.

Selbst nachdem sich mein Geist vom chaotischen zum mehr oder weniger geordneten Denken gewandelt hatte, verließ mich das kritische Element meiner Natur niemals im ganzen Umfang. Schattenhafte und wolkige Erscheinungen mit verborgenen Symbolen und geheimnisvollen Zeichen konnten mich nicht befriedigen. Aufleuchtende Blitze vor meinen Augen, denen Dunkelheit folgte, Summen im Ohr durch einen Druck im Trommelfell verursachten seltsame Empfindungen im Körper, von übermüdeten Nerven hervorgerufen. Hypnoseähnliche Zustände durch verlängerte Konzentrationsübungen bedingt, Erscheinungen und Phantome, vorgegaukelt durch die Spannung der Erwartung und andere ähnliche Erscheinungen übten auf mich absolut keine Wirkung aus. Durch fortgesetzte Übung hatte ich ohne Zweifel einen hohen Grad in der Meisterschaft erlangt, für lange Zeit die Gedanken ohne Unbehagen auf einen Punkt zu konzentrieren und für lange Zeiträume im Zustand der Versenkung zu halten. Aber das allein war noch kein Beweis für eine übernatürliche Entwicklung oder einen Erfolg in meinem Unternehmen.

Das Studium der Schriften und auch die Beschäftigung mit

anderen Religionen vermochten nicht das unruhige Element meines Wesens zu besänftigen oder den Hunger meines Geistes, der alles kritisch zu erforschen suchte, zu stillen. Einzelne Stellen aus den Lehren der Propheten und Äußerungen von Weisen fanden in den Tiefen meines Wesens ein Echo, aber ohne meinen, zu keinem Kompromiß bereiten Intellekt zu überzeugen. Die Tatsache, daß die bestehenden Weltreligionen, die von Propheten oder erleuchteten Weisen stammen, ihren Ursprung auf die Offenbarung des einen Schöpfers zurückführen, sich aber in der Art ihrer Anbetung, ihrer Regeln, ihrer Riten, ja sogar in einigen wesentlichen Grundsätzen so stark unterscheiden, genügte, um ernsthafte Zweifel an ihrem Anspruch auf Glaubwürdigkeit zu erwecken. Denn nach diesem soll das offenbarte Gut direkt der Mitteilung Gottes entstammen, der unfehlbaren Quelle aller Weisheit, und nicht nur Erfindung besonders fortgeschrittener Denker sein, die manchmal mit einer höheren, zeitweilig aber noch fehlerhaften Ebene des Bewußtseins in Berührung standen. Die totale Zerstörung mancher Zitadelle der veralteten Religionen durch die jugendliche Kraft der Wissenschaft, vor allem in Bezug auf die Entstehung der Welt, genügte meiner Ansicht nach, um auch ihre Verwundbarkeit an anderen Stellen für die Angriffe ihres jetzt starken Gegners bloßzulegen. Die Wissenschaft an sich, wenn auch auf vielen Gebieten sehr nützlich und äußerst geschickt, um Religionsformen — nicht das religiöse Sein — zu zerschlagen, war meines Erachtens nicht geeignet, das Feld zu regieren, auf dem der Glaube das Zepter führt. Sie besaß keine befriedigende Erklärung für mein individuelles Dasein oder für die unendlich komplizierte Schöpfung um mich herum. Einem Geheimnis gegenübergestellt, das mit fortschreitendem Wissen immer tiefer greift, ist sie noch nicht in der Lage zur Quelle der Erleuchtung zu werden auf einer Stufe, die zugegebenerweise jenseits der jetzigen Höhe der Forschung liegt. Ich sehnte mich nach einer vernünftigen Religion und der Verehrung der Wahrheit, was immer und wo immer dies sein mochte. Kein Schauspiel war schmerzvoller für mich als der Anblick eines gewissenhaften und intelligenten Menschen, der eine Unmöglichkeit verteidigt, die selbst ein Kind durchschauen kann, nur weil sie ein Glaubensartikel ist, an den er sich unter allen Umständen zu halten hat, auch wenn es das Opfer der Vernunft kostet. Auf der anderen Seite ist die Vernunft jener, die versuchen, das Weltall in den engen Bereich des Verstandes zu zwängen, nicht minder beklagenswert. Sie wissen nichts über die Natur ihres eigenen Gewissens. Die unbekannte Wesenheit, die im menschlichen Körper wohnt, ist noch in ein Geheimnis gehüllt und die Fähigkeit zu denken, eines ihrer untrennbaren Güter, ist kein geringeres Rätsel als der Eigentümer selbst.

So ist der Versuch, den Kosmos allein aus Begriffen menschlicher Erfahrung, die der Verstand erklärt, zu begreifen, ein unvernünftiges Bestreben.

Der Streit und die Gegensätze zwischen Glauben und Glauben auf der einen Seite und zwischen Glauben und Philosophie auf der anderen lassen uns fragen, ob es jemals möglich sein wird, eine Religion zu finden, die der ganzen Menschheit zusagt und vom Philosophen wie vom Bauern bejaht werden kann, die dem Rationalisten gleichermaßen willkommen wäre wie dem Priester. Kann diese Frage anders als negativ beantwortet werden, so lange die Grundwahrheiten einer solchen Weltreligion nicht empirisch gezeigt werden können, wie das bei anderen universal anerkannten Gesetzen und Erscheinungen der Natur ist? Offensichtlich nicht. Um die Vernunft zu überzeugen, daß sie sich selbst übersteigen muß, ist es wesentlich, ihren Aufstieg so zu gestalten, daß es ihre eigenen eifersüchtig gehüteten Prinzipien nicht verletzt. Da aber keine der bestehenden Religionen vorbereitet ist, diese Art der Annäherung zu erlauben, weder im rein irdischen Bereich und noch weniger im geistlichen, ist keine Möglichkeit eines Kompromisses zwischen den beiden zu sehen und damit auch nicht die Wahrscheinlichkeit der Entfaltung eines universalen Glaubens.

Trotz der ungeheuren Entwicklung des menschlichen Wissens auf allen anderen Gebieten in den letzten zwei Jahrhunderten, sind die Grundtatsachen der Religion noch immer der Diskussion und gegenteiligen Meinungen unterworfen. Es konnte auch nicht anders sein, wenn man bedenkt, daß in diesem besonderen Fall dem Geist der offenen Forschung in der Vergangenheit allgemein die Flügel beschnitten wurden. Das Universum ist, wie die Wissenschaft enthüllt, auf strengen Gesetzen aufgebaut. Die Wunder und übernatürlichen Ereignisse, die mit dem Glauben verbunden sind, erscheinen mir als vereinzelte und bisher noch nicht richtig gedeutete Erscheinungen eines kosmischen Gesetzes, das noch in Geheimnisse gehüllt ist, und das zuerst verstanden werden muß, um die scheinbaren

Unklarheiten und Ungereimtheiten der Religionen und der religiösen Erfahrungen zufriedenstellend zu erklären.

Erst nach vielen Jahren gelang es mir, die Quelle der verblüffenden Phänomene zu finden und sie auf eine geradezu wunderbare überintelligente Macht im Menschen zurückzuführen, die beides ist: den Sinn erleuchtend und verdunkelnd. Erleuchtend in den aufflammenden Blitzen des Genies; verdunkelnd in der verwirrenden Maskerade der Geister und Dämonen, in den Medien und den Besessenen. Sie ist zugleich segensreich und furchtbar: segensreich in den verzückten Visionen der Ekstase, furchtbar in den erschreckenden Schatten des Wahnsinns.

Mein Interesse an der Lehre und Übung des Yoga entstammte nicht dem Wunsch, psychische Kräfte zu entwickeln. Die Schliche und Irreführung, die von einigen Menschen dieser Art gemacht werden, die Ermahnungen in den Schriften gegen den Mißbrauch der geistigen Macht, und vor allem das absolut nutzlose Bemühen, auf diese Weise dauernde Wohltaten für sich selbst oder für einen anderen zu sichern, waren für mich genügend Grund, um nicht der Versuchung zu verfallen, Kräfte zur Verhöhnung der Gesetze der Materie zu erwerben ohne zur gleichen Zeit die notwendige Willenskraft zu besitzen, den Gesetzen des Geistes zu gehorchen. Die Betonung, die in einigen Büchern über Yoga, im Osten wie auch im Westen, auf die Entwicklung der psychischen Kräfte gelegt wurde, nur um Erfolg in weltlichen Unternehmungen zu erzielen, ließ mich über die Widersinnigkeit in der menschlichen Natur staunen. Denn selbst in einem System, das zur Entwicklung der geistigen Seite im Menschen bestimmt ist, richtet sie die Aufmerksamkeit mehr auf den Erwerb sichtbarer wundererregender Eigenschaften des Körpers und Geistes als auf den unsichtbaren, aber ruhigen Besitz der Seele.

Das Ziel, das ich im Sinne hatte, war weit höher und edler als die zu erwartende größte Entwicklung der so sehr erhofften übernatürlichen Gaben. Ich sehnte mich danach, einen Zustand des Bewußtseins zu erlangen, der das höchste Ziel des Yoga ist. Denn er trägt den im Körper lebenden Geist zu Höhen unaussprechbarer Herrlichkeit und Seligkeit, jenseits aller Gegensätze, frei vom Verlangen nach Leben und der Furcht vor dem Tod. Dieser außerordentliche Zustand des Bewußtseins, das innerlich seiner eigenen, sich selbst übersteigenden Natur gewahr wird, war der allerhöchste Preis, nach dem ein wahrer Schüler des Yoga streben sollte. Der Besitz übernatürlicher Kräfte allgemeiner Art, sei es körperlicher oder geistiger Art, die einen Menschen noch im stürmischen Meer des Daseins herumtreiben lassen, ohne ihn der Lösung des großen Geheimnisses näherzubringen, erschien mir von keinem größeren Nutzen als der Besitz anderer irdischer Schätze, die mit dem Leben dahinschwinden müssen. Die Errungenschaften der Wissenschaft hatten erstaunliche Möglichkeiten in die Reichweite des Menschen gebracht, Möglichkeiten nicht weniger erregend als die Taten, die von übernatürlichen Wesen berichtet werden — mit einer entscheidenden Ausnahme: dem Wunder der übersinnlichen Erfahrungen und Offenbarung, das von Zeit zu Zeit nur ganz wenigen Einzelnen zuteil wird. Dieses hat seinen ethischen Fortschritt beschleunigt, der für eine friedliche und schöpferische soziale Zusammenarbeit notwendig ist und hat nicht nur den größten Beitrag geleistet zur Entwicklung der Menschheit auf ihre jetzige materielle Höhe, sondern hat auch die Wunder der Wissenschaft ermöglicht und nutzbringend gemacht. Diesen unübertrefflichen Zustand der reinen Erkenntnis, der frei ist von den Begrenzungen der Zeit und des Raumes, haben die alten Weisen Indiens in herrlichen Versen besungen. Sie halten ihn für das höchste Ziel des menschlichen Lebens und Strebens. Zu ihm wollte ich mich aus ganzem Herzen emporschwingen.

DRITTES KAPITEL

PRANA, DIE LEBENSESSENZ

Das plötzliche Erwachen der Kundalini kann bei einem Menschen, dessen Nervensystem die hohe Reife der Entwicklung als Ergebnis günstigen Erbes, rechter Lebensart und einer gesunden geistigen Betätigung noch nicht erreicht hat, einen verwirrenden Einfluß auf seinen Geist ausüben. Der Grund hierfür ist sehr einfach, dem heutigen Intellekt aber nicht leicht zugänglich. Denn er stellt sich den menschlichen Geist als ein fertiges Ergebnis vor, das nach Meinung einiger ausschließlich von der Tätigkeit der Gehirnzellen abhängt und mit dem körperlichen Dasein steht und fällt. Nach anderen ist die Aktivität des Geistes abhängig von der Reaktion der von den Knochen geschützten grauen und weißen Masse auf den äußerst feinen, alles durchdringenden kosmischen oder universalen Geist. Wieder andere beziehen den Geist auf die Existenz einer unsterblichen individuellen Seele im Körper. Ohne in eine Diskussion einzugehen über die Richtigkeit dieser Hypothesen, die das Dasein des Geistes erklären, genügt unserem Zweck die Aussage der Meister des Yoga, daß die Aktivität des Gehirns und des Nervensystems, gleichgültig ob sie von einer ewigen aus sich selber existierenden geistigen Quelle oder von einer verkörperten Seele ausgeht, von dem im Körper vorhandenen feinstofflichen Lebenselement abhängig ist, das, als Prana bekannt, jede Zelle und Faser im Organismus durchströmt — in derselben Art, wie die Elektrizität.

Dieses Lebenselement hat ein biologisches Gegenstück — wie ein Gedanke eine biologische Ergänzung im Gehirn hat — in Form einer äußerst feinen biochemischen Essenz von höchst empfindlicher und sich schnell verflüchtigender Natur, die die Nerven aus der sie umgebenden Masse herausziehen. Nach diesem Vorgang wohnt die Lebensessenz im Gehirn und

Nervensystem und ist fähig, eine feine Ausstrahlung zu erzeugen, die man in einer Laboranalyse unmöglich feststellen kann.

Sie zirkuliert im Organismus als antreibende Kraft und Empfindung, vollzieht alle organischen Funktionen des Körpers, wird durchdrungen und durchwirkt von der überintelligenten kosmischen Lebensenergie — Prana —, von der sie ständig beeinflußt wird, wie die empfindliche chemische Schicht einer photographischen Platte durch das Licht. Die Bezeichnung Prana, die von Meistern des Yoga gebraucht wird, meint beides: die kosmische Lebensenergie und ihren feinen biologischen Leiter im Körper, die unzertrennlich miteinander verbunden sind. Im Augenblick, in dem der Körper stirbt, erfährt die seltene organische Essenz sogleich einen Wandel und hört auf, die kosmische Lebensenergie weiter zu leiten. Normalerweise wird die Gewinnung von Prana als Nahrung für das Gehirn von einer beschränkten Gruppe von Nerven ausgeführt, die in einem begrenzten Bereich des Körpers tätig sind. Das Bewußtsein eines Menschen erfährt während seines ganzen Lebens keine Wandlung und weist eine Beständigkeit auf, die im scharfen Gegensatz zu den sich immer verändernden Erscheinungen seines Körpers steht. Mit dem Erwachen der Kundalini beginnt eine vollkommene Wandlung, die sich auf das ganze Nervensystem auswirkt. Die Folge hiervon ist, daß immer andere und größere Gruppen von Nerven zur Aktivität angeregt werden. Dies bewirkt eine unerhört gesteigerte Zufuhr von stärker konzentrierter Prana-Strahlung zum Gehirn, die aus einem größeren Körperbereich gezogen wird. Die weitreichende Wirkung dieser neuen Art von Lebensstrom, die in einem übermäßig stark vermehrten Fluß in die Schädelhöhle durch die Wirbelsäule dringt, kann, ehe sich der Körper vollkommen daran gewöhnt, an dem plötzlichen Einschuß von Blut ins Gehirn abgelesen werden. Ohnmacht, vollständige Empfindungslosigkeit, Erregung, Reizbarkeit, in extremen Fällen Wahnsinn, Lähmung und Tod können hieraus folgen.

Das Erwachen kann allmählich oder plötzlich geschehen, an Intensität und Wirkung kann es verschieden sein, je nach Entwicklung, Körperbeschaffenheit und Temperament des einzelnen. Aber in den meisten Fällen führt es zu einer größeren Unbeständigkeit in der Gefühlswelt und einer größeren Geneigtheit zu geistigen Verirrungen, die ihre Ursache vor allem in erblichen Belastungen, falscher Lebensführung oder Unmäßigkeit jeder Art haben.

Mit Ausnahme der extremen Fälle, die in Wahnsinn enden, ist dieser allgemeine Zustand gültig für alle Kategorien von Menschen, in denen Kundalini von Geburt an mehr oder weniger aktiv ist: bei Mystikern, Medien, Genies und bei Menschen von außergewöhnlich hoher geistiger Entwicklung oder künstlerischer Begabung, die nur um ein weniges vom Genie entfernt sind. Bei Menschen, die durch Yoga oder andere geistige Übungen unmittelbar diese Erweckung erfahren, ist der plötzliche Anprall des machtvollen Lebensstromes auf das Gehirn oft mit schweren Gefahren und seltsamen geistigen Zuständen verbunden, die sich von Augenblick zu Augenblick ändern und am Anfang die anormalen Eigenschaften eines Mediums, Mystikers, Genies und Irren zugleich aufweisen.

Ich hatte absolut keine Ahnung von der technischen Eigentümlichkeit oder der Art, wie diese große Energie sich auswirkt, noch von den Bereichen ihrer Tätigkeit, die so weit und verschieden sind wie die Menschheit selbst. Ich wußte nicht, daß ich in die tiefsten Wurzeln meines Wesens eingedrungen war, und daß mein Leben auf dem Spiel stand. Wie die große Mehrheit der Menschen, die an Yoga interessiert sind, hatte ich keine Ahnung, daß ein System, das bestimmt ist, die schlummernden Möglichkeiten und edleren Eigenschaften im Menschen zu wecken, manchmal so voller Gefahren sein kann, und es allein durch das Gewicht der ganz fremden und unkontrollierbaren Zustände im Gehirn, die Gesundheit zu zerstören und das Leben zu zermalmen vermag.

Am dritten Tag nach der Erweckung verspürte ich keine Lust zur Meditation und verbrachte die Zeit im Bett. Ich war nicht wenig beunruhigt über den unnatürlichen Zustand meines Geistes und den erschöpften Zustand meines Körpers. Am nächsten Tag, als ich mich nach einer praktisch schlaflosen Nacht wieder zur Meditation niedersetzte, war ich tief bestürzt, daß ich die Kraft, meine Aufmerksamkeit — auch nur für einen kurzen Augenblick — auf einen Punkt zu richten, vollständig verloren hatte und daß ein dünner Strom der leuchtenden Essenz, der in den beiden vorangegangenen Malen eine solche belebende und beglückende Wirkung auf das Gehirn ausgeübt hatte, nun automatisch dorthin in einem dunklen Licht floß und tiefe Niedergeschlagenheit auslöste.

Die folgenden Tage erschienen wie ein langer böser Traum. Es war, als hätte ich mich vom festen Felsen des Normalen jählings hinabgestürzt in einen rasenden Strudel anormalen Daseins. Der heftige Wunsch, zu sitzen und zu meditieren, der in den vorangegangenen Tagen immer lebendig gewesen war, setzte plötzlich aus und wurde durch ein Gefühl des Grauens vor dem Übernatürlichen ersetzt. Ich wollte selbst vor dem Gedanken daran fliehen. Zur gleichen Zeit fühlte ich einen plötzlichen Widerwillen gegen die Arbeit und gegen Gespräche mit der unausweichlichen Folge, daß ich allein gelassen, ohne irgendeine Beschäftigung, die Zeit wie eine Wolke über mir hängen fühlte. Dies vermehrte noch den zerrütteten Zustand meines Geistes. Die Nächte waren noch furchtbarer. Ich konnte kein Licht in meinem Zimmer ertragen, wenn ich mich ins Bett zurückgezogen hatte. Sobald mein Kopf das Kissen berührte, sprang eine große Flammenzunge über meine Wirbelsäule in das Innere meines Kopfes. Es schien, als ob der Strom des lebendigen Lichtes, der ständig durch den Rückenmarkkanal zur Hirnschale hin eilte, während der Stunden der Dunkelheit noch an Geschwindigkeit und Ausmaß zunahm. Wenn immer ich meine Augen schloß, schaute ich in einen unheimlichen Kreis von Licht, in dem sich leuchtende Ströme drehten und herumwirbelten und sich rasch von der einen zur anderen Seite bewegten. Das Schauspiel war faszinierend aber entsetzlich, von übernatürlichem Schauer durchwirkt, der mich manchmal bis aufs Mark erzittern ließ.

Nur wenige Tage zuvor war es meine Gepflogenheit gewesen, nachts im Bett den Schlaf einzuladen, indem ich der Kette erfreulicher Gedanken folgte, die mich oft — ohne wahrnehmbaren Übergang — aus dem Wachzustand in die phantastischen Bereiche des Traumes führten. Jetzt war alles anders, ich warf mich stundenlang ruhelos von einer Seite auf die andere, ohne daß es mir glückte, meinen erregten Geist in das Gleichgewicht zu bringen, das zum Schlaf führt. Nachdem das Licht ausgelöscht war, fiel ich in der Dunkelheit nicht langsam in einen köstlichen Zustand der Ruhe, der dem Schlafe vorgelagert ist, sondern starrte furchterregt in ein großes inneres Glühen, das manchmal beunruhigend und drohend, immer aber in rasender Bewegung war, als ob die Teilchen eines ätherischen leuchtenden Stoffes sich gegenseitig kreuzten und wieder kreuzten. Sie glichen einer Bewegung wild hüpfender, glänzender, mit Wasser betupfter Wolken, die von einem Wasserfall aufstiegen und, von der Sonne erhellt, schäumend niederfielen in einen sprudelnden Teich.

Manchmal schien es, als ob die Glut von geschmolzenem Kupfer durch die Wirbelsäule aufstieg, gegen den Scheitel meines Schädels schlug und in einem Funkenmeer um mich herum niederprasselte. Fasziniert starrte ich auf dieses Schauspiel. Mein Herz war von Furcht ergriffen. Manchmal glich es dem Spiel eines Feuerwerks von großem Ausmaß. Soweit ich mit meinem geistigen Auge nach innen blicken konnte, sah ich nur einen glänzenden Schauer oder einen glühenden See von Licht. Ich schien an Umfang zusammenzuschrumpfen im Vergleich zu dem gewaltigen Lichtschein, der mich umgab und sich kupferfarben auf allen Seiten in wogenden Wellen ausbreitete. Diese waren in der Dunkelheit deutlich erkennbar, als ob das optische Zentrum im Gehirn jetzt in unmittelbarer Verbindung mit einer subtilen leuchtenden Substanz stünde, die Gehirn und Nervensystem durchflutete ohne Vermittlung der Zwischenstationen von Netzhaut und der Sehnerven.

Es schien, als hätte ich durch Zufall die Sperre eines unbekannten Mechanismus geöffnet, die in einem äußerst verwickelten und noch unerforschtem Nervengefüge verborgen liegt. Dieser Hebel befreite einen bis dahin aufgehaltenen reißenden Strom, der in die Hör- und Sehbereiche eindringt, die Empfindung von laut dröhnenden Tönen und sich eigenartig bewegendem Licht gibt und einen völlig neuen und unerwarteten Zug in das normale Wirken des Geistes hineinträgt, der all meinen Gedanken und Handlungen den Anschein des Unwirklichen und des Anormalen gab. Für ein paar Tage meinte ich an Halluzinationen zu leiden und hoffte, daß mein Zustand nach einiger Zeit wieder normal werden würde. Aber anstatt im Laufe der Tage zu verschwinden oder sich wenigstens zu vermindern, wurde die Absonderlichkeit immer ausgeprägter und nahm allmählich den Zustand von Besessenheit an, der in dem Maße an Intensität zunahm, wie die Lichterscheinungen immer wilder und fantastischer und der Lärm lauter und unheimlicher wurden. Mich erfaßte immer mehr der schreckliche Gedanke, daß ich unwiderbringlich einem Unheil entgegenging, aus dem ich zu schwach war, mich zu retten. Für einen Menschen, der, wie ich zu jener Zeit, nicht in die esoterische Wissenschaft der Kundalini eingeweiht war, hatte alles, was später bekannt wurde, etwas so Unnatürliches, daß ich mich über den Ausgang äußerst erregte. Ich verbrachte jede Minute dieser Zeit in Angst und hoher Spannung, wußte gar nicht, was mir geschehen war und warum mein ganzer Körper in einer solchen unnatürlichen Weise arbeitete. Ich fühlte mich erschöpft und kraftlos. Am Tage nach der Erfahrung litt ich an Appetitlosigkeit und das Essen schmeckte mir wie Asche. Meine Zunge war weiß belegt und es war eine Röte in den Augen, die ich nie zuvor bemerkt hatte. Mein Gesicht trug einen elenden und ängstlichen Ausdruck und meine Verdauungs- und Ausscheidungsorgane waren schwer gestört. Ich verlor die Ordnung meiner Körperfunktionen und war der Gnade der eben befreiten Kraft ausgeliefert, über die ich nichts wußte und die in meinem Gehirn einen stürmischen und aufgeregten Zustand auslöste wie der Regensturz in den ruhigen Wassern eines Sees.

Der Strom, der sich vom Sitz der Kundalini erhob, ließ nicht nach. Ich fühlte, wie er über die Nerven in meinen Rücken sprang und selbst über diese die Vorderseite der Lenden aufwärts. Am meisten beunruhigte mich die Art, wie mein Gehirn jetzt arbeitete und sich benahm. Mir war, als schaute ich auf die Welt von einer höheren Warte aus als früher. Es ist sehr schwierig, meinen geistigen Zustand genau zu erklären. Alles, was ich sagen kann, ist, daß meine Fähigkeit zu erkennen, anscheinend eine Umwandlung erfahren und ich mich gleichsam geistig ausgeweitet hatte. Erstaunlicher und erschreckender noch war die Tatsache, daß der Punkt des Bewußtseins in mir nicht so unveränderlich und seine Beschaffenheit nicht so stetig war wie zuvor. Er breitete sich aus, zog sich zusammen und wurde auf geheimnisvolle Weise von dem leuchtenden Strom reguliert, der vom niedersten Zentrum aufwärts floß. Dieses sich Weiten und Verengen war von einem Heer der Schrecken begleitet. Manchmal fühlte ich mich etwas erleichtert in einem flüchtigen kränklichen Sinn des Wohlergehens und des Erfolges und vergaß für eine Weile den anormalen Zustand, in dem ich mich befand. Aber kurz darauf wurde ich mir meines kritischen Zustandes wieder in aller Schärfe bewußt und von Qual und Furcht erdrückt. Die wenigen kurzen Zwischenräume geistiger Erhebung wurden von Anfällen der Depression abgelöst, die so heftig waren und so lange anhielten, daß ich all meine Kräfte und Willensenergie zusammennehmen mußte, um nicht vollständig unter ihren Einfluß zu fallen. Ich preßte

manchmal meinen Mund zusammen, um nicht laut loszu-
schreien und floh von der Einsamkeit meines Zimmers in die
bevölkerte Straße, um mich vor einer Verzweiflungstat zu bewahren.

Wochenlang hatte ich keine Ruhepause. Jeder Morgen ver-
kündete mir einen neuen Schrecken, eine neue Schwierigkeit in
dem ohnehin schon ungeordneten Körper, einen tieferen Anfall
von Traurigkeit oder einen noch erregteren geistigen Zustand,
den ich zurückhalten mußte, um nicht vollständig von ihm
überflutet zu werden. Ich hielt mich deshalb wach — meist nach
einer vollkommen schlaflosen Nacht. Nachdem ich geduldig
den Qualen des Tages widerstanden hatte, mußte ich mich für
die noch schlimmeren Schmerzen der Nacht vorbereiten. Ein
Mensch überwindet heiter alle unüberwindlichen Schwierigkeiten und blickt überwältigenden Gefahren tapfer ins Gesicht,
wenn er seiner geistigen und physischen Lage sicher ist. Ich verlor ganz und gar das Vertrauen in meinen eigenen Geist und
Körper, lebte wie ein verfolgter, vom Schrecken gejagter Fremder in meinem eigenen Fleisch und wurde ständig an meinen
gefährlichen Zustand erinnert. Mein Bewußtsein war in einem
solchen steten Wechsel, daß ich niemals sicher war, wie es sich in
den nächsten Minuten benehmen würde. Es stieg und fiel wie
eine Welle, hob mich in einem Augenblick empor aus den Kral-
len der Furcht, um mich im nächsten Moment wieder in die
Tiefen der Verzweiflung zu stürzen. Es schien, als ob der Strom
der Lebenskraft, der durch das Rückenmark in mein Gehirn
aufstieg und geheimnisvoll mit der Region unten an der Wirbelsäule in Verbindung stand, seltsame Irrlichter mir vor-
gaukelte.

Ich war auch nicht fähig, dieses Spiel zu beenden oder seiner
Wirkung auf meine Gedanken Widerstand zu leisten. War ich
daran, meinen Verstand zu verlieren? Waren dies die ersten
Anzeichen der Geistesgestörtheit? Dieser Gedanke brachte
mich zur Verzweiflung. Es war nicht so sehr der unheimliche
Zustand meines Geistes als die Angst vor beginnendem Wahnsinn oder einer anderen schweren Störung des Nervensystems,
die mich mit wachsender Bestürzung erfüllten.

Ich verlor alle Liebe zu meiner Frau und zu meinen Kindern.
Ich hatte sie zärtlich aus den Tiefen meines Wesens geliebt.
Aber der Brunnen der Liebe schien in mir völlig ausgetrocknet
zu sein. Es schien, als ob ein versengender Sturm durch alle

Poren meines Körpers raste, der jede Spur der Liebe hinauspeitschte. Ich blickte wieder und wieder auf meine Kinder und versuchte das tiefe Gefühl zu erwecken, mit dem ich sie früher betrachtet hatte — vergeblich. Meine Liebe zu ihnen schien unwiderruflich tot zu sein. Sie waren für mich Fremde. Um wieder ein Gefühl der Liebe in meinem Herzen zu erwecken, liebkoste und streichelte ich sie. Ich sprach zu ihnen mit zärtlichen Worten, aber es glückte mir nie, die Unmittelbarkeit und Wärme zu erleben, die für eine wahre Zuneigung charakteristisch sind. Ich wußte, sie waren mein Fleisch und Blut und ich war mir der Pflicht bewußt, die ich ihnen schuldete. Mein kritisches Urteil war unveränderlich, aber meine Liebe war tot. Die Erinnerung an meine verstorbene Mutter, die immer voller Liebe war, weckte keine tieferen Gefühlsbewegungen, wie ich es sonst beim Gedanken an sie erlebt hatte. Ich betrachtete dieses unnatürliche Verschwinden tief verwurzelter Gefühle mit Traurigkeit, empfand mich als einen ganz fremden Menschen. Mein Unglück wuchs, als ich mich von dem beraubt sah, das dem Leben seinen größten Reiz verleiht.

Ich prüfte ständig meinen geistigen Zustand mit Furcht im Herzen. Wenn ich meine neue bewußte Persönlichkeit mit dem verglich, was ich früher gewesen war, dann konnte ich einen gewaltigen Wandel feststellen. Es hatte eine nicht zu übersehende Ausweitung stattgefunden. Die Lebenskraft, die die Flamme des Seins erleuchtete, floß sichtbar in mein Gehirn, was zuvor nicht der Fall gewesen war. Das Licht war unrein und veränderlich. Die Flamme brannte nicht in einem reinen, unauffälligen aber stetigen Glanz wie im normalen Bewußtsein. Er strahlte abwechselnd stärker und schwächer. Ohne Zweifel breitete sich die Helligkeit über einen größeren Kreis aus, aber sie war nicht so klar und durchsichtig wie zuvor. Ich blickte wie durch einen leichten Nebel auf die Welt. Wenn ich zum Himmel aufschaute, konnte ich nicht mehr wie früher das liebliche Blau erkennen. Mein Augenlicht war immer gut gewesen und auch jetzt war nichts Krankhaftes festzustellen. Ich konnte mit Leichtigkeit den kleinsten Buchstaben lesen und Gegenstände in der Ferne deutlich erkennen. Offensichtlich war meine Sehkraft unvermindert, aber etwas stimmte nicht mit der Erkenntnisfähigkeit. Das beobachtende Organ war noch in guter Verfassung, aber etwas war nicht in Ordnung bei dem Beobachter. Im normalen Menschen ist der Strom des Bewußtseins so gut geregelt, daß dieser von der Kindheit bis zum Tode keine Veränderung wahrnimmt. Er kennt sich als eine Einheit, als einen nicht dimensionslosen Punkt des Gewahrseins, der vor allem in seinem Kopf wohnt mit einer schwachen Ausdehnung über den Rumpf und die Glieder. Wenn er seine Augen schließt, um ihn aufmerksam zu erforschen, kommt er am Ende zur Beobachtung einer bewußten Gegenwart um den Bereich des Kopfes, die er in Wahrheit selbst ist. Sogar in diesem Zustand der geistigen Unruhe konnte ich deutlich erkennen, daß sich dieses Feld des Bewußtseins ungeheuerlich vergrößert hatte. Es war dem ähnlich, was ich in der Vision erlebt hatte, aber ohne jede Spur von Freude, die für meine erste Erfahrung so charakteristisch war. Ganz im Gegenteil war es jetzt düster und von Furcht durchsetzt, niedergedrückt anstatt heiter, trübe anstatt klar durchsichtig. Es schien, als ob die ausgedehnte Konzentration ein schon teilweise entwickeltes Zentrum im Gehirn geöffnet hatte, das in seiner Nahrung von dem Strom des Lebens abhing, der ständig vom Bereich der Fortpflanzung nach oben floß. Das erweiterte Feld des Bewußtseins war durch Öffnung dieses bisher verschlossenen Raumes entstanden. Die darin eingeschlossene Kraft war nur unvollkommen tätig, weil der Raum vorzeitig geöffnet worden war und weil ich überhaupt nicht wußte, wie ich mich der neuen Entwicklung anpassen sollte.

Fünf Wochen lang kämpfte ich mit der geistigen Niedergeschlagenheit, die durch meinen unnatürlichen Zustand hervorgerufen worden war, und wurde mit jedem Tag trauriger. Mein Gesicht wurde ganz blaß, mein Körper dünn und schwach. Das Essen ekelte mich an, das Herz verkrampfte sich, sobald ich etwas hinunterschluckte. Sehr bald war meine ganze Nahrung auf eine oder zwei Tassen Milch und ein paar Orangen reduziert. Ich konnte nichts anderes essen. Ich wußte genau, daß ich mit einer so ungenügenden Diät nicht lange leben würde, aber ich konnte dies nicht ändern. Ich brannte inwendig, aber ich hatte keine Mittel, das Feuer zu löschen. Während die Zufuhr an Nahrung drastisch verringert wurde, wuchs die tägliche Ausgabe an Energie ungeheuerlich. Meine Ruhelosigkeit hatte eine solche Form angenommen, daß ich nicht einmal für eine halbe Stunde stillsitzen konnte. Wenn ich es tat, wurde meine Aufmerksamkeit unwiderstehlich von dem seltsamen Benehmen meines Geistes angezogen. Sofort wurde das immer gegenwärtige Gefühl der Furcht stärker und mein Herz schlug wie wild. Ich mußte meine Aufmerksamkeit irgendwie zerstreuen, um mich von dem Schrecken meiner Lage zu befreien.

Um meinen Geist davor zu bewahren, sich immer wieder mit sich selbst zu beschäftigen, nahm ich Zuflucht zum Spazierengehen. Am Morgen, wenn ich aufstand und solange die Kräfte dazu reichten, ging ich fort, um einen langsamen Spaziergang zu machen und auf diese Weise gegen die Wirkung einer bedrückenden schlaflosen Nacht anzugehen. Wenn ich mich bei Dunkelheit ruhig niederzulegen zwang, hatte ich keine andere Wahl, als der entsetzte Zuschauer des unheimlichen und furchtbaren Spieles zu werden, das in meinem Inneren sichtbar war.

Bei meinen Spaziergängen traf ich viele Bekannte, die lachend und sprechend ihren morgendlichen Gesundheitsspaziergang machten. Ich konnte ihre Freude nicht teilen und ging schweigend nur mit einem kleinen Nicken oder einem kurzen Gruß an ihnen vorbei. Kein Mensch und kein Gegenstand in der ganzen Welt konnten mich interessieren. Meine eigene Anormalität löschte alles aus meinen Gedanken aus. Während des Tages lief ich in meinem Zimmer oder im Garten umher. Ich zerstreute meine Aufmerksamkeit, indem ich sie von Gegenstand zu Gegenstand lenkte, ohne ihr zu erlauben, auf einem Stück länger zu verweilen. Ich zählte meine Schritte, schaute zur Decke oder zur Wand, zum Boden oder der Reihe nach auf jeden Gegenstand, der mich umgab, aber immer nur für einen winzigen Augenblick. Ich wollte mit aller Willenskraft, die mir zu Gebote stand, meine Gedanken davor bewahren, irgendwann den Zustand der Konzentration zu erlangen und kämpfte verzweifelt mit meinem eigenen widerspenstigen Geist.

Wie lange aber konnte meine Widerstandskraft dauern? Wie lange konnte ich mich vor dem Wahnsinn bewahren? Mein hungernder Körper wurde schwächer und schwächer; meine Beine wankten beim Spaziergang. Aber gehen mußte ich, wenn ich mich von dem grausamen Schrecken befreien wollte, der mein Herz ergriff, sobald ich meinen Gedanken erlaubte, über sich selber nachzudenken. Mein Gedächtnis wurde schwächer und ich stotterte beim Sprechen, während sich der angsterfüllte Ausdruck meines Gesichtes vertiefte. In den dunkelsten Augenblicken zogen sich meine Augenbrauen zu einem finsteren Blick zusammen. Die dichten Falten auf der Stirn und ein wilder Blick meiner glühenden Augen gaben meinem Gesicht den Ausdruck eines Irren. Mehrere Male am Tage beschaute ich mich im Spiegel oder zählte meinen Puls und sah zu meinem Schrekken, wie sich mein Zustand immer mehr verschlechterte. Ich weiß nicht, was meinen Willen aufrecht hielt, so daß ich selbst im Zustand der äußersten Furcht die Gewalt über meine Handlungen und Bewegungen behielt. Niemand konnte auch nur im geringsten ahnen, was in mir vorging. Ich wußte, daß mich nur noch ein dünner Faden vom Wahnsinn trennte, und doch gab ich niemandem auch nur eine Andeutung von meinem Zustand. Ich litt unerträgliche Qualen in der Stille, weinte innerlich über die traurige Wendung der Dinge und machte mir immer wieder bittere Vorwürfe, daß ich ins Übernatürliche eingedrungen war, ohne zuvor Kenntnisse darüber gesammelt und mich gegen die Wagnisse und Gefahren dieses Weges geschützt zu haben. Selbst in der Zeit der größten Niedergeschlagenheit, sogar noch vor dem völligen Zusammenbruch, bewahrte mich innerlich etwas davor, einen Arzt aufzusuchen. Es war zu der Zeit kein Psychiater in Jammu. Aber auch wenn einer dort gewesen wäre, wäre ich mit aller Gewißheit nicht zu ihm gegangen und es war gut, daß ich es nicht tat. Das geringe Wissen, das ich über Krankheiten habe, genügte, um mir zu sagen, daß meine Anormalität einzigartig und weder rein psychischer noch rein physischer Art war, sondern das Ergebnis eines Wandels in der Nerventätigkeit meines Körpers, den kein Arzt auf der Erde hätte richtig feststellen oder heilen können. Auf der anderen Seite hätte ein einziger Fehler bei der Behandlung in jenem hochgefährlichen Zustand der völligen Ungeordnetheit und Unkontrollierbarkeit des Körpers zum Verhängnis werden können. Fehler aber wären im Hinblick auf das völlig undurchsichtige und nicht identifizierbare Wesen der Krankheit unvermeidlich gewesen.

Ein guter Arzt richtet seine Beobachtungen auf die Symptome, die in der Krankheit vorliegen und der Erfolg seiner Behandlung hängt von der Gleichförmigkeit des pathologischen Zustandes im normalen menschlichen Körper ab. Physiologische Prozesse folgen einem bestimmten eigentümlichen Rhythmus, den der Körper unter allen normalen Umständen aufrechtzuhalten sucht. Bei mir war das Grundelement, das für den Rhythmus und für die Gleichförmigkeit verantwortlich ist, in eben diesem Augenblick in einem Zustand des Aufruhrs. Die Anarchie herrschte nicht nur im Körper, sondern auch im

Bereich der Gedanken, nein, in den innersten Tiefen meines Wesens. Vielleicht kann man sich dies vorstellen, beschreiben kann man es nicht.

Ich wußte damals noch nicht, was ich erst später begriff, daß ein selbsttätiger Mechanismus — durch die Meditation angeregt — plötzlich zu arbeiten begonnen hatte, in der Absicht, meinen Geist umzuformen. Auf diese Weise sollte er vorbereitet werden einem erhöhten und erweiterten Bewußtsein Ausdruck zu geben. Dies sollte durch einen biologischen Vorgang geschehen, der so natürlich und denselben unverletzlichen Gesetzen unterworfen ist, wie die Entwicklung der Arten oder das Wachstum und die Geburt eines Kindes. Unglücklicherweise war mir damals das nicht bekannt. So viel ich weiß, ist auch heute dieses mächtige Geheimnis der Natur auf Erden noch verborgen, obwohl es genügend Beweise dafür gibt, daß gewisse Methoden mit dieser Situation umzugehen, die plötzlich durch die Praxis von Hatha-Yoga entstehen kann, den alten Meistern völlig bekannt war.

Ich erforschte meine Lage gründlich Tag für Tag, um mich zu vergewissern, daß meine Erfahrungen wirklich und nicht eingebildet waren. Ebenso wie ein Mensch, der sich in einer unglaublichen Situation befindet, sich kneift, um sicher zu sein, daß er nicht träumt, studierte ich meine Körpersymptome beständig, um meinen geistigen Zustand zu begreifen. Es wäre ein Trugschluß anzunehmen, daß ich das Opfer einer Halluzination geworden sei. Ereignisse, die folgten, und mein gegenwärtiger Zustand schließen diese Möglichkeit aus. Nein, die Krise, durch die ich ging, war nicht die Schöpfung meiner eigenen Einbildung. Sie hatte eine echte physiologische Grundlage und war mit der ganzen organischen Struktur meines Körpers verknüpft. Die gesamte Maschinerie, vom Gehirn bis zu dem kleinsten Organ, war tief darin verwickelt und es gab für mich kein Entfliehen vor dem Sturm der Nervenkräfte, der, unerwartet durch mein Bemühen ausgelöst, Tag und Nacht durch meinen Körper raste.

Viertes Kapitel

KAMPF MIT DEM TODE

In den letzten Zeiten gab es kaum Menschen, in denen das Schlangenfeuer ohne Unterlaß von dem Tag, an dem Kundalini erwachte, bis zum letzten Tag brannte und eine geistige Umwandlung vollbrachte, die den alten Heiligen in Indien bekannt gewesen war, und auf die sie auch hingewiesen hatten. Aber daß es viele Fälle sporadischer Art gab, bei denen die Kraft mit Unterbrechungen tätig war, unterliegt keinem Zweifel. Die Mystiker und Heiligen aller Länder, die von früher Kindheit an für überirdische Visionen empfänglich sind und gelegentlich in ekstatischen Trance fallen, dann aber wieder in ihr normales Bewußtsein zurückkehren, gehören zur letzteren Kategorie. Medien und alle diejenigen, die die Kraft des Hellsehens, des Gedankenlesens, der Vorhersage und ähnliche übernatürliche Fähigkeiten besitzen, verdanken ihre überraschenden Gaben der Wirksamkeit einer erwachten Kundalini, die in begrenzter Weise im Kopf tätig ist, ohne das höchste Zentrum zu erreichen, aus dem allein sie das ganze Bewußtsein umwandelt. Dasselbe gilt von den Genies, in denen diese Kraft besondere Bereiche im Gehirn ernährt und sie zu außerordentlichen Phasen der geistigen, literarischen oder künstlerischen Tätigkeit anregt.

In allen oben erwähnten Fällen ist der Fluß der mächtigeren Lebenskraft so reguliert und eingeordnet, daß er im Körper keine Störung hervorruft wie bei den Mystikern, in denen der Andrang des Stromes auf das Gehirn manchmal sehr kräftig ist. Dieser Zustand beginnt schon bei der Geburt, so daß sich das Nervensystem für gewöhnlich schon von Kindheit an daran gewöhnt, wenn der Wechsel der Bewußtseinsformen noch nicht so bewußt erfahren und noch nicht dem anormalen Geschehen im Körper eine Bedeutung beigemessen und Furcht empfunden wird. Aber auch so haben Mystiker oft viele Krisen zu bestehen und unerhörte Leiden und Qualen auszuhalten, bis sie einen gefestigten und friedlichen Geist erlangen und in der Lage sind, mit Verständnis die Erfahrung zu studieren und auszudrücken, die sie als eine Gruppe außerhalb der normalen Sterblichen brandmarkt. Die Menschen, die zu dieser Kategorie gehören, mit Ausnahme der Mystiker, nehmen in der Regel die Leuchtkraft und die Bewegung der Nervenströme nicht wahr, da der Fluß des Lebensstromes zu stark zurückgehalten wird, um übersinnliche Wirkungen auszulösen. Da sie ihnen überdies als ein Bestandteil von Geburt an innewohnt, bilden sie einen angeborenen Zug ihrer Persönlichkeit.

Die volkstümlichen Bücher über Yoga, die ich Jahre zuvor gelesen hatte, enthielten keinen Hinweis auf eine solche anormale Entwicklung und nervenerschütternde Erfahrung. Die gelehrten Autoren beschränken sich auf die Beschreibung der verschiedenen Stellen und Methoden, die alle aus den alten Schriften entlehnt sind. Wenige von ihnen erhoben den Anspruch, die Erfahrung gemacht zu haben, aber eiferten sich, andere zu lehren, was sie selber niemals gelernt hatten. In manchen Büchern bezogen sie sich nebenbei auf Kundalini-Yoga. Ein paar Seiten oder ein kleines Kapitel genügten den Autoren, um diese schwerste und am wenigsten bekannte Form des Yoga zu beschreiben. Man stellte fest, daß Kundalini die kosmische Lebenskraft sei, die im menschlichen Körper schläft. Um das Ende der Wirbelsäule, nahe bei den Sexualorganen wie eine Schlange aufgerollt, verschließt sie, unerweckt, mit ihrem Mund die Öffnung der Sushumna, des haarfeinen Kanals, der durch die Wirbelsäule zum Zentrum des Bewußtseins am Scheitel des Kopfes führt. Nach ihrer Erweckung steigt Kundalini wie ein Lichtstrahl durch Sushumna auf und führt die Lebenskraft des Körpers mit sich, der für diese Zeit kalt und leblos wird. Die Lebensfunktionen hören entweder ganz oder teilweise auf, damit sich Kundalini mit ihrem göttlichen Gemahl Shiva im letzten oder siebten Zentrum vereinen kann. Im Laufe dieses Prozesses geht das verkörperte Selbst, von der Bindung an das Fleisch befreit, in einen Zustand der Ekstase über, der bekannt ist als Samadhi. In diesem erkennt sich das Selbst als unsterblich, voller Glückseligkeit und eins mit dem alldurchdringenden höchsten Bewußtsein. Nur eine oder zwei Schriften bringen unklare Hinweise auf Gefahren, denen man auf diesem Wege begegnet. Die Art dieser Gefahren und die Methoden, sie zu verhindern oder zu überwinden, werden von den Autoren nicht erklärt.

Von den unklaren Ideen, die ich aus diesen Arbeiten gesammelt oder im Laufe der Diskussionen und Gespräche über Yoga aufgelesen hatte, ergab sich für mich ganz natürlich die Folgerung, daß die anormale Situation, in der ich mich befand, unmittelbares Ergebnis meiner Meditation war. Die Erfahrung, die ich machte, stimmte in jeder Weise überein mit der Beschreibung des ekstatischen Zustandes jener, die diesen selbst erlangt hatten. Deshalb gab es keinen Grund für mich, an der Gültigkeit oder der Möglichkeit meiner Vision zu zweifeln. Ich konnte mich nicht irren über die Töne, die ich gehört und die Leuchtkraft, die ich wahrgenommen hatte. Vor allem konnte kein Zweifel bestehen an der Verwandlung meines Bewußtseins, dieses mir nächsten und innersten Teiles meiner selbst. Ich hatte die Verwandlung mehr als einmal erfahren und erinnerte mich so stark daran, daß sie niemals ausgelöscht oder für irgend einen anderen Zustand gehalten werden konnte. Es war unmöglich, daß sie ein Produkt meiner Einbildung war. Denn ich besaß selbst während der Vision noch die Fähigkeit, einen Vergleich zwischen dem erweiterten und dem normalen Bewußtsein zu ziehen. Wenn das erweiterte Bewußtsein schwächer wurde, konnte ich die Verengung, die dabei stattfand, spüren. Es war ohne Zweifel eine echte Erfahrung und wurde beschrieben von allen Mystikern und Heiligen der Welt mit aller Ausdruckskraft, die ihnen zu Gebote stand. Aber in meinem Fall gab es eine besondere, unmißverständliche Abweichung von der normalen Art der Vision: die außerordentliche Empfindung am Ende der Wirbelsäule, die gefolgt wurde von einem strahlenden Strom, der durch das Rückenmark zum Gehirn floß. Dieser Teil der seltsamen Erfahrung paßte zu dem Phänomen, das mit der Erweckung der Kundalini verbunden ist. Deshalb hatte ich recht in der Annahme, daß ich ohne Wissen die aufgerollte Schlange erweckt hatte und daß hierdurch die ernste Störung in meinem Nervensystem ebenso wie der außerordentliche, aber unheimliche Zustand, in dem ich mich befand, verursacht wurde.

Ich erzählte nur meinem Schwager davon, der während jener Tage zu einer kurzen Geschäftsreise nach Jammu kam. Er war viele Jahre älter als ich und liebte mich wie einen Sohn. Ich sprach offen zu ihm und spürte seine tiefe Anteilnahme. Er hatte selber jahrelang Meditationsübungen gemacht unter der Anleitung eines Lehrers, der behauptete, über Kundalini-Yoga Bescheid zu wissen. Freimütig und edel im Wesen, hatte mir mein Schwager von seinen eigenen Erfahrungen erzählt in der einfachen Art eines Kindes, um von mir Bestätigung zu empfangen für die Ergebnisse, die er durch seine Bemühungen erzielt hatte. Ohne auch nur im geringsten Wissen vorzutäuschen, gab er mir die Kenntnisse, die er besaß. So war er in gewisser Weise das Werkzeug, das mein Leben rettete. Meine Frau wußte nichts von meinem Kampf auf Leben und Tod. Mein seltsames Benehmen aber, mein Mangel an Appetit, körperliche Störungen, ständiges Spazierengehen und vor allem der Ausdruck von Angst und Niedergeschlagenheit auf meinem Gesicht beunruhigten sie. Sie riet mir, einen Arzt aufzusuchen, und wachte mit Sorge Tag und Nacht über mich.

Mein Schwager konnte die Bedeutung von dem, was ich ihm erzählt hatte, nicht begreifen. Aber er sagte, sein Guru hätte einmal bemerkt, daß Gefahr einer ernsten psychischen und physischen Störung bestünde, die in ständiger Unzurechnungsfähigkeit, in Wahnsinn oder Tod enden könnte, wenn Kundalini irrtümlicherweise durch einen anderen Nerv als Sushumna hochgezogen würde, besonders, wenn die Erweckung durch Pingala auf der rechten Seite der Wirbelsäule geschähe. Dann würde der unglückliche Mensch buchstäblich zu Tode verbrannt durch eine entsetzliche innere Hitze, die von keinem äußeren Mittel gelöscht werden könnte. Ich war von dieser Behauptung entsetzt und ging in meiner Verzweiflung zu einem gelehrten Asketen aus Kaschmir, der den Winter in Jammu verbringen wollte. Er hörte mich geduldig an und sagte, daß die Erfahrung, die ich gemacht hätte, überhaupt nichts mit der Erweckung der Schlangenkraft zu tun habe, da diese immer ein Glücksgefühl mit sich brächte und nicht mit etwas verbunden sein könnte, das Krankheit und Störung verursache. Er stellte die grauenhafte Vermutung auf, die er von seinem Lehrer gehört oder in einem alten Buch gefunden hatte, daß meine Krankheit wahrscheinlich durch das Gift eines bösen Geistes verursacht sei, der den Weg des Yogi verstelle und verschrieb mir einen Trank, den ich niemals nahm.

Auf Anraten eines anderen blätterte ich eine Reihe von Büchern über Kundalini-Yoga durch, Übersetzungen auf Englisch oder alte Sanskrit-Texte. Aber nicht einmal eine Seite konnte ich mit Aufmerksamkeit lesen. Der Versuch konzentrierte wieder meine Aufmerksamkeit, was ich für längere Zeit nicht ertragen konnte. Die geringste Bemühung verschlechterte meine Lage, da der Strom der neugeborenen Lebenskraft vermehrt in mein Gehirn floß, was meine Furcht und mein Elend nur verstärkte. Ich durchflog die Bücher, las einmal hier und da eine Zeile oder einen Absatz. Die Beschreibung der Symptome, die der Erweckung folgten, bestätigten meine eigene Erfahrung und stärkten meine Überzeugung, daß ich die schlafende Lebenskraft in mir erweckt hatte. Aber ob die Agonie des Geistes und Körpers, durch die ich ging, ein unvermeidbares Ergebnis der Erweckung war oder ob ich die Kraft durch einen falschen Nerv hochgezogen hatte, konnte ich nicht mit Sicherheit feststellen. Einmal fand ich eine kurze Einführung, die ich durch Zufall oder göttliche Führung in der riesigen Menge von Literatur beim Überfliegen entdeckte. Sie besagte, daß der Student während dieser Übung seinen Magen nicht leer lassen dürfte, sondern alle drei Stunden etwas Leichtes essen sollte. Dieser kurze Ratschlag, der in meinem Gehirn in einem äußerst kritischen Augenblick aufblitzte, in dem ich zwischen Tod und Leben schwebte und jede Hoffnung zum Überleben aufgegeben hatte, rettete mein Leben und meine Gesundheit und tut es bis zum heutigen Tage.

In jener Zeit maß ich diesem wichtigen Hinweis nicht viel Bedeutung bei. Selbst wenn ich mein Äußerstes versucht hätte, ich hätte diesen Ratschlag zu der damaligen Zeit nicht befolgen können; denn alles Essen war so abscheulich für mich, daß mein Magen schon beim Gedanken daran revoltierte. Ich brannte in jedem Teil meines Körpers, während mein Geist wie ein schwebender Luftballon auf- und niederstieg und wild nach allen Seiten flog, unfähig auch nur für einen Augenblick auszuhalten.

Wann immer sich meine Gedanken auf sich selber bezogen, starrte ich mit großer Angst auf die unirdische Leuchtkraft, die meinen Kopf anfüllte und die sich im Wirbelstrom drehte. Sie strahlte selbst in der tiefen Dunkelheit meines Zimmers in den langsam sich dahinziehenden Stunden der Nacht. Oft nahm sie entsetzliche Formen und Bewegungen an, als ob eine teuflische Fratze grinste und in der Schwärze der Nacht unmenschliche Gestalten um mich herum gestikulierten. Das geschah monatelang Nacht für Nacht. Es schwächte meinen Willen und verzehrte meine Widerstandskraft, bis ich die furchtbare Tortur nicht mehr länger aushalten konnte. Ich war sicher, daß ich nun jeden Augenblick dem unbarmherzigen mich verfolgenden Entsetzen und Wahnsinn unterliegen müßte. Aber ich hielt durch. Ich hatte mich entschlossen dies zu tun, so lange noch ein Stückchen Willenskraft in mir lebendig war. Ich hatte mich ebenfalls entschlossen, eher meinem Leben ein Ende zu machen, als mich im geisterhaften Urwald des Wahnsinns zu verlieren.

Wenn es Tag war, sehnte ich mich nach der Nacht und während der Nacht betete ich inständig um den Tag. Als die Zeit fortschritt, schwand meine Hoffnung und Verzweiflung ergriff mich. Es gab kein Aufhören der Spannung und kein Nachlassen der unaufhörlich mich verfolgenden Furcht oder irgendeine Befreiung aus dem feurigen Strom, der durch meine Nerven schoß und in mein gemartertes Hirn floß. Da meine Lebenskraft — eine Folge des Fastens — abnahm und mein Widerstand schwand, wurde die Krankheit zu einem solchen Ausmaß verschlimmert, daß ich in jedem Augenblick das Ende erwartete.

In einem solchen Geisteszustand befand ich mich, als das heilige Fest von Shivrati, oder die Nacht von Shiva, sich gegen Ende Februar näherte. Wie gewöhnlich hatte meine Frau auch dieses Jahr mit großer Mühe einige süße Gerichte vorbereitet. Mit Sanftheit überredete sie mich, doch auch etwas davon zu kosten. Um sie nicht zu verletzen und ihr schon angsterfülltes Gemüt noch mehr zu betrüben, war ich ruhig und zwang mich, ein paar Bissen herunterzuschlucken. Dann wusch ich meine Hände und stand auf. Unmittelbar danach hatte ich in der Magengrube eine herabdrückende Empfindung. Ein feuriger Strom schoß in meinen Kopf. Ich fühlte mich immer mehr in die Höhe gehoben und auf unheimliche Weise ausgebreitet, während unerträglicher Schrecken mich von allen Seiten bedrang. Mir wurde übel; meine Hände und Füße wurden eiskalt, als ob alle Hitze aus ihnen entschwunden war, um den feurigen Dampf im Kopf zu nähren. Dieser war durch die Wirbelsäule aufgestiegen wie ein rötlicher Windstoß aus einem Schmelzofen und wirkte wie Gift in meinem Gehirn. Ich war erstarrt und von Schwäche und Übelkeit überwältigt. Schwankend schleppte ich mich in mein Bett im anliegenden Zimmer.

Ich zitterte wie im Wechselfieber. Ich fühlte meinen Puls, er rann wie verrückt. Mein Herz pumpte wild unter meinen Rippen. Sein Schlagen konnte ich genau hören. Aber was mich entsetzte, war die Intensität des Feuerstromes, der nun durch meinen Körper schoß und jeden Teil, jedes Organ durchdrang. Mein Gehirn arbeitete verzweifelt, unfähig den rasenden Gedanken Klarheit zu verschaffen. Was konnte ich tun, um mich aus dieser Tortur zu retten? Könnte es möglich sein, daß in meinem früheren halbverhungerten Zustand, in dem ich nur von ein paar Orangen und etwas Milch gelebt hatte, der feurige Strom weniger von dieser entsetzlichen Intensität besaß, wie jetzt, nachdem ich feste Nahrung zu mir genommen hatte? Wo konnte ich hingehen, um dem Schmelzofen in meinem Innern zu entfliehen.

Die Hitze nahm jeden Augenblick zu und verursachte solche unerträglichen Schmerzen, daß ich mich krümmte und mich von einer Seite auf die andere herumwarf, in Strömen kalten Schweißes, der über mein Gesicht und meine Glieder lief. Immer noch nahm die Hitze zu und bald schien es, als ob unzählige rotglühende Nadeln meinen Körper durchbohrten, die Organe und Gewebe wie fliegende Funken versengten und mit Blasen bedeckten. Als ich diese qualvollste Tortur erlitt, preßte ich meine Hände zusammen und biß mir auf die Lippen, um nicht aus meinem Bett zu fallen und aus vollem Halse zu schreien. Das Schlagen meines Herzens wurde immer entsetzlicher und nahm eine solche stoßartige Gewalt an, daß ich dachte, es müßte entweder zu schlagen aufhören oder bersten. Fleisch und Blut konnten es nicht mehr länger aushalten, ohne auseinanderzufallen. Es war leicht zu erkennen, daß der Körper tapfer versuchte, das tödliche Gift zu bekämpfen, das durch die Nerven ins Gehirn floß. Aber der Kampf war so ungleich und das Ungestüm, das in meinem Körper losgelassen war, so todbringend, daß nicht der leiseste Zweifel am Ausgang bestand.

Es traten furchtbare Störungen in allen Organen auf. Jede einzelne war so erschreckend und schmerzhaft, daß ich mich wundere, wie ich unter dieser Last meine Selbstbeherrschung noch bewahren konnte. Der ganze empfindsame Körper brannte und verging völlig unter dem feurigen Sturm, der durch das Innere raste.

Ich wußte, daß ich im Sterben lag, und daß mein Herz den

gewaltigen Druck nicht mehr lange aushalten würde. Meine Kehle war ausgebrannt, und jeder Teil meines Körpers flammte und brannte, aber ich konnte nichts tun, um das furchtbare Leiden abzukürzen. Wenn ein Fluß oder Brunnen in der Nähe gewesen wäre, würde ich in seine kalten Tiefen gesprungen sein und hätte den Tod dem vorgezogen, was ich jetzt zu erleiden hatte. Aber es gab keinen Brunnen, und der Fluß war fast einen Kilometer weit entfernt. Mit großer Anstrengung stand ich auf, um ein paar Eimer kalten Wassers über meinen Kopf zu stürzen und damit die furchtbare Hitze zu lindern. In diesem Augenblick fiel mein Blick auf meine kleine Tochter Ragina, die im Bett neben mir wach lag und meine fieberhaften Bewegungen mit weit geöffneten, ängstlichen Augen betrachtete. Mit einem letzten Rest an Vernunft, der mir geblieben war, konnte ich mir ausmalen, daß auch die kleinste ungewöhnliche Bewegung zu dieser Nachtzeit sie zum Schreien bringen mußte. Würde ich jetzt zu dieser ungewöhnlichen Stunde anfangen, Wasser über meinen Körper zu schütten, würde sie und ihre Mutter, die in der Küche beschäftigt war, fast vor Angst sterben. Dieser Gedanke hielt mich zurück und ich entschied mich, die inwendige Agonie zu ertragen bis zum Ende, das nicht mehr fern sein konnte.

Was war mir plötzlich geschehen? Welche teuflische Macht der Unterwelt hielt mich in ihrem unbarmherzigen Griff? War ich dazu verurteilt, auf diese schauerliche Art zu sterben und eine Leiche mit einem schwarzen Gesicht zu hinterlassen, so daß die Menschen sich wundern würden über den unerhörten Schrekken, der mich überfallen hatte als Strafe für Vergehen in einer früheren Inkarnation? Ich quälte mein zermartertes Gehirn, suchte nach einem Ausweg, fand aber überall nur nackte Verzweiflung. Ich versuchte, mich mit aller Anstrengung zu erheben und fiel immer wieder zurück, erschöpft von einer Qual, die größer war als die Kraft, sie zu ertragen. Nach einer Weile ereignete sich plötzlich eine Wiederbelebung der Kräfte, die den Beginn des Deliriums anzeigte. Ich kehrte an einem Faden von Gesundheit zum Leben zurück. Gott allein weiß, in welchem Zustand; gerade noch stark genug, um mich vor verrückten Taten und Selbstmord zu bewahren.

Ich zog die Decke über mein Gesicht und streckte mich in voller Länge auf dem Bett aus. Jede Faser in mir brannte. Ein feuriger Regen rotglühender Nadeln durchstach meine Haut.

In diesem Augenblick kam mir eine schreckliche Idee. Könnte es sein, daß ich Kundalini durch Pingala, den Sonnennerv hochgezogen hatte, der den Wärmestrom im Körper reguliert und auf der rechten Seite von Sushumna liegt? War dies der Fall, dann war ich verloren. Wie durch göttliche Fügung schoß der Gedanke durch mein Gehirn, in letzter Minute zu versuchen, Ida oder den Mondnerv auf der linken Seite zu wecken, um so das furchtbare inwendige Brennen zu neutralisieren. Meine Gedanken drehten sich, meine Empfindung war vom Schmerz ausgebrannt. Aber mit aller Willenskraft, die mir zur Verfügung stand, konzentrierte ich meine Aufmerksamkeit auf die linke Seite neben dem Sitz der Kundalini und versuchte, in der Einbildung einen kalten Strahl durch die Mitte der Wirbelsäule nach oben zu ziehen. In jenem äußerst ausgeweiteten, gequälten und erschöpften Zustand meines Bewußtseins fühlte ich genau die Lage dieses Nervs und nahm alle geistige Anstrengung zusammen, um seinen Fluß in den zentralen Kanal der Wirbelsäule zu leiten. Dann, als hätte es auf diesen, schicksalhaften Augenblick gewartet, geschah ein Wunder.

Es entstand ein Ton, als reiße ein Nervenfaden entzwei. Sofort lief eine silberne Ader zickzack durch die Wirbelsäule, genau wie die gewundenen Bewegungen einer weißen Schlange in schnellem Flug, die einen leuchtenden springbrunnenartigen Schauer von strahlender Lebenskraft in mein Gehirn führte. Er erfüllte meinen Kopf mit einem glückseligen Glanz anstelle der Flamme, die mich für die letzten drei Stunden furchtbar gequält hatte. Ich war von dieser Umwandlung des feurigen Stromes, der noch vor einem Augenblick durch mein ganzes Nervensystem geschossen war, völlig überrascht worden und über das Ende des Schmerzes tief beglückt. Für einige Zeit blieb ich ganz ruhig und bewegungslos. Ich kostete den Segen der Erleichterung mit einem Denken aus, das von Gefühlen erfüllt war und konnte gar nicht glauben, daß ich wirklich die Gefahr überwunden hatte. Gequält und fast bis zum Zusammenbruch erschöpft, fiel ich sofort in Schlaf, in Licht gebadet. Zum ersten Mal nach Wochen der Angst fühlte ich die süße Umarmung des friedlichen Schlafes.

Als wäre ich grausam aus meinem Schlummer aufgeschreckt worden, erwachte ich ungefähr nach einer Stunde. Der glänzende Strom erfüllte immer noch meinen Kopf. Mein Denken war klar, mein Herz und mein Puls hatten aufgehört zu rasen.

Die brennenden Empfindungen und die Furcht waren fast vergangen. Aber meine Kehle war immer noch trocken; mein Mund war ausgedörrt und ich befand mich im Zustand der äußersten Erschöpfung, als sei jeder Tropfen an Energie aus mir herausgepreßt worden. Genau in dem Zeitpunkt kam mir eine andere Idee, als ob eine unsichtbare Intelligenz sie mir eingegeben hätte, und mit unwiderstehlicher Macht wurde mir befohlen, sofort etwas zu essen. Ich drehte mich zu meiner Frau, die für gewöhnlich wach in ihrem Bett lag, um mich angstvoll jeden Augenblick zu beobachten und bat sie, mir eine Tasse Milch und etwas Brot zu holen. Erschrocken von dieser ungewöhnlichen und unzeitgemäßen Bitte, zögerte sie einen Augenblick und fügte sich dann ohne ein Wort. Ich aß das Brot, schluckte es mit Hilfe der Milch mühsam herunter und schlief sofort wieder ein.

Nach zwei Stunden erwachte ich von neuem, vom Schlaf erfrischt. Mein Kopf war noch vom glühenden Leuchten erfüllt. In diesem erhöhten und strahlenden Zustand des Bewußtseins konnte ich deutlich eine golden flammende Zunge wahrnehmen, die in meinem Magen nach Nahrung suchte und sich um die anliegenden Nerven herum bewegte. Ich aß ein paar Bissen Brot und trank eine Tasse Milch. Unmittelbar darauf entdeckte ich, daß sich das Strahlen im Kopf zusammenzog und eine größere Flammenzunge meinen Magen beleckte, als ob ein Teil der strömenden Energie, die in mein Gehirn floß, zur Magengegend geschickt wurde, um dort den Prozeß der Verdauung zu beschleunigen. Ich lag wach und staunte, wie sich die leuchtenden Strahlen von Ort zu Ort durch den Verdauungstrakt bewegten, die Leber und die Gedärme streichelten, während sich ein anderer Strom durch die Nieren und das Herz ergoß. Ich kniff mich, um herauszufinden, ob ich träumte oder schlief, vollkommen sprachlos über das, was ich in meinem eigenen Körper erlebte, vollkommen machtlos, den Strom zu regeln oder zu führen. Ungleich dem Entsetzen, das ich vorher erlebt hatte, fühlte ich mich nunmehr wohl. Ich spürte nur noch eine sanfte beruhigende Wärme, die sich durch meinen Körper zog, während der Strom von einem Punkt zum anderen floß. Schweigend beobachtete ich dieses wunderbare Spiel. Mein ganzes Wesen war erfüllt von unendlicher Dankbarkeit zum Unsichtbaren für diese rechtzeitige Errettung aus einem furchtbaren Schicksal. Eine neue Sicherheit begann sich in meinem

Geist auszuprägen, das Schlangenfeuer war nun wirklich in meinem erschöpften und ausgemergelten Körper am Werke — ich war gerettet.

Fünftes Kapitel

KUNDALINI UND DIE
VERWANDLUNG DER SEXUALITÄT

Hier — und ich bitte um Verzeihung, daß ich vom Hauptfaden der Erzählung abschweife — möchte ich gerne klarstellen, daß ich nicht die Absicht habe, die wechselvolle Geschichte meines Lebens der schon in Anspruch genommenen Geduld dem Leser aufzubürden. Aber ich bin gezwungen, diesen Weg weiterhin einzuschlagen, da sonst die außerordentliche Entwicklung, die sich in mir vollzog, als ich sechsundvierzig Jahre alt war, nicht in der rechten Perspektive erschiene und den sehr großen wissenschaftlichen Wert verlöre, den sie meiner Schätzung nach besitzt, und den zu begründen, Sinn dieser Arbeit ist. Es geschieht in der Absicht, der wissenschaftlichen Forschung in dem viel erörterten Bereich des Übernatürlichen zu helfen, so daß nur die Geschehnisse meines Lebens in diesem Einführungswerk Platz finden dürfen, die unmittelbar in Beziehung stehen zur höchsten Erfahrung meines Lebens und ohne die eine wissenschaftliche Untersuchung dieses einzigartigen Höhepunktes nicht möglich wäre.

Ich zögerte fast dreißig Jahre, diese Erfahrung bekannt zu machen. Erstens wollte ich mir meines Zustandes ganz sicher sein. Zweitens scheute ich die Kritik wohlmeinender Freunde und das Lächerlichmachen der Gegner. Die Geschichte, die ich zu erzählen hatte, fiel so sehr aus dem normalen Rahmen und enthielt so merkwürdige Episoden, daß es mir sehr zweifelhaft schien, ob sie als wahrer Bericht einer Erfahrung aufgenommen würde, die, von äußerster Seltenheit, seit undenklichen Zeiten in ein Geheimnis gehüllt war. Ich nahm an, daß es nur wenige gäbe, die unmittelbar glauben würden, was ich über die seltsamen Phänomene zu erzählen hatte. Das Verlangen aber, die verhüllte Wahrheit zu offenbaren, siegte zuletzt. Ich weiß, daß ich mich mit der Veröffentlichung dieses Buches der Kritik verschiedener Richtungen aussetze, vor allem erwarte ich sie von denen, die an diesem Gegenstand hätten mehr interessiert sein sollen. Einige unter den Wissenschaftlern auf der einen und unter den Gläubigen auf der anderen Seite werden die nun gebotene Gelegenheit der Versöhnung nicht ergreifen, sondern sie wahrscheinlich als eine Beeinträchtigung des Monopols ihrer vergöttlichten Meinungen und Ansichten betrachten. Sie werden die Tatsache vergessen, daß die Wahrheit durch Feindschaft reicher und durch Gegnerschaft stärker wird.

Ich weiß das alles, aber ich gebe einem Drang nach, den ich nicht unterdrücken kann, einem Drang, der bald nach dem Auftreten des anormalen Zustandes in mir Fuß faßte und der seitdem niemals völlig zum Schweigen kam. Es war der Wunsch, meine Erfahrung einer großen Öffentlichkeit zugänglich zu machen. Dies sollte der erste Schritt sein zu einer organisierten Untersuchung aller Manifestationen des Überbewußten. Die Zeit hierfür ist günstig, und deshalb habe ich mir die Aufgabe gestellt, mich aller hierfür entscheidenden Erlebnisse meines Lebens wieder zu erinnern, um Sinn und Beziehung der folgenden überraschenden Entwicklung aufzuzeigen. Obwohl diese in einer bestimmten Gruppe von Menschen als natürliche Veranlagung vorhanden ist, entging sie bis heute jeder Bemühung, die auf ihre Erforschung gerichtet ist. Zugleich suchte ich die Aufmerksamkeit auf die geistigen und physiologischen Zustände zu lenken, die der Offenbarung einer solchen außerordentlichen Entfaltung im Menschen vorausgehen und die in den Einzelheiten verschieden, doch im wesentlichen anderen Phänomenen der Vergangenheit ähnlich sind. Aber mit Ausnahme der Tatsache, daß die Erscheinungen, die das Erwachen der Kundalini begleiten, heute für die Welt ein versiegeltes Buch sind — abgesehen von einigen Einzelfällen —, bieten meine Erfahrungen wirklich nichts Ungewöhnliches, was nicht durch andere ähnliche Beobachtungen in der Zukunft bestätigt werden kann. Für diese möchte das vorliegende Buch die notwendigen Voraussetzungen schaffen.

Wenn man von den anormalen physiologischen Reaktionen absieht und von dem Vorhandensein und ungewöhnlichen Verhalten des leuchtenden Lebensstromes im Körper, der für uneingeweihte und unvorbereitete Menschen wie mich bei seinem Erwachen Schrecken verursachen mußte, birgt meine Erfahrung nichts, das im entferntesten den gefährlichen und vollkommen anormalen Auswirkungen gleicht, die Medien und andere psychisch belastete Menschen erleben. Was mich zögern ließ, es zu veröffentlichen, ist die Einmaligkeit dieses Phänomens. Es stimmt weder mit den bekannten Manifestationen überein, die in Medien beobachtet wurden, noch scheint es in irgendeiner Art den überlieferten Erfahrungen der bekannten Mystiker und Heiligen im Osten wie im Westen zu ähneln. Das Besondere ist, daß dieses Phänomen in seinem ganzen Wesen den Versuch einer bislang unerkannten Lebenskraft im menschlichen Körper darstellt, sich durch Willensanstrengung zu befreien, um den psycho-physiologischen Apparat im Menschen umzuformen und ihn auf diese Weise empfänglich zu machen für Bewußtseinszustände, die dem Menschen vorher nicht wahrnehmbar waren. Die besondere Art meiner außerordentlichen Erfahrung macht sie bemerkenswert und erwartet Aufmerksamkeit von den Stellen, die am Übernatürlichen interessiert sind oder am Ermitteln der physiologischen Grundlage für überorganische psychische Phänomene.

Es ist eine unbestreitbare Tatsache, daß die Sehnsucht nach dem Unbekannten ebenso unmißverständlich ein Zug der alten Zivilisation war, wie sie es heute ist. Zu allen Zeiten war in zahllosen Menschen eine beharrliche Suche nach dem Geistigen und Übernatürlichen vorhanden und ein großer Durst nach dem Erlangen übersinnlicher Kräfte und dem Heben des Schleiers, der sie vom Jenseits trennt. Entweder war die Zeit noch nicht reif für eine vollständige Enthüllung des Geheimnisses oder der menschliche Geist schloß sich in einem Gitter ab, indem er den Gegenstand, der ausschließlich sein eigenes Wesen betrifft, in Ungewißheit, Furcht und Aberglauben hüllte, so daß die Entdeckungen, die auf diesem Gebiete gemacht wurden, als wohl beschütztes Geheimnis einiger weniger Auserwählter gehütet wurde. Es besteht nicht der geringste Zweifel, daß die alten Meister Indiens, Chinas und Ägyptens den Kult der Kundalini besser kannten als die hervorragendsten Denker von heute. Aufgrund meiner eigenen Erfahrungen kann ich ohne Zögern bestätigen, daß das Phänomen des strahlenden Stromes, seine Bewegung durch die Nervenbahnen, die Methoden der Erweckung dieser Kraft, die Lebensordnung, die hierfür befolgt werden muß, die Vorsichtsmaßnahme und die Rolle, die die Fortpflanzungsorgane dabei spielen, den Erfahrenen bis zu einem gewissen Grade bekannt waren. Das geht offensichtlich aus den alten Schriften hervor, oder, wenn diese fehlen, aus den Zeremonien der Eingeweihten. Diese konnten wegen der Gefährlichkeit des Experimentes, wegen der mitspielenden Erbanlagen und der notwendigen geistigen und physischen Fähigkeiten immer nur wenige sein.

Um Mißverständnisse zu vermeiden, muß sofort gesagt werden, daß der Kundalini-Kult nicht der einzige Weg war, auf dem die Alten sich dem schwer zu erreichenden Raum des Übernatürlichen zu nahen vermochten. Es gab gleichzeitig andere Glaubensformen, Schulen und Systeme, die sich mit dem Geheimnisvollen und Übersinnlichen befaßten. Wie auch in unserer Zeit versuchten die Angehörigen der verschiedenen Sekten sich gegenseitig herunterzureißen, die Methoden ihrer Gegner geringzuschätzen und ihre eigenen herauszustellen.

Dieser unaufhörliche Kleinkrieg mußte, das ist klar ersichtlich, schädlich sein für die allgemeine Annahme der Lehre, die sich mit Kundalini beschäftigte. Sie wurde immer weiter in den Hintergrund geschoben. Vor allem waren schwere körperliche Zucht, die Größe des Wagnisses und nicht zuletzt die Seltenheit des Erfolgs dafür verantwortlich, daß diese Lehre im Laufe der Zeit in die Rumpelkammer veralteter Glaubenslehren gestellt wurde. Man kann auch ohne Widerspruch sagen, daß der Aufstieg aller großen Religionen in der Welt — trotz der Tatsache, daß jede unauflöslich in dem Boden wurzelt, der von diesem vorhistorischen Kult beackert und bewässert wurde — nicht im geringsten dazu beigetragen hat, die Glaubenslehre der Kundalini als ein anerkanntes und wohlgegründetes System der geistigen und körperlichen Zucht für die Annäherung an das Transzendentale zu enthüllen. Immerhin blieb sie in Indien der Form nach erhalten, wenn auch ihrer Bedeutung und ihres Einflusses beraubt, und immer noch hat sie viel von der Anziehungskraft behalten, die sie einst auf den Suchenden ausübte, der sich mühte, das Unsichtbare zu erreichen. Es ist offensichtlich, daß alle Religionen, Glaubensrichtungen und Sekten, auch die blutigen Kulte der Wilden und die sich quälenden und selbst verstümmelnden Religionsformen, die noch bis vor kurzem existierten, ihren Ursprung einem Drang verdanken, der tief in der menschlichen Natur wurzelt und auf zahllosen heilen wie unheilen Wegen Ausdruck findet. Dieses Verlangen war ständiger Begleiter des Menschen bei seinem Aufstieg vom primitivsten Zustand bis zu seinem heutigen Stand hin. Der

Wunsch, das Rätsel des Daseins zu lösen, die Sehnsucht nach übersinnlicher Erfahrung, das Verlangen mit den geheimnisvollen Mächten in Beziehung zu treten oder übersinnliche Kräfte zu erlangen, ist in vielen Gemütern mit überwältigender und zwingender Wirkung lebendig. Es ist ein Ausdruck dieses noch unvollständig erfaßten, machtvollen Impulses, der aus den Tiefen des Seins aufsteigt und sich zu einem Teil der Persönlichkeit entwickelt, wie man schon im frühen Alter an Gedanken und Handlungen erkennen kann.

Alle religiösen Feiern, alle Akte der Anbetung, alle Methoden der geistigen Entwicklung und alle esoterischen Systeme, die auf die eine oder andere Weise einen Kanal für die Verbindung mit dem Übersinnlichen, dem Göttlichen und dem Geheimnisvollen herstellen oder einen Weg anbieten für die Entdeckung des Geheimnisses des Seins, sind, wie alle Mittel, beides zugleich: wirksam, doch unvollständig zur Befriedigung dieses tiefverankerten und überall anwesenden Dranges. Die Form, in der das geschieht, kann ein abscheuliches blutiges Opfer sein, eine klaffende, sich selbst zugefügte Wunde, die selbstverursachte Blindheit des in die Sonne Schauenden oder die ständige Tortur des Körpers auf einem Bett mit Nägeln, das melodische Singen von Hymnen, das Sprechen von Gebeten, das sich Beugen in demütiger Ehrfurcht, die Disziplin des Yoga oder irgendeine andere religiöse Übung. Das Ziel ist unveränderlich das Geheimnisvolle, Mysteriöse oder das Übersinnliche in göttlicher, dämonischer, geistiger oder in einer anderen Form.

Von Anfang an trat in einer unbegrenzten Vielheit von religiösem Glauben, Aberglauben und Tabus, die sich bis in die frühesten Epochen des Menschen zurückverfolgen lassen, der Mythos hervor, die seelenlosen Kräfte der Natur mit Intelligenz zu bekleiden und daran zu glauben, daß der Geist der Toten auch jenseits des Grabes weiterlebt. Dies ist charakteristisch für das einfache Gemüt. Aber auch der Versuch des Gebildeten, einen allmächtigen Gott vorauszusehen und Ihn anzubeten, entsprang derselben Wurzel und verdankt sein Dasein der Gegenwart eines äußerst komplizierten und örtlich schwer zu bestimmenden Mechanismus im menschlichen Körper. Die alten indischen Heiligen nannten ihn Kundalini.

Ob das Ziel religiöse Erfahrung ist oder die Verbindung mit körperlosen Geistwesen, die Schau der Wirklichkeit, die Befreiung der Seele oder auch die Gabe der Hellsicht und Voraussage, die Macht, Menschen zu beeinflussen, der Erfolg in weltlichen Unternehmungen dank übernatürlicher Mittel oder irgendein anderer weltlicher oder überweltlicher Gegenstand, der mit dem Geheimnisvollen oder Göttlichen verbunden ist, immer entspringt der Wunsch aus derselben psycho-somatischen Wurzel und ist ein Zweig oder Ast von demselben tiefwurzelnden Baum. Kundalini ist ein so natürliches und wirksames Mittel für die Erlangung eines höheren Bewußtseins und transzendentaler Erfahrung wie das Fortpflanzungssystem ein wirksames, natürliches Mittel zur Aufrechterhaltung der Rasse ist. Das Zusammenwirken der beiden ist eine zweckvoll bestimmte Einrichtung, da das Entwicklungsstreben und die Stufe des Fortschritts, die vom elterlichen Körper erreicht wurde, allein durch den Samen weitergegeben und immerwährend fortbestehen kann.

Der Mensch hat bislang noch nicht die überragende Leistungsfähigkeit verstanden, mit der ein Genie auf seine geistigen oder handwerklichen Schöpfungen einwirken kann, noch weniger ist er fähig, die geistige Konstitution eines Erleuchteten in der Ekstase zu erfassen. Das Genie ist vollständig in das Problem seiner Arbeit versunken. Der Erleuchtete ist aufgelöst und gebannt von der Schau einer seligen inneren Entfaltung oder eines äußeren Gegenstandes der Anbetung und, der Welt enthoben, in einen verzückten Zustand des Seins. Das alles ist ein Rätsel, für dessen Lösung man wieder sorgfältig in den Körper des Menschen hineinschauen muß, um die versteckte Quelle zu finden, von der das Gehirn in dem Zustand der äußersten Versunkenheit die Nahrung holt, die notwendig ist, um die hochentwickelte Tätigkeit für lange Zeit aufrechtzuerhalten. Die ganz vereinsamte Natur des persönlichen Bewußtseins, die durch die Absonderung des Ich verursacht wird, macht es dem Menschen unmöglich, in die abgeschlossene Wohnung eines anderen Wesens zu schauen, sei es selbst das nächste oder liebste. Dieser völlige Mangel des Zuganges von einem zum andern hat gewisse allgemeine Mißverständnisse hervorgerufen und es wird eine lange Zeit dauern, bis diese aus dem menschlichen Denken fortgeräumt sind.

Wenn der Durchschnittsmensch ein Genie, einen Mystiker oder ein Medium erforscht, wird er geneigt sein — dank seiner Unfähigkeit in ihr Wesen so zu schauen wie in sein eigenes —

diese als ebenso bewußte Wesen wie sich selbst anzuschauen; nur mit dem Unterschied, daß der eine mehr Intelligenz und Geschick hat die Feder, den Pinsel oder den Meißel zu führen, was eine größere Kraft der Konzentration erfordert und ein schärfer beobachtendes Auge. Der andere, so nimmt er an, hat mehr Liebe und Hingabe zur Gottheit, eine stärkere Kontrolle über Leidenschaften und Lust, eine größere Opferkraft oder eine unbegreifliche Verbindung mit anderen Geistern oder verborgenen Mächten der Natur und vermag einen Zustand des Denkens herzustellen, der körperlosen geistigen Wesenheiten ermöglicht, zu Zeiten durch ihn zu wirken. Wir wollen nicht in eine nähere Erörterung der verschiedenen Hypothesen eingehen, die aufgestellt worden sind, um das Dasein der Genies oder übernormale Fähigkeiten feinfühliger Menschen und Medien zu erklären. Es genügt für unseren Zweck die Feststellung, daß jegliche Erklärung auf der schweigenden oder ausdrücklichen Annahme beruht, daß die Menschen, die diese außerordentlichen Gaben besitzen — trotz des überragenden Intellekts, trotz der unheimlichen Kräfte und des ungeheuren Abstandes zwischen ihnen und dem normalen Verstand — die *gleiche* Art des Bewußtseins haben wie der durchschnittliche Mann oder die durchschnittliche Frau. Das ist der größte Irrtum, der stets ein rechtes Verständnis und eine Erforschung dieses Phänomens verhindert hat.

Auf der anderen Seite sind die Begabten, die von Natur seit ihrer Geburt Beschenkten unfähig, in die Gedankengänge anderer zu schauen und völlig unwissend über den wahren Ursprung ihrer bemerkenswerten Verschiedenheit. Sie teilen die Gefühle, die der gewöhnliche Mensch von ihnen hat und schreiben ihre außerordentlichen Talente denselben Gründen zu, denen der normale Sterbliche sie zumißt. Sie wissen nichts von der stets unbeachteten Tatsache, daß es einen *grundlegenden* und tief begründeten Unterschied gibt in den Arten des Bewußtseins, in der Tiefe der bewußten Persönlichkeit, die ihre Körper bewohnt und in der geistigen Kraft selbst, die sie beseelt. Zur Zeit herrscht allgemeine Unwissenheit über die beweisbare Tatsache, daß die Entwicklung des Menschen darauf hinzielt, eine höhere Persönlichkeit zu entfalten, die begabt ist mit Eigenschaften, die Genies und Propheten charakterisieren. Das geschieht durch die Verfeinerung und Entwicklung des Lebensprinzips, der geistigen Kraft, mit entsprechend angepaßten Vorgängen in Gehirn und Nervensystem, etwa in der Weise, wie ein stärkerer elektrischer Strom in einem ihm angepaßten Draht einer Glühbirne zu einem helleren Leuchten führt.

Dieses sei nur im Vorbeigehen gestreift, um die folgenden Kapitel besser zu erklären. Es wird in einem anderen Buch mehr in den Einzelheiten beschrieben werden. Der Drang, das Unbekannte zu erkennen und übersinnliches Wissen wie religiöse Erfahrung, die tief im menschlichen Wesen gründen, zu erfahren, ist Ausdruck des im Körper eingesperrten menschlichen Bewußtseins, das den Versuch macht, in die Nähe seines innewohnenden majestätischen Wesens zu gelangen und bei diesem Vorgang die Schwierigkeiten zu überwinden, die vom Körper herrühren. Die Entwicklung des Menschen im wahren Sinn ist die Entwicklung seines Bewußtseins, der geistigen Kraft, die in seinem Körper wohnt und durch die allein das verkörperte Selbst seines wahren unsterblichen Wesens bewußt werden kann. Das bedeutet nicht nur die Entwicklung des Intellekts und der Vernunft — diese sind nur die Werkzeuge der innewohnenden geistigen Kraft —, sondern die Läuterung der ganzen Persönlichkeit, sowohl des bewußten wie des unbewußten Teils. Diese schließt eine gründliche Überprüfung und Neugestaltung des Gesamtkörpers und seiner Organe ein, um aus ihnen den geeigneten Wohnort für eine höhere Intelligenz zu machen, die ihrer Art nach entschieden jener überlegen ist, die dem normalen menschlichen Körper innewohnt. Deshalb liegt die Art der Führung oder die geistige Tätigkeit, die für einen Propheten selbstverständlich ist, vollkommen jenseits der Vorstellungskraft eines Durchschnittsmenschen, dessen Herz vor Leidenschaft überfließt bei der Berührung seiner Geliebten oder vom Wunsch überwältigt wird beim Erspähen eines begehrten Objekts. Der Durchschnittsmensch ist selten fähig gewesen, auf der moralischen Höhe zu leben, die ein Seher verlangt, dessen Gehirn von einer höheren Art der geistigen Kraft genährt wird, die seine ganze Persönlichkeit durchstrahlt und mehr zum Himmel als zur Erde gehört.

Sechstes Kapitel

LEIDVOLL AUF EINSAMEN WEGEN

Vor jenem schicksalhaften Morgen im Dezember 1937, als ich meinen ersten flüchtigen Blick ins Überbewußte tat und die wunderbare Kundalini in Bewegung sah, hätte ich selbst den glaubwürdigsten Menschen auf Erden, der mir eine ähnliche Geschichte erzählt hätte, ohne zu zögern, in die Klasse der Intelligenten aber Leichtgläubigen eingereiht, die, obwohl sehr genau und gewissenhaft in allen anderen Dingen, angesichts des Übernatürlichen fast kindlich reagieren. Wie im Folgenden berichtet wird, blieb ich lange Zeit im Unklaren über meine seltsame Lage, völlig unfähig, einen Sinn in das Geschehen zu legen. Erst als nach Jahren der Ungewißheit das Abenteuer einen Höhepunkt erreichte in der Entwicklung klar erkenntlicher psychischer Eigenschaften, die vorher nicht dagewesen waren, entschloß ich mich, die außerordentliche Geschichte niederzuschreiben. Der Entschluß wurde bestärkt durch die Überlegung, daß Kundalini in Millionen intelligenter Menschen, wenn auch weniger stark und wahrnehmbar, tätig ist, und in der Mehrzahl von ihnen psychische und physische Störungen hervorruft, denen die moderne Medizin nicht vorbeugen, geschweige sie heilen kann. Denn es fehlt ihr jede Kenntnis ihrer Ursache.

Wenn man die Riesenausmaße der physischen und geistigen Umwandlung betrachtet, die das notwendige Vorspiel sind für die geistige Entfaltung, dann wundere ich mich nicht über die sie begleitenden Prüfungen und Leiden. Der mystische Zustand ist der letzte und steilste Gipfel der Reise, die mit des Menschen Aufstieg aus Staub begann. Er endet nach Leiden und Mühen mit dem Kosten des unvergleichbaren Segens körperlosen Daseins nicht erst nach dem Tode, sondern schon hier in der Spanne des Lebens auf Erden. Dieser Weg, der vor dem Menschen liegt, ist eine so schwierige Gratwanderung, daß es aller seiner Willenskraft und der vollen Unterstützung seines Intellekts bedarf, um ihn sicher Schritt für Schritt zu gehen, bis das Ziel klar in Sicht kommt.

Ich fühlte vom ersten Tage meiner leidvollen Erfahrungen an eine tief eingefleischte Abneigung, Ärzte in mein Vertrauen zu ziehen. Nicht, daß ich keine Achtung vor dem Beruf hätte, sondern weil ich fühlte, daß meine Krankheit jenseits des Zugriffs und der Macht selbst der höchsten medizinischen Autorität lag. Mit einem Gefühl der Erleichterung stand ich schließlich geschwächt auf wie ein Mensch, in dem ein unsichtbares, aber starkes inwendiges Feuer für Stunden gebrannt hat und der entdeckt, daß nicht nur das Feuer gelöscht worden ist, sondern auch die marternde Pein der Verbrennungen übernacht wie ein Wunder verschwunden ist. Ich schaute in den Spiegel und sah mich blaß und mit abgehärmtem Gesicht. Das wirre Glühen aber war aus meinen Augen fast verschwunden und nichts hatte die strahlende Lebenskraft vermindert, die, vom Sitz der Kundalini ausgehend, durch meine Nerven in jeden Teil des Körpers strömte und meine Ohren mit sonderbaren Tönen, meinen Kopf mit seltsamen Lichtern füllte. Doch der Strom war jetzt warm und angenehm, nicht mehr heiß und brennend. Er beruhigte und erfrischte die schmerzenden Zellen und Gewebe auf wahrhaft wunderbare Weise.

Während der nächsten Tage achtete ich genau auf meine Diät. Ich nahm nur ein paar Scheiben Brot oder etwas gekochten Reis mit einer Tasse Milch alle drei Stunden vom Morgen bis ungefähr 10 Uhr in der Nacht. Die jeweilige Menge der Nahrung war sehr gering, ein paar Bissen, nicht mehr. Wenn ich mich nach der letzten Mahlzeit zum Schlafen niederlegte, empfand ich eine angenehme Müdigkeit trotz des leuchtenden Scheines, der meinen Kopf umgab, und ich schlief ein, strahlend umhüllt von einem liebevollen Mantel des Lichts. In Gedanken erfrischt, erwachte ich am nächsten Morgen, zwar noch geschwächt, aber mit klarem Kopf. Nach Wochen der Angst konnte ich wieder meine Gedanken sammeln. Es dauerte eine Woche, bis ich stark genug war, von einem Zimmer in das andere zu gehen und für lange Zeit aufrecht zu stehen. Ich weiß nicht, welcher Kraftspeicher mich während der furchtbaren Feuerprobe erhalten hatte; denn mehr als zwei Monate lang hatte ich praktisch nichts gegessen. Damals fühlte ich mich nicht so schwach wie jetzt, wahrscheinlich, weil ich im vergifteten Zustand meiner Nerven ganz unfähig war, meinen Körper richtig zu beurteilen.

Tage und Wochen vergingen. Meine Kraft nahm zu und die Sicherheit, daß ich mich in keiner drohenden Gefahr befand: weder geistig noch körperlich. Mein Zustand war dennoch nicht normal. Je mehr ich ihn mit wachsender geistiger Klarheit beobachtete, desto mehr wunderte ich mich und um so unsicherer wurde ich über das, was noch geschehen würde. Ich befand mich in einer außerordentlichen Lage: Ein glänzendes Element, ungeheuer lebendig und äußerst empfindsam, strahlend bei Tag und Nacht, durchströmte mein ganzes Sein, floß durch jeden Teil meines Körpers — vollkommen zuhause und seines Weges völlig sicher. Ich beobachtete oft voller Staunen das wunderbare Spiel dieses leuchtenden Stromes. Ich hatte keinen Zweifel: Kundalini war jetzt voll erwacht in mir. Doch es gab überhaupt kein Anzeichen für wunderbare psychische und geistige Kräfte, mit denen die Alten dieses Erwachen verstanden. Ich konnte keine Änderung zum Besseren in mir feststellen. Im Gegenteil: Meine körperliche Lage hatte sich beträchtlich verschlechtert und meine Gedanken waren alles andere als stetig. Ich konnte nicht aufmerksam lesen oder mich mit ganzer Kraft einer Aufgabe widmen. Jede Bemühung zur Konzentration hatte eine Verstärkung des anormalen Zustandes zur Folge. Das Leuchten in meinem Kopf verstärkte sich nach jeder längeren Konzentration in ungeheurem Maß. Hierzu kam eine weitere Erhöhung meines Bewußtseins und ein damit korrespondierendes Anwachsen der Furcht, die jetzt nur gelegentlich und auch nur in sehr milder Form vorhanden war.

Da ich keine Zeichen eines geistigen Aufblühens wahrnahm und nur einer wirren Unruhe meiner Gedanken gegenüberstand, konnten mich schwere Zweifel über mich selbst befallen, nachdem ich meinen Zustand für ein paar Wochen beobachtet hatte. War das alles, was man erreichen konnte nach Erweckung des Schlangenfeuers? Diese Frage stellte ich mir immer wieder. War das alles, wofür zahllose Menschen ihr Leben aufs Spiel gesetzt, ihr Zuhause und ihre Familien verlassen hatten, wofür sie den Gefahren des Urwaldes trotzten, Hunger und Entbehrungen litten und zu Füßen der Lehrer viele Jahre lang saßen, um Erkenntnis zu gewinnen? War das alles, was Yogi, Heilige und Mystiker in der Ekstase erlebten, diese Erweiterung des Bewußtseins, die von unirdischen Lichtern und Tönen begleitet war, die den Menschen für einen Augenblick in einen übernormalen Geisteszustand versetzten und ihn dann wieder zur Erde stießen, ohne in ihm irgendeine außerordentliche Begabung oder eine Eigenschaft zu wecken, die ihn vom Durchschnittsleben der Sterblichen unterscheiden würde? War diese Ebbe und Flut einer feinen strahlenden Wesenheit und das folgende Sich-Weiten und Verengen des Bewußtseins, das ich Tag und Nacht beobachtete, das letzte Ziel, auf das die Geheimlehren der Welt mit Vertrauen weisen? War das alles, was man erreichen konnte, dann war es sicher besser, nicht ins Übersinnliche einzutauchen, sondern sich mit ungeteilter Aufmerksamkeit weltlichen Belangen zu widmen und dem gewöhnlichen Weg zu folgen: einem ungestörten glücklichen Dasein, frei von Ungewißheit und Furcht, die jetzt ein untrennbarer Teil meines Lebens geworden waren.

Nach wie vor beobachtete ich sorgfältig meine Diät, da mich die Erfahrung gelehrt hatte, daß mein Leben und meine Gesundheit davon abhingen. Ich aß nicht mehr, als ich für richtig hielt, noch ließ ich mich von Süßigkeiten in Versuchung führen, von meiner mir selbst auferlegten Lebensführung abzuschweifen. Es gab genügend Grund, äußerst vorsichtig zu sein; denn die geringste Abweichung in Quantität und Qualität der eingenommenen Nahrung oder in der genauen Essenszeit hatte höchst unangenehme und traurige Reaktionen zur Folge, als würde ich für diesen Fehler streng bestraft. Dies wiederholte sich, um meinem Gehirn unauslöschbar die Tatsache einzuprägen, daß ich von jetzt an nicht zum Vergnügen oder für die mechanische Befriedigung des Hungers zu essen hatte, sondern um die Nahrungseinnahme mit solcher Genauigkeit zu regulieren, daß sie nicht den geringsten Druck auf mein überempfindliches Nervensystem auszuüben vermöchte. Dieser strengen Zucht war nicht zu entfliehen. Während der ersten Wochen wurde selbst der kleinste Irrtum sofort mit einer Verstärkung der Furcht und einer warnenden Störung im Herzen und in den Verdauungszentren bestraft. Für gewöhnlich verloren meine Gedanken bei solchen Gelegenheiten die Wendigkeit und ich fühlte mich zu kraftlos, die Traurigkeit von mir abzuschütteln, die mich im Augenblick überfiel, wenn ich den beleidigenden Bissen gegessen hatte. Um solche unerfreuliche Heimsuchungen zu vermeiden, war ich peinlich genau, auch nicht den geringsten

Irrtum zu begehen. Wie sehr ich mich aber bemühte, immer wieder entstanden Fehler, die meist von Leiden und Buße gefolgt wurden.

Um meine Lage nach der denkwürdigen Nacht meiner Befreiung recht zu verstehen, ist es notwendig, ein paar Worte über meinen mentalen Zustand zu sagen und über die geistige Kraft, den strahlenden Lebensstrom, der durch meine Wirbelsäule auf- und niederfloß und jetzt ein Bestandteil meines Wesens war. Mein Gehirn funktionierte nicht wie zuvor. Es hatte sich ein bestimmter unmißverständlicher Wandel vollzogen. Früher tauchten meine Gedankenbilder aus einem dunklen Hintergrund auf, in den sie wieder zurückfielen. Sie besaßen ungefähr dieselbe Zusammensetzung an Licht, Schatten und Farbe, die für die Gegenstände charakteristisch waren, die sie vertraten. Jetzt standen die Bilder sehr lebendig und strahlend vor einem leuchtenden Hintergrund. Der Prozeß der Gedanken war gleichsam mit einer anderen Art von glänzendem mentalen Stoff gesättigt, der nicht nur selbst strahlte, sondern auch fähig war, sein eigenes Leuchten wahrzunehmen. Wann immer ich mein geistiges Auge auf mich selbst richtete, nahm ich sofort innerhalb und außerhalb meines Kopfes ein leuchtendes Glühen war, das ständig vibrierte, als ob ein Strahl äußerst feiner und leuchtender Substanz durch die Wirbelsäule aufstieg, sich in die Hirnschale ergoß, sie füllte und den ganzen Kopf mit unbeschreiblichem Glanz umgab. Diese Aura war weder im Ausmaß noch in der Intensität der Leuchtkraft beständig. Sie nahm ab und wieder zu, wurde strahlender und wieder schwächer, änderte ihre Farbe von Silber in Gold oder umgekehrt. Wenn sie an Umfang oder Glanz zunahm, wurde der seltsame Lärm in meinen Ohren, der niemals schwand, lauter und eindringlicher, als ob meine Aufmerksamkeit zu etwas hingezogen werden sollte, das ich nicht verstehen konnte. Die Aura war niemals ruhig, sondern in ständiger Bewegung; sie tanzte, hüpfte und wirbelte, als wären es unzählige, äußerst feine, glänzende Teilchen eines immateriellen Stoffes, die auf- und niederschossen, hier hin und dort hin und sich vereinigten, um die Erscheinung eines kreisenden, schimmernden Lichtmeeres zu bilden.

Die ständige Gegenwart des leuchtenden Glanzes in meinem Kopf und die enge Verbindung mit meinem Denkprozeß war weniger eine Ursache des Staunens als eine ständige Beeinflussung auf meine lebenswichtigen Organe. Ich konnte ihren Weg durch die Wirbelsäule und die Nerven genau fühlen und wahrnehmen, wie sie ins Herz, in die Leber, den Magen oder in andere Organe des Körpers floß, deren Tätigkeit sie auf geheimnisvolle Weise zu regulieren schien. Sobald die geistige Kraft mein Herz durchdrang, wurde mein Puls voller und stärker, ein unmißverständliches Zeichen, daß eine gleiche anregende Strahlung sich in das Herz durch die verbindenden Nerven ergoß. Hieraus schloß ich, daß ein Durchdringen der anderen Organe dieselbe belebende und stärkende Wirkung auslöste und daß der Zweck, die Nerven zu durchströmen darin bestand, mit ihrer Substanz Gewebe und Zellen zu stärken. Dies vollzog sich durch die feinen Nervenfasern, die ihre Tätigkeit anregten oder änderten. Die Durchdringung verursachte manchmal Schmerzen im Organ selber oder an dem Punkt, an dem ein Verbindungsnerv in das Organ eintrat oder am Punkt der Verbindung mit der Wirbelsäule, vielleicht auch an beiden. Gelegentlich war die Durchdringung mit Gefühlen der Furcht begleitet. Bei solchen Gelegenheiten wurde es offensichtlich, daß der Strom der leuchtenden Energie, der ins Gehirn stieg, Ausläufer in andere wesentlichen Organe schickte, um deren Funktionen in Harmonie mit der neuen Entwicklung im Kopf zu regulieren und zu verbessern.

Ich suchte eine gedankliche Erklärung, während ich aufmerksam die unglaubliche Bewegung dieser intelligenten Strahlung von Stunde zu Stunde, von Tag zu Tag beobachtete. Manchmal war ich verwundert über die unheimliche Kenntnis des komplizierten Nervensystems, die sie entfaltete und über die meisterhafte Art, mit der sie hier und dort sich bewegte, als wäre sie jeder Drehung und Wendung im Körper bewußt. Sehr wahrscheinlich war es diese fast unbegrenzte Herrschaft über den ganzen Lebensmechanismus, um derentwillen die alten Dichter Kundalini die Königin des Nervensystems nannten, die all die tausend »Nadis« oder Nerven im Körper kontrolliert und sie als »Adhar Shakti« bezeichneten, auf der das Dasein des Körpers und des Universums beruht, des Mikrokosmos und des Makrokosmos.

Aber ich konnte keinen Wandel in meiner geistigen Fähigkeit feststellen; ich dachte die selben Gedanken und war innen wie außen der selbe mittelmäßige Typ eines Mannes wie Millionen andere, die jedes Jahr geboren werden und sterben, ohne auf der Oberfläche des immer fließenden Stromes der Menschheit die geringste Bewegung hervorzurufen. Demnach war ohne Zweifel eine außerordentliche Änderung in meinem Nervenhaushalt eingetreten. Eine neue Art von Kraft strömte durch das Nervensystem, die unmißverständlich mit den Geschlechtsteilen verbunden war, und anscheinend eine neue zuvor nicht wahrnehmbare Art der Tätigkeit entwickelt hatte. Die Nerven, die die Geschlechtsteile und die umliegende Region durchzogen, waren im Zustand einer starken Gärung, als ob sie durch einen unsichtbaren Mechanismus gezwungen würden, den Lebenssamen in Überfülle zu produzieren, um von dem Netzwerk der Nerven unten an der Wirbelsäule aufgesogen zu werden. Der sublimierte Same war ein wesentlicher Bestandteil der leuchtenden Energie, die mich in so großes Staunen versetzt hatte und über die etwas gewisses auszusagen, ich auch jetzt noch unfähig war. Ich konnte die Umwandlung des Samens in Leuchtkraft leicht feststellen und die ungewöhnliche Aktivität der Fortpflanzungsorgane, die die Verwandlung im geheimnisvollen Laboratorium am niedersten Plexus, dem ›Muladhara Chakra‹ — wie es die Yogi nennen — mit Rohmaterial versorgen.

Die Umwandlung geschieht in einen äußerst feinen, normalerweise nicht wahrnehmbaren Stoff, den wir Nervenkraft nennen und von dem der ganze Mechanismus des Körpers abhängt. Es besteht nur der Unterschied, daß die Energie, die jetzt erzeugt wurde, Leuchtkraft besaß und von einer solchen Feinheit war, daß ihr schneller Fluß durch die Nerven und Gewebe festgestellt werden konnte — nicht nur durch ihr eigenes Strahlen, sondern auch durch die Empfindungen, die sie durch ihre Bewegung verursachte.

Eine Zeitlang konnte ich nicht verstehen, welchem verborgenen Zweck der unablässige Fluß des neu erweckten Nervenstrahles dienen sollte und welche Änderungen in den Organen, Nerven und in der Struktur des Gehirns hervorgerufen werden sollte durch diesen nicht endenden Schauer machtvoller Lebensessenz, die aus dem kostbarsten und mächtigsten Sekret im Körper gewonnen wurde. Sofort nach der Krise aber bemerkte ich eine deutliche Änderung in meinen Verdauungs- und Ausscheidungsfunktionen, einen Wandel, der so sehr in die Augen stach, daß man ihn nicht auf einen Zufall zurückführen konnte oder auf etwas anderes als das Schlangenfeuer und seine Wirkung auf den Organismus. Es schien, als wäre ich einem Prozeß der Läuterung unterzogen, der inwendigen Reinigung der Organe und Nerven, und daß mein Verdauungsapparat zu einem höheren Grad der Leistungsfähigkeit angeregt wurde, um einen gesünderen und sauberen Zustand der Nerven und anderer Gewebe herzustellen. Ich war frei von Verstopfung oder Verdauungsschwäche, vorausgesetzt, daß ich meinen Magen nicht überfüllte und streng die Ordnung des Essens befolgte, die mir die Erfahrung aufgezwungen hatte. Meine wichtigste und entscheidende Aufgabe war nun, die heilige Flamme mit gesunder Nahrung zu erhalten und in regelmäßigen Abständen, genau darauf achtend, daß die Diät nährend war und alle Bestandteile und Vitamine enthielt, die für die Aufrechterhaltung eines robusten und gesunden Körpers notwendig sind.

Ich war jetzt der Zuschauer eines unheimlichen Dramas, das sich in meinem eigenen Körper abspielte, in dem eine ungeheuer aktive und mächtige Lebenskraft, plötzlich durch die Meditation ausgelöst, unaufhörlich am Werke war. Nachdem sie alle Organe und das Gehirn unter ihrer Kontrolle hatte, hämmerte und schlug sie diese in eine bestimmte Form.

Ich beobachtete nur die großartige Vorstellung, die blitzartigen Bewegungen der strahlenden intelligenten Macht, die das absolute Wissen und die Herrschaft über den Körper besitzt. Ich wußte damals nicht, daß ich in meinem eigenen Körper Zeugnis der ungeheuer beschleunigten Aktivität einer Energie war, die die Wissenschaft noch nicht kennt. Es ist eine Kraft, die die ganze Menschheit auf die Höhe des Überbewußtseins tragen wird, vorausgesetzt, daß sie durch Gedanken und Taten diese evolutionäre Kraft nicht hindert, ihre Arbeit der Verwandlung ungehindert auszuführen. Ich wußte kaum, daß das keusche Opferfeuer, dem in allen alten Schriften in Indien eine so große Heiligkeit und Wichtigkeit beigemessen wird und das mit ausgelassener Butter entzündet und mit trockenen Früchten von der edelsten Sorte, mit nährenden Zuckerwaren und Getreidearten genährt wird, nur eine symbolische Darstellung des verwandelnden Feuers ist, das im Körper durch Kundalini angezündet wird. Wenn entfacht, verlangt es das Opfer leicht verdaulicher und nahrreicher Eßwaren und vollkommene Keuschheit in Gedanken und Taten, damit er seine göttliche Aufgabe, die normalerweise Jahrhunderte dauert, in der kurzen Spanne eines Menschenlebens erfüllen kann.

Schon nach wenigen Tagen fand ich, daß der leuchtende Strom, seiner Aufgabe voll bewußt, in wunderbarer Harmonie mit den Körperorganen am Werk war. Er kannte ihre Stärken und Schwächen, gehorchte zugleich seinen eigenen Gesetzen und handelte mit einer überlegenen Intelligenz, die jenseits meiner Vorstellungskraft lag. Das lebendige Feuer, das für jeden anderen unsichtbar war, floß hier und dort wie von einem Meisterhirn unbeirrt geführt. Es kannte die Lage jeder Vene, Arterie und Nervenfaser und entschied sofort, was es zu tun hatte, wenn das leiseste Anzeichen eines Hindernisses oder einer Störung in irgendeinem Organ auftrat. Mit einer wunderbaren Behendigkeit raste es von einer Stelle zur andern, spornte dieses Organ zu größerer Aktivität an, verlangsamte ein anderes, veranlaßte einen größeren oder schwächeren Fluß dieser oder jener Ausscheidung, regte Herz und Leber an und brachte unzählige funktionelle und organische Veränderungen in den zahllosen Zellen, Blutgefäßen, Nervenfasern und anderen Geweben zustande. In höchstem Erstaunen beobachtete ich dieses Phänomen.

Mit Hilfe des leuchtenden Stoffes, der nun meine Nerven füllte, konnte ich, indem ich meine Aufmerksamkeit nach innen lenkte, genau die Umrisse der lebenswichtigen Organe erkennen und das Netzwerk der Nerven, das über den ganzen Körper gebreitet lag, als hätte das Zentrum des Bewußtseins im Gehirn, das nun hell erleuchtet war, eine immer durchdringendere innere Sicht gewonnen, mit der es nach innen blicken und undeutlich das Innere des Körpers wahrnehmen konnte, so wie es sein Äußeres in einem nebeligen unsicheren Licht erblickt. Manchmal sah ich meinen Körper deutlich wie eine Säule lebendigen Feuers von den Zehenspitzen bis zum Kopf. Unzählige Ströme kreisten und wirbelten in ihm und verursachten an einigen Stellen Strudel und großes Gewoge, alles Teile eines weiten wogenden Lichtermeers, das in ewiger Bewegung war. Es war keine Halluzination; denn diese Erfahrung wiederholte sich unzählige Male. Die einzige Erklärung, die ich dafür finden konnte, war, daß in solchen Augenblicken mein unleugbar erweitertes Bewußtsein in der Berührung mit der Welt des Prana oder der kosmischen Lebensenergie stand. Normalerweise kann diese vom gewöhnlichen Menschen nicht wahrgenommen werden. Es ist die erste feine immaterielle Substanz, der man im Reich des Überbewußten begegnet.

Wie ein Mensch, der plötzlich auf einen fernen Planeten verpflanzt wird, auf dem er ganz verwirrt ist von der überirdischen und fantastischen Umgebung, von der er auf Erden nicht einmal träumen konnte, und die ihn mit Ehrfurcht und Staunen erfüllt, so war ich vollkommen verwirrt, entnervt durch diesen plötzlichen Sturz in das Verborgene. Vom allerersten Tag an fühlte ich mich auf einem Grund wandern, der mir nicht nur unbekannt war, sondern auch solche wunderliche Gestaltung aufwies, daß ich meine Haltung und mein Selbstvertrauen verlor und nur zögernd mit größter Vorsicht vorwärts ging, bei jedem Schritt eine Gefahr befürchtend. Verzweifelt sah ich mich überall nach einer Führung um, nur um auf allen Seiten Enttäuschung zu ernten.

Ohne meine eigenen Erlebnisse zu erwähnen, sprach ich mit verschiedenen Gelehrten und Sadhus, die wohlvertraut waren mit dem tantrischen Wissen, um ein paar für mich nützliche Hinweise aufzufangen. Mit Betrübnis erkannte ich, daß sie neben einer papageiartigen Wiederholung der Informationen, die sie aus Büchern gesammelt hatten, mir weder Rat noch eine sichere Führung geben konnten, die auf Erfahrung beruhten. Oft gaben sie freimütig zu, daß es nicht leicht sei, die Bedeutung der Texte, die von Kundalini-Yoga handelten, zu verstehen und daß sie selber bei manchen Stellen auf Schwierigkeiten gestoßen seien. Was sollte ich nun tun, um meine Zweifel zu beruhigen, eine Erklärung für meinen besonderen Zustand zu finden und, wenn möglich, eine wirksame Methode, um mit ihm umzugehen?

Ich prüfte alle möglichen und mir bekannten geistigen Quellen in Indien, um zu entscheiden, an welche ich mich wenden sollte. Da gab es fürstliche Swamis, die in Städten wohnten und hochbetitelte Aristokraten, Rajas und Magnaten zu Schülern hatten. Es gab die stillen Asketen, die in abgelegenen Orten lebten und deren Ruhm viele Menschen aus allen Himmelsrichtungen anzog, die ihnen Ehrfurcht erwiesen. Dann gab es die gewöhnlichen Sadhus, die in der Gemeinschaft oder allein lebten oder von Platz zu Platz wechselten, unterschiedlich angezogen oder unbekleidet, und zu verschiedenen Sekten gehörten mit auffallenden Eigenheiten und einem seltsamen Gebahren. Sie verbreiteten eine Atmosphäre des Unheimlichen und Mysteriösen um sich, wo immer sie hinkamen.

Seit meiner Kindheit hatte ich viele von ihnen gesehen —

Vollkommene und am wenigsten Voreingenommene — und hatte mit ihnen gesprochen. Die gesammelten Eindrücke ließen keinen Raum für die Hoffnung, daß auch nur einer unter ihnen fähig wäre, mich in meiner Lage richtig zu beraten. Wenigstens wußte ich von keinem. Deshalb mußte ich unter allen Umständen einen suchen. Aber ich hatte weder die Mittel noch die physische Fähigkeit, von Ort zu Ort zu reisen, um in dem ganzen großen Bereich Indiens mit seinen endlosen Verschiedenheiten, klösterlichen Ordnungen und spirituellen Kulten, mit seinen religiösen Bettlern, Sadhus und Heiligen, einen Yogi zu finden, der mein Elend recht erkennen und es mit seiner eigenen geistigen Kraft heilen würde.

Endlich nahm ich meinen ganzen Mut zusammen und schrieb an einen der bekanntesten modernen Heiligen in Indien, den Autor weitverbreiteter englischer Bücher über Yoga. Ich gab ihm volle Einzelheiten meines außerordentlichen Zustandes an und bat ihn um Führung. Mit zitternder Erregung erwartete ich eine Antwort. Als sie einige Tage auf sich warten ließ, schickte ich ein Telegramm. Ich durchlebte eine angstvolle Zeit, bis die Antwort kam. Sie besagte, daß ich zweifellos Kundalini auf tantrische Art geweckt hätte. Der einzige Weg für mich, eine Führung zu finden, bestünde darin, einen Yogi zu suchen, der selber Shakti, die geistige Kraft, erfolgreich in das siebente Zentrum im Kopf hinaufgeführt hätte.

Ich war dankbar für die Antwort, die meine eigene Meinung bestätigte. Meine Hoffnung und mein Selbstvertrauen wuchsen. Offensichtlich waren die Symptome, die ich beschrieben hatte, als jene erkannt worden, die das Erwachen charakterisieren. Dadurch gaben sie meiner unheimlichen Erfahrung einen gewissen Anschein des Normalen. Wenn ich jetzt unnatürliche innere Zustände durchschritt, so war dies kein isolierter Einzelfall; noch war die Besonderheit mir allein zu eigen. Sie war nur eine natürliche Folge der Erweckung der Kundalini. Mit einigen Abweichungen und der Verschiedenheit der Temperamente entsprechend mußte diese Erfahrung bei fast allen eingetreten sein, in denen die Erweckung der geistigen Kraft stattgefunden hatte. Aber wo konnte ich einen Yogi finden, der die Shakti bis zum siebenten Zentrum emporgezogen hatte?

Nach einiger Zeit traf ich einen Sadhu, einen Bengalen, in Jammu und beschrieb ihm meine Lage. Er studierte meine

Symptome eine Weile lang und gab mir dann die Adresse eines Ashrams in Ostbengalen, dessen Leiter als Yogi höchster Ordnung galt, der selber Kundalini-Yoga geübt hatte. Ich schrieb an die Adresse und erhielt die Antwort, daß ich unzweifelhaft die Shakti erweckt hätte, aber daß der Heilige, der mich führen könnte, sich auf einer Pilgerfahrt befände. Ich konsultierte andere heilige Männer und suchte nach Führung in vielen bekannten Orten, ohne einem einzigen Menschen zu begegnen, der mit Festigkeit behaupten konnte, daß er tatsächlich innerste eigene Erkenntnisse des Zustandes besaß und zuverlässig meine Fragen beantworten konnte. Diejenigen, die mit würdig reserviertem Blick sehr weise und tiefgründig sprachen, entpuppten sich letztlich als ebenso bedürftig der genauen Auskunft über die geheimnisvolle Kraft, die zügellos in mir um sich griff, wie jene mit bescheidenerem Wesen, die bei der ersten Gelegenheit alles kundgaben ohne im geringsten vorzugeben, mehr zu wissen als sie wirklich taten. So fand ich im ganzen großen Land, in dem die hohe Wissenschaft der Kundalini vor vielen tausend Jahren geboren wurde, dessen Boden gleichsam mit ihrem Duft durchdrungen ist und auf dessen reiches religiöses Wissen über Kundalini sich Bücher über Bücher beziehen, keinen, der mir helfen konnte.

Das einzig sichere war die Tatsache, daß eine neue Art Aktivität sich in meinem Nervensystem entwickelt hatte, aber ich konnte nicht bestimmen, welcher besondere Nerv oder welcher Nervenkomplex einbezogen waren, obwohl ich die Örtlichkeit am äußersten Ende der Wirbelsäule und rund um die unterste Öffnung deutlich bestimmen konnte. Dort war unbestreitbar die Stätte der Kundalini, die die Yogi beschrieben hatten, der Platz, an dem sie im normalen Menschen im Schlafe liegt, dreieinhalbmal um das untere dreieckige Ende der Wirbelsäule geschlungen. Durch geeignete Übungen, von denen die Konzentration die wichtigste ist, wird sie zur Tätigkeit erweckt. Hätte ich die Führung eines Meisters gehabt, dann hätten meine Zweifel am ersten Tag der Krise gelöst werden können. Aber ich besaß weder die praktische Erfahrung eines Lehrers, auf die ich mich beziehen konnte, noch genügend theoretisches Wissen, um mir eine eigenständige Meinung zu bilden. So schwankten meine Gedanken über meine Lage hin und her. Dieser Zustand wurde noch vergrößert durch den Wechsel meines einmal wachsenden dann wieder abnehmenden Bewußtseins. Vielleicht mußte es schicksalhaft so sein, daß ich ohne Führer und ohne rechtes Wissen blieb, um mir ohne Vorurteil oder Voreingenommenheit ein unabhängiges Urteil über das Phänomen bilden zu können. Vielleicht war es auch vom Schicksal bestimmt, daß ich aus Mangel an Führung und um meiner Unwissenheit willen jahrelang so furchtbar leiden sollte, damit mir durch dieses Leiden die Kraft gegeben würde, den Weg jener zu erleichtern, in denen das heilige Feuer in Zukunft brennen wird.

SIEBENTES KAPITEL

PHILOSOPHIE DER KUNDALINI

Ehe ich fortfahre, von den folgenden Ereignissen zu erzählen, ist es notwendig, ein paar Worte über das lang bekannte aber selten gefundene Sammelbecken der Lebensenergie zu sagen, über die geistige Kraft im Menschen, die als Kundalini bekannt ist. Die heutigen volkstümlichen Bücher über Yoga enthalten manchmal einige Seiten oder ein ganzes Kapitel, das ihr gewidmet ist. Manche unterrichteten Schüler des Yoga hören von ihr oder lesen über sie das eine oder andere Mal, aber die Berichte, die in den modernen Büchern gegeben werden, sind zu mager und ungenau, um als hilfreiche Quellen authentischer Information zu dienen. Die alten Abhandlungen, die sich ausschließlich mit dem Gegenstand des Kundalini-Yoga befassen, erschöpfen sich in geheimnisvollen Sätzen und enthalten Einzelheiten fanatischer, manchmal sogar obszön ritueller Hinweise auf unzählige Gottheiten, äußerst schwierige und oft gefährliche geistige und körperliche Übungen, Anrufungen und Formeln, die als Mantras bekannt sind, auch Körperübungen, Asanas genannt, und bis in Einzelheiten gehende Belehrungen für die Regulierung des Atems — alles in eine Sprache gekleidet, die schwer zu verstehen ist mit einem reichen mythischen Wortschatz, der, anstatt den modernen Studenten anzuziehen, ihn eher abstößt. Weder neuere noch frühere Ausführungen geben ein erläuterndes Material, das einleuchtend darlegt, was die objektive Wirklichkeit der angeführten Methoden ist und welche geistigen und körperlichen Veränderungen am Ende zu erwarten sind.

Das Ergebnis ist, daß diese streng empirische Wissenschaft, anstatt einleuchtend und erfaßbar zu werden, in Verworfenheit und Verruf geraten ist. Einige Übungen, die integrale Bestandteile eines einheitlichen Ganzen und Mittel für einen bestimmten Zweck sind, wie etwa die Asanas und Atemübungen, werden jetzt als letztgültig für sich selbst betrachtet; dabei wird das höchste Ziel vernachlässigt, für das die Übungen bestimmt sind. Das wahre Ziel der Yoga-Lehre ist die Entwicklung einer Art von Bewußtsein, das die Grenzen des an die Sinne gebundenen Denkens überschreitet und das körperlose Bewußtsein in übersinnliche Bereiche trägt. Abgelenkt von den tyrannischen Forderungen der modernen Zivilisation und entmutigt durch das allgemein ungläubige Verhalten gegenüber der Möglichkeit einer solchen Entwicklung im Menschen, geben sich die heutigen Schulen mit einigen Körperstellungen und Atemübungen zufrieden im angenehmen Glauben, daß sie Yoga für eine geistige Entfaltung üben.

Die Beschreibungen der Chakras und Lotusse, der übernatürlichen Zeichen und Omen, die den Erfolg in der Praxis begleiten, der wundertätigen Kräfte, die zu erlangen sind, des Ursprungs der Lehre und der verschiedenen Methoden sind so überspannt, so voller Übertreibung, daß dem Uneingeweihten die ganze Auffassung, die in der alten Literatur über diesen Gegenstand vertreten ist, unglaubwürdig, wenn nicht widersinnig erscheint. Aus solchen Aufzeichnungen ist es äußerst schwierig für den modernen Suchenden, eine nüchterne Erkenntnis des Gegenstandes — des übernatürlichen und mythologischen Gewandes beraubt — zu gewinnen, um Klarheit zu finden für seine Zweifel und Schwierigkeiten. Nach den fanatischen Berichten, die in den Schriften — nicht nur in den originalen alten Abhandlungen, sondern auch in einigen der modernen Bücher — enthalten sind, kann Kundalini für einen intelligenten Tatsachenmenschen nichts anderes mehr sein als Mythos, ein Hirngespinst, aus dem innigen Wunsch des Menschen geboren, einen leichteren Fluchtweg aus der Rauheit einer streng regierten Welt der Ursache und Wirkung zu finden. Das würde dem Stein der Weisen gleichen, der gefunden wurde, um denselben Wunsch in einer anderen Form zu befriedigen, indem er einen kurzen Weg zur Erlangung von Wohlstand aufzeigt, der notwendig ist für das gleiche Ziel.

In Indien hat kein anderes Thema eine solche Menge an Literatur um sich gesammelt wie Yoga und das Übersinnliche; und doch wirft kein Buch über dieses Thema ein durchdringendes Licht auf Kundalini, noch hat irgendein Experte mehr Auskünfte zur Verfügung gestellt als die schon in den alten

Werken enthaltenen. Das Ergebnis ist, daß es in ganz Indien, der Wiege dieser Wissenschaft, vielleicht mit Ausnahme einiger weniger unerreichbarer Meister, die jetzt so selten sind wie die Alchemisten von ehemals, niemanden gibt, an den man sich wenden kann für ein maßgebendes Wissen über diesen Gegenstand.

Das System der schwierigen geistigen und körperlichen Übungen, das sich besonders auf Kundalini bezieht, ist bekannt als Hatha-Yoga im Gegensatz zu anderen Formen des Yoga, die in Indien von altersher in Mode sind. Hatha ist im Sanskrit eine Zusammensetzung von zwei Worten; ha und tha, was Sonne und Mond bedeutet; folglich will der Name Hatha-Yoga die Form von Yoga anzeigen, die sich aus dem Zusammenfließen dieser zwei Himmelskörper ergibt. Mond und Sonne, wie sie hier gebraucht werden, sollen die zwei Nervenströme bezeichnen, die auf der linken und rechten Seite der Wirbelsäule durch die zwei Nadis oder Nerven, Ida und Pingala genannt, fließen. Die erste, die kühl ist, soll dem blassen Glanz des Mondes, letztere, die heiß ist, dem Strahlen der Sonne gleichen. Alle Yogalehren sind auf der Voraussetzung aufgebaut, daß die Lebewesen ihr Dasein der Wirksamkeit einer äußerst feinen immateriellen Substanz verdanken, die das Universum durchströmt. Sie wird Prana genannt und ist die Ursache aller organischen Phänomene, da sie die Organismen mit Hilfe des Nervensystems und des Gehirns beherrscht. Sie selbst manifestiert sich als geistige Kraft. Prana — in der modernen Terminologie »Lebensenergie« — nimmt verschiedene Aspekte an, um verschiedene Funktionen im Körper zu beleben. Sie kreist dort in zwei getrennten Strömen. Der eine von ihnen hat eine heiße, der andere eine kalte Auswirkung, was der Yogi im erwachten Zustand klar erkennt. Aus meiner eigenen Erfahrung kann ich ohne Zögern bestätigen, daß es mit Gewißheit zwei Arten von Lebensströmen im Körper gibt, die eine mit kühlender, die andere mit erhitzender Wirkung auf ihn. Prana und Apana bestehen nebeneinander Seite bei Seite in jedem Gewebe, in jeder Zelle; beide fließen durch die größeren Nerven und ihre kleineren Verästelungen als zwei gesonderte Ströme. Ihr Durchfluß wird im normalen Zustand des Bewußtseins niemals gefühlt, da die Nerven an den Strom vom ersten Beginn des Lebens gewohnt sind.

Um ihrer äußerst feinen Beschaffenheit willen wurde die

Lebensenergie von den alten Meistern des Yoga mit dem Atem verglichen. Es wird behauptet, daß die Luft, die wir atmen, von beiden — Prana und Apana — durchdrungen ist und daß die Lebensströme abwechselnd durch die beiden Nasenlöcher fließen, zusammen mit der Luft beim Ein- und Ausatmen. Es ist wohl bekannt, daß die Luft, die wir atmen, hauptsächlich aus zwei Gasen zusammengesetzt ist, aus Sauerstoff und Stickstoff. Sauerstoff ist die hauptsächliche Wirkungskraft bei der Verbrennung. Er verbrennt die Unreinigkeiten im Blut durch seine Tätigkeit in den Lungen, während der Stickstoff einen gemäßigten Einfluß auf die Hitze des Sauerstoffs ausübt.

Da die alten Schriftsteller über Kundalini-Yoga manchmal dieselbe Bezeichnung für Prana-Aprana bzw. Vayu — die eingeatmete Luft — gebrauchen, besteht die Möglichkeit, daß irrtümlicherweise Atem und Prana für identisch gehalten wurden. Das ist absolut nicht der Fall. Leben, wie wir es auf Erden kennen, ist nicht möglich ohne Sauerstoff, und es ist bemerkenswert, daß dieses Element ein Bestandteil sowohl von Luft wie von Wasser ist, den zwei wesentlichen Erfordernissen des irdischen Lebens. Das beweist in aller Klarheit, daß auf dem Erdenrund die kosmische Lebensenergie oder Prana-Shakti den Sauerstoff als den Hauptträger für ihre Tätigkeit benutzt. Es ist möglich, daß die Biochemie im Laufe ihrer Untersuchungen in der Zukunft die Mitwirkung des Sauerstoffes bei allen organischen Phänomenen feststellen wird, als Hauptkanal für die Entfaltung der intelligenten Lebensenergie Prana.

Die Erde hat ihren eigenen Vorrat an Prana, das jedes Atom und jedes Molekül von allen Elementen und ihren Verbindungen durchströmt und ihren flammenden Kern bildet: die feurigen flüssigen Bereiche unter der Erdoberfläche, die harte Oberflächenschicht mit ihren Bergen und Meeren und die Atmosphäre bis zu ihrer äußersten Grenze hin. Die Sonne, ein Riesenreservoir an Lebensenergie, gießt beständig eine enorme Zufuhr an pranischer Ausstrahlung auf die Erde als ein Teil ihrer Strahlenfülle. Die abergläubische Vorstellung, die mit den Sonnen- und Mondfinsternissen verbunden ist, mag ein Element der Wahrheit enthalten, da bei allen solchen Gelegenheiten eine Zeitlang pranische Ausstrahlungen aus der Sonne oder dem Mond teilweise oder ganz abgeschnitten sind. Es könnte sich auch herausstellen, daß Veränderungen des Wetters wie des Dampf- und Staubhaushalts der Atmosphäre, die eine wahrnehmbare Wirkung auf gewisse feinfühlige Naturen haben, Änderungen im Fluß der Pranaströme verursachen.

Der Mond ist ein anderes großes Vorratszentrum an Prana für die Erde. Alle Planeten und Sterne, nah und fern, sind Prana-Speicher und beleben durch ihre Strahlung die Erde mit Strömen von Energie. Die pranischen Ausstrahlungen von Sonne und Mond, Planeten und Sternen sind sich nicht gleich; jede hat eine eigene besondere Eigenschaft in der selben Weise wie das Licht jedes Himmelskörpers Verschiedenheiten im Spektrum aufzeigt, wenn es nach Durchmessung riesengroßer Entfernungen auf Erden untersucht wird. Es ist der ihm eigentümlichen Vorstellungskraft eines Menschen nicht möglich, sich auch nur annähernd die Wechselwirkung von zahllosen Lichtströmen vorzustellen, die von Milliarden über Millliarden sich an unzähligen Punkten kreuzender und wiederkreuzender Sterne ausgestrahlt werden und die Riesenweiten des Raumes an jedem Punkte von einem bis zum anderen Ende füllen. Ebenso ist es völlig unmöglich, auch nur von ungefähr die Riesenwelt des Prana oder der Lebensenergie zu schildern oder zu beschreiben, wie die Wissenden es taten, und ihre unbegrenzte Weite zu schildern, die durchzogen ist von Strömen und Gegenströmen, von Läufen und Gegenläufen, strahlend von unzähligen Sternen und Planeten. Manche von ihnen sind bewegungslos, manche in Sturmgebieten und großen Wirbeln; alles pulst in immerwährender Aktivität. Die belebten Welten erheben sich aus diesem wunderbar intelligenten feinstofflichen Meer der Lebensenergie wie der Schaum auf der Oberfläche des ewig sich bewegenden Meeres.

Um das Phänomen des irdischen Lebens zu erklären, gibt es keine andere Wahl als die Existenz eines intelligenten Lebensstoffes anzunehmen, der die Elemente und ihre Verbindungen in der materiellen Welt wie Ziegel und Mörtel benutzt und der Architekt des organischen Aufbaus ist.

Alles zeigt die Offenkundigkeit einer außerordentlichen Intelligenz und eines höchsten Zweckes an und ist mit einem solchen bewundernswerten Geschick, in solch einer Verschwendung aufgebaut, in so vielen verschiedenen Formen hervorgebracht, daß eine Idee der unmittelbaren Erzeugung für falsch gehalten werden könnte. Die Existenz dieses Stoffes kann nicht empirisch bewiesen werden; menschliche Erfindungskraft und menschliches Geschick haben noch nicht die Vollkommenheit erreicht, mit der man Stoffe von solcher Feinheit untersuchen kann.

Ungeheure Bedeutung ist den pranischen Ausstrahlungen beigemessen worden, die von Sonne und Mond zur Erde kommen. Tatsächlich führen einige der alten Weisen den Ursprung des menschlichen Geistes auf den Mond zurück. Der ganze Aufbau des Yoga beruht auf der Gültigkeit des Prana als eines wahrnehmbaren überphysikalischen Stoffes. Tausende von Jahren haben aufeinanderfolgende Generationen von Yogis die Behauptung ihrer Vorgänger bestätigt. Die Wirklichkeit des Prana als dem Hauptagens der zu den überbewußten Zuständen — als Samadhi bekannt — führt, ist niemals von irgendeiner Yoga-Schule in Frage gestellt worden. Diejenigen, die an Yoga glauben, müssen zuerst an Prana glauben. Wenn man die Tatsache betrachtet, daß man zum Erfolg in Yoga nicht nur ungewöhnliche geistige und körperliche Begabungen besitzen muß, sondern auch alle Eigenschaften eines heiligmäßigen Charakters: Ehrlichkeit, Keuschheit, Redlichkeit, würde es an Eigensinn grenzen, das Zeugnis der zahlreichen anerkannten Seher zu mißachten, die übereinstimmend ihre eigene Erfahrung der überbewußten Zustände bezeugt haben. Diese ergaben sich aus der systematischen Anwendung des Prana, die sie von ihren Vorgängern gelernt hatten.

Nach dem religiösen Glauben in Indien, der in vorhistorische Zeiten zurückreicht, ist die Existenz des Prana als eines Stoffes für die Tätigkeit der Gedanken und die Übermittlung von Empfindungen und Impulsen in lebenden Körpern und als eine normalerweise nicht wahrnehmbare kosmische Substanz in jeder Art von Materie — nach der Hindukosmologie in Erde, Wasser, Feuer und Äther — eine anerkannte Tatsache. Sie ist auch nachweisbar in der Praxis des Yoga, wenn diese vom richtigen Menschen in der richtigen Weise geübt wird. Nach dieser Meinung ist Prana weder Materie noch Verstand, Intelligenz oder Bewußtsein, sondern ein untrennbarer Teil der kosmischen Energie oder Shakti. Diese wohnt in ihnen allen und ist der Antrieb hinter allen kosmischen Phänomenen als Kraft in der Materie und als Lebenskraft im lebendigen Körper. Kurz gesagt: Sie ist das Mittel, kraft dessen die kosmische Intelligenz die unvorstellbar große Aktivität dieser riesigen Welt vollführt, mit der sie die ganzen gigantischen kugelförmigen Formationen, die ohne Unterlaß im weiten Raum wie in der kleinsten Mikrobe brennen, erschafft, bewahrt und zerstört. Sie ist beides: bösartig und gutartig, und erhält jeden Teil der Erde. Mit anderen Worten: Shakti ist Kraft, wenn sie in der anorganischen Materie zur Anwendung kommt, und auf der organischen Ebene, Leben. Beides sind verschiedene Aspekte der schöpferischen kosmischen Energie, die auf beiden Ebenen, der anorganischen und der organischen tätig ist.

Zur Bequemlichkeit und um Verwirrung zu vermeiden, wird die Bezeichnung Prana oder Prana-Shakti im allgemeinen für den Teil der kosmischen Energie verwendet, der in der organischen Sphäre als Nervenimpuls und Lebenskraft wirkt, während der allgemeine Name Shakti für jede belebte wie unbelebte Form der Energie verwendet wird, kurz gesagt: für den schöpferischen wie den aktiven Aspekt der Wirklichkeit.

Wenn wir uns mit Kundalini beschäftigen, haben wir es nur mit Prana oder Prana-Shakti zu tun, um der Kürze willen als Shakti bezeichnet, obwohl, streng genommen, die Bezeichnung Shakti meist für die kosmische Energie, die Schöpferin des Universums, verwendet wird. Die heutige Wissenschaft wird unvermeidbar zu dem Schluß geführt, daß Energie die Grundsubstanz der physikalischen Welt ist. Der Zweifel über die Existenz des Lebens als eines unsterblichen lebendigen Stoffes, der verschieden ist von den körperlichen Hüllen, ist so alt wie die Zivilisation. Er wird hauptsächlich hervorgerufen durch die unerbittliche Natur der physikalischen Gesetze, die über den Körper herrschen, durch die Unvermeidbarkeit von Zerfall und Tod, durch die sehr schwer definierbare Natur des Lebensprinzipes, die völlige Unmöglichkeit, es losgelöst vom organischen Körper zu erkennen, durch die Endgültigkeit des Todes als Ende des Organismus und vor allem durch die völlige Abwesenheit irgendeines vorführbaren und unumstößlichen Beweises für das Überleben nach dem körperlichen Tod.

Die Yogi vertreten dagegen die Meinung, daß die Existenz der Lebensenergie als einer unsterblichen Wesenheit subjektiv offenbar wird im überbewußten Zustand des Samadhi und ihr Fluß durch die Nerven, sogar noch früher, erfahren werden kann, sobald sich nämlich ein gewisser Erfolg in der Meditation eingestellt hat. In diesem spürt man im konzentrierten Zustand des Gehirns eine größere Nachfrage nach der Lebensenergie. Um sie zu befriedigen, fließt Lebensenergie oder Prana, das in

84

anderen Teilen des Körper wohnt, in den Kopf, manchmal bis zu einem solchen Ausmaß, daß sogar lebenswichtige Organe wie das Herz, die Lungen und das Verdauungssystem beinahe zu funktionieren aufhören, der Puls und der Atem nicht mehr wahrnehmbar sind und der ganze Körper kalt und wie leblos erscheint. Mit Hilfe des zusätzlichen Brennstoffes, der durch den vergrößerten Fluß der Lebensenergie herbeigeschafft wird, empfängt das Gehirn immer intensivere Lebendigkeit. Das Oberflächenbewußtsein erhebt sich über die körperlichen Empfindungen, seine Wahrnehmungsfähigkeit wird ungeheuer erweitert und vermag überphysikalische Daseinsformen zu erkennen. In diesem Zustand ist der erste Gegenstand, der wahrgenommen wird, Prana. Dieser wird erfahren als ein glänzender immaterieller Stoff mit Empfindung und in einem Zustand schneller Schwingung sowohl innerhalb wie außerhalb des Körpers. Endlos dehnt es sich nach allen Seiten.

In der Yoga-Sprache ist Prana Leben, und Leben ist Prana. Leben und Lebenskraft in dem Sinne, wie sie hier gebraucht wird, bedeutet nicht die Seele oder der Funke des Göttlichen im Menschen. Prana ist nur die Lebensenergie, durch die die göttliche Macht die organischen Königreiche ins Leben ruft und mit der sie auf die organischen Gebilde einwirkt, so wie sie das Universum erschafft und in ihm wirkt mit Hilfe der physikalischen Energie. Sie ist nicht die Wirklichkeit, wie der Sonnenschein nicht die Sonne ist, und ist doch ein wesentlicher Teil von ihr, da sie verschiedene Formen und Erscheinungen annimmt und in zahllose Arten von Gebilden eingeht. Sie baut unaufhörlich die Einheiten oder Ziegelsteine auf, um damit die vielschichtigen organischen Strukturen auf die gleiche Weise herzustellen, in der die physikalische Energie mit Elektronen, Protonen und Atomen beginnt, um das mächtige Gebäude des Universums aufzubauen. Ihre Tätigkeit wird durch ewige Gesetze regiert, die so ehern und universal sind wie die Gesetze, die die physikalische Welt beherrschen. Nachdem sie die Atome erschaffen hat, wird die physikalische Energie in zahllose Arten von Molekülen umgewandelt. Diese führen zur Erschaffung von unzähligen Zusammensetzungen, die in Form, Farbe und Geschmack verschieden sind. Sie wiederum erschaffen durch Verbindung und Mischen, durch Verschiedenheiten in der Temperatur und im Druck die erstaunlich verschiedenen Erscheinungen der physikalischen Welt.

Prana beginnt mit Protoplasma und einzelligen Organismen und ruft dann das wunderbare Bereich des Lebens ins Dasein. Endlos in der Abwechslung, unübertrefflich reich an Form und Farbe, schafft es Klassen, Arten, Besonderheiten mit ihren Unterabteilungen und Gruppen. Es benutzt das Material, das ihm durch die physikalische Welt und die Umwelt zur Verfügung gestellt wird, um Verschiedenheiten zu gestalten. Es handelt intelligent und zweckvoll in voller Kenntnis der Gesetze und der Eigentümlichkeiten der Materie wie auch der zahlreichen organischen Schöpfungen, die es ins Leben zu rufen hat. Im Grunde beständig und unverändert, geht es in zahllose Verbindungen ein. Es handelt sowohl als Baumeister wie als erzeugter Gegenstand. Es existiert als das mächtige Universum, das weiter und herrlicher ist als der Kosmos, den unsere Sinne wahrnehmen. Es hat seine eigenen Himmelssphären und Ebenen, die den Sonnen und Erden des Kosmos entsprechen. Es hat sein eigenes Material, seine eigenen Ziegel, seine eigene Bewegung und Trägheit. Es hat sein eigenes Licht, seinen eigenen Schatten, seine eigenen Gesetze und Eigentümlichkeiten. Es existiert Seite an Seite mit dem Universum, das wir sehen, ist in unsere Gedanken und Taten verwoben, durchdringt die Atome und Moleküle der Materie. Es strahlt mit dem Licht, bewegt sich mit dem Wind und den Fluten. Es ist wunderbar fein und beweglich, der Stoff unserer Fantasien und Träume, das Lebensprinzip der Schöpfung, das unentwirrbar verknüpft ist mit unserem Wesen.

Wir wissen nicht, welcher geheimnisvolle Stoff die Zellen und Organe der Lebewesen belebt und die wunderbaren physikalischen und chemischen Reaktionen verursacht. Der Eigentümer des Körpers, selbst der intelligenteste und aufmerksamste, weiß nichts von dem, was in ihm geschieht, weiß nichts von der Intelligenz, die die körperliche Maschine reguliert, die sie im Schoß erschafft, in der Krankheit bewahrt, in der Gefahr hält, die den Körper heilt, wenn er verletzt ist, für ihn sorgt, wenn er schläft, wahnsinnig oder unbewußt ist, die in ihm den Drang schafft und die Richtungen, die ihn hin und her bewegen wie das Rohr im Wind. Noch erstaunlicher ist, daß dieser geheimnisvolle Stoff, nachdem er jedes und alles getan, selbst den Atem eingezogen, den Gedanken eingegeben hat, wegen seiner wunderbaren und für die menschliche Intelligenz ganz unverständlichen Natur im Hintergrund bleibt. Dagegen erlaubt er dem Oberflächenbewußtsein, das er, wie Öl die Flamme, unterhält wie der Meister zu denken und zu handeln, ohne daß dieses etwas weiß von der unsichtbaren, aber wunderbaren Wirksamkeit der wahren Herrin der Welt, dem übersinnlichen Medium, Prana-Shakti, dem Lebensaspekt der kosmischen Energie.

Die Begründer des Kundalini-Yoga nehmen die Existenz des Prana als eine konkrete Realität sowohl in ihrem individuellen wie auch in ihrem kosmischen Aspekt an. Versuche, die von den Heiligen vieler Generationen gemacht wurden, führten zu der bedeutenden Entdeckung, daß es möglich ist, die willentliche Beherrschung des Nervensystems so weit zu erlangen, daß ein größerer Strom von Prana ins Gehirn geschickt werden kann, der eine Verstärkung der Gehirntätigkeit bewirkt. Die Heiligen beschrieben ihre gesamten Methoden der körperlichen und geistigen Disziplin, die zu diesem Ziel führen sollen.

Sie hatten großen Erfolg, da die Hauptübung der Konzentration, die der Eckstein eines jeden Yoga-Systems ist, mit den Methoden übereinstimmt, die auch von der Natur für die menschliche Entwicklung vorgeschrieben sind. Sie machten die Entdeckung, daß sie in günstigen Fällen bei einem gewissen Grad an Geistesbeherrschung und Konzentration durch das hohle Rückenmark ein lebendig glänzendes, sich schnell bewegendes, mächtiges Strahlen zum Gehirn hinaufziehen konnten. Am Anfang nur für kurze Augenblicke, die durch Übung längere Dauer erhielten. Dies hatte eine wunderbare Auswirkung auf den Geist, der sich emporschwang zu Höhen unübertrefflicher Herrlichkeit, jenseits von allem, das man in der rohen materiellen Welt erlebt.

Sie nannten den Kanal Sushumna. Da das strömende Strahlen deutlich beim Aufstieg von der Basis der Wirbelsäule nach oben empfunden wurde, betrachteten sie diese Stelle als den Sitz der Göttin. Nach ihrer Darstellung lag sie dort schlafend in der Verkleidung einer Schlange, die mit ihrem Mund die Öffnung verschließt, die zum Rückenmark-Kanal führt. Die Nervensysteme rechts und links von Sushumna, die am flammenden Strahlen mitwirken, indem sie einen Teil der sie durchfließenden Lebensenergie liefern, nannten sie Ida und Pingala. Obwohl ihnen das Wissen fehlte, das die moderne Wissenschaft heute zugänglich macht, konnten sie doch bald in ihrem erhöhten Bewußtseinszustand das Dasein einer subtilen

Welt des Lebens annehmen, das Seite an Seite mit dem materiellen Kosmos besteht und ihn durchdringt. So sind die alten Schriften über Hatha-Yoga voll geheimer Bezugnahmen auf Prana-Shakti oder die Lebensenergie und ihre leitenden »Telegraphen«-Systeme im Körper, die nicht selten eine Quelle der Verwirrung für den Anfänger sind.

Achtes Kapitel

ERWEITERUNG DES BEWUSSTSEINS

Ich sehe vollkommen ein, daß es mir unmöglich ist, dem Durchschnittsleser klar verständlich zu machen, was ich unter den Ausdrücken Erweiterung und Verengung des Bewußtseins verstehe, die ich häufig gebrauche, um die Schwankungen in meinem mentalen Zustand zu bezeichnen. Ich vermag aber nur durch diese Bezeichnungen eine rein subjektive Erfahrung zu beschreiben, die selten dem Durchschnittsmenschen zuteil wird. Nach meinem besten Wissen ist das unheimliche Phänomen, das der Erweckung der Kundalini folgt, bisher noch niemals in Einzelheiten enthüllt oder zum Gegenstand der analytischen Untersuchung gemacht worden. Der Gegenstand ist bislang wie in ein Geheimnis gehüllt geblieben, nicht nur wegen der äußersten Seltenheit und der erstaunlichen Art dieser Offenbarung, sondern auch, weil gewisse wesentliche Merkmale der Entwicklung eng mit dem intimen Leben und den privaten Bereichen des Menschen verbunden sind, der die Erfahrung hat. Die Enthüllungen, die in diesem Werk gemacht werden, mögen überraschen, selbst unglaublich erscheinen, weil das Thema nach Jahrhunderten langer Verhüllungen zum ersten Mal offen behandelt wird.

Wir können mehr oder weniger der Bedeutung von noch so schwierigen Worten folgen, wenn sie geistige Zustände, die uns allen gemeinsam sind, beschreiben oder von intellektuellen Problemen und abstrakten Behauptungen handeln, die auf allgemeiner Erfahrung und Erkenntnis beruhen. Aber das Phänomen, das ich auf diesen Seiten zu erklären versucht habe, ist so ungewöhnlich und so weit von bekannten Dingen entfernt, daß aller Wahrscheinlichkeit nach nur sehr wenige der Leser von etwas ähnlichem gehört haben. Erfahrene Meister des Kundalini-Yoga, die seit jeher äußerst selten waren, existieren heute fast nirgends mehr und Menschen des unmittelbaren Erlebens, in denen die Erweckung plötzlich zu einer bestimmten Lebensperiode geschieht, enden sehr häufig in geistiger Störung, die einen zusammenhängenden Bericht dieser Erfahrung unmöglich macht. Unter solchen Umständen ist es kein Wunder, daß nirgends ein in Einzelheiten gehender Bericht vorhanden ist. Ich möchte jedoch hinzufügen, daß trotz allem dieses Erlebnis nicht so einzigartig oder unverbürgt ist, als es zunächst erscheinen mag. Es gibt genügend Beweise, um anzunehmen, daß es seit undenklichen Zeiten, wahrscheinlich schon seit Beginn der Zivilisation und sogar noch früher, wenn auch äußerst selten, Fälle gegeben hat, bei denen Kundalini unmittelbar oder durch geeignete Übungen erwachte. In den wenigen Fällen der ersten Art, bei denen die Erweckung zu einem gesunden Höhepunkt fortschreitet, sind die Symptome für gewöhnlich harmlos und die Entwicklung findet allmählich wie bei den geborenen Mystikern statt. Die wesentlichen Merkmale der Wiedergeburt, die in meinem Fall erstaunlich offensichtlich waren, können sich begreiflicherweise der Beobachtung entziehen, oder, wenn wahrgenommen, anderen Ursachen zugeschrieben werden, da man die wahre nicht kennt. Bei einem Großteil der Fälle, in denen das Erwachen krankhaft ist, würden die wahnsinnigen Ausdrücke der Geschlagenen, selbst wenn sie zuträfen, nur als sinnloses Gewäsch eines irren Gehirns abgeurteilt werden.

Bei den Fällen, bei denen durch Willensanstrengung das Erwachen bewirkt wurde, wie dies hinter den Mauern unerreichbarer Klöster geschehen sein muß oder in einsamen Hütten oder abgeschlossenen Yoga-Zentren im Urwald, waren die außerordentlichen Begleiterscheinungen der kritischen Beobachtung nicht zugänglich. Wurden sie aber beobachtet, dann galten sie als notwendige übernatürliche Umstände, die das Abenteuer begleiteten und nicht als etwas Ernsthaftes, das der Aufzeichnung oder Mitteilung bedurft hätte. Vielleicht wurde es auch als zu heilig angesehen, um öffentlich verbreitet zu werden und als ein Geheimnis gehütet, dem niemand außer den Eingeweihten nahen durfte.

Wenn ich mich nun der Schwierigkeit unterziehe, in diesem kritischen Zeitalter der Wissenschaft ein seltsames geistiges Phänomen zu beschreiben, das niemals zuvor in Einzelheiten dargestellt worden ist, bin ich aus Gründen der Klugheit gezwungen, vieles zurückzuhalten, das in diesem Buch einen Platz hätte finden sollen, und das mit Sicherheit in den Erfahrungsbereich vieler fallen wird, die gleich mir, in Zukunft das Schlangenfeuer zufällig und ohne Vorbereitung entfachen. Wenn ich in dieser Weise vorgehe, möge es genügen, daß ich nichts von den beinahe unheimlichen Geschehnissen erzähle, die ich in mir beobachtet habe, sondern nur berichte, daß während der folgenden Monate mein geistiger Zustand der gleiche blieb, den ich schon beschrieben habe. Meine körperliche Gesundheit aber nahm zu und ich spürte, wie meine frühere Stärke und Kraft langsam wiederkehrten.

Die Regierungsstellen wechselten gewöhnlich im Mai von Jammu nach Srinagar in die Sommerhauptstadt des Staates. Aber da ich auf Urlaub war und mich nicht in der Lage fühlte, die schädliche Wirkung der Hitze auf meinen geschwächten Nervenzustand zu ertragen, ging ich schon Anfang April nach Kaschmir. Der Wechsel tat mir gut. Das Tal war voller Blüten und die frische duftende Frühlingsluft übte eine kräftigende Wirkung auf mich aus. Es war absolut keine Änderung in den ständigen Bewegungen der leuchtenden Ströme oder im Glühen in meinem Kopf wahrzunehmen. Auf der anderen Seite war ihre Intensität stärker. Meine geistige Kraft, mein Gleichgewicht, meine Ausdauer, die vollständig erschöpft schienen, kamen teilweise wieder und fanden erneut ein lebhaftes Interesse an Gesprächen. Wertvoller aber war, daß sich die tiefen Gefühle der Liebe für meine Familie, die wie ausgelöscht schienen, in meinem Herzen wieder regten. Innerhalb weniger Wochen nach meiner Ankunft konnte ich wieder lange Spaziergänge machen und mich mit den gewöhnlichen Angelegenheiten befassen, die nicht vieler Anstrengungen bedurften. Nur konnte ich noch immer nicht mit Aufmerksamkeit lange Zeit lesen und hatte weiterhin Angst vor dem Übernatürlichen. Ich vermied daran zu denken oder darüber zu sprechen.

Mein früherer Appetit kehrte zurück und ich konnte alles essen wie früher ohne Angst, daß ein paar Bissen mehr oder weniger in meinem Inneren einen Sturm entfachen würden. Ich konnte sogar den Abstand zwischen den Mahlzeiten verlängern, aber nicht zu lange, ohne daß es unbequem wurde. Als meine Arbeit in Srinagar wieder anfing, hatte ich genügend Kraft und Ausdauer gewonnen, um mit Sicherheit meine Pflichten wieder aufnehmen zu können. Ich brauchte nicht mehr zu befürchten, daß mein geistiger Zustand sich verschlechtern oder ich mich lächerlich machen würde durch Mangel an Tüchtigkeit in meiner Arbeit oder ein Zeichen der Anormalität in meinem Benehmen. Wenn ich die Akten auf meinem Tisch durchsah, bemerkte ich, daß mein Gedächtnis unverändert war und die grauenhafte Erfahrung in keiner Weise meine Fähigkeiten beeinträchtigt hatte. Dennoch ermüdete ich leicht und wurde nach wenigen Stunden aufmerksamer Tätigkeit ruhelos.

Nach längerer geistiger Arbeit fand ich, wenn ich meine Augen schloß und nach innen hörte, daß der leuchtende Kreis sich erweiterte und das Summen in den Ohren lauter wurde als im allgemeinen. Dies deutete darauf hin, daß ich noch nicht fähig war, meine Aufmerksamkeit für längere Dauer aufrecht zu halten und daß ich vorsichtig bleiben mußte, um ein Wiederausbrechen der früheren Symptome zu vermeiden. So entschied ich mich, zwischen Arbeit und Entspannung abzuwechseln, indem ich mich mit meinen Kollegen unterhielt, aus dem Fenster schaute oder durch einen Gang auf die Straße, was große Abwechslung bot und meine Aufmerksamkeit zerstreute.

Ich weiß nicht, wie es kam, daß ich selbst in diesem äußerst anormalen Zustand meines Geistes, der beständig neue Maßnahmen brauchte, um sich den wechselnden Umständen anzupassen, oft auf den rechten Weg stieß, um mit unerwarteten und schwierigen Situationen, die in meinen täglichen Beziehungen auftauchten, fertig zu werden. Hätte ich anderen auch nur ein Sterbenswörtchen über meinen unnatürlichen Zustand und die merkwürdigen Erlebnisse, die jetzt ein regelmäßiger Zug meines Lebens waren, gesagt, so hätte man mich als einen Irren abgestempelt und entsprechend mit Gelächter statt mit Mitleid behandelt. Wenn ich versucht hätte, aus dem mysteriösen Geschehen Kapital zu schlagen und ein Wissen des Geheimnisvollen vorzutäuschen, das ich in Wirklichkeit nicht besaß, hätte man mich vielleicht als Heiligen gefeiert, hätten mich Leute Tag und Nacht heimgesucht, um eine wunderbare Ausflucht aus ihren Schwierigkeiten zu finden.

Abgesehen von ein paar Hinweisen, die ich einigen Verwandten gegenüber ganz am Anfang fallen ließ, als ich vollständig von der seltsamen Krankheit überfallen war und mit Ausnahme von einigen Yoga-Experten, denen ich, um Rat suchend, meine Lage zu schildern versuchte, bewahrte ich strenge Zurückhaltung über meinen Zustand und gab ihn niemals in

Gesprächen mit nahen Freunden preis, obwohl mich die Furcht verrückt zu werden auch in den gesundesten Augenblicken nicht verließ. Die Größe der Gefahr, die man im Augenblick einer plötzlichen machtvollen Erweckung durchlaufen muß, kann an der Tatsache bemessen werden, daß gleichzeitig mit der Befreiung der neuen Energie tiefgreifende funktionale und strukturelle Wandlungen im zarten Nervensystem beginnen und so schnell und heftig werden, daß das Gehirn sofort aus dem Gleichgewicht käme, wenn der Körper als Ganzes nicht genügend Kraft der Anpassung besitzt um den ungeheuerlichen Druck zu ertragen, wie dies in einem Großteil der Fälle geschieht.

Mit der Wiederherstellung meiner Fähigkeiten und mit wachsender Klarheit des Geistes begann ich über meine Lage nachzudenken. Ich las alles, was mir in den Weg kam und sich auf Kundalini und Yoga bezog, stieß aber nirgends auf den Bericht eines ähnlichen Phänomens. Das Fließen der warmen und kalten Ströme, das Leuchten im Kopf, die unirdischen Töne im Ohr, die Fangarme der Furcht wurden zwar erwähnt, aber es gab kein Zeichen der Hellsichtigkeit oder der Ekstase, der Verbindung mit körperlosen Geistern oder irgendeiner anderen außerordentlichen psychischen Gabe, die seit frühesten Zeiten als deutliche Merkmale einer erwachten Kundalini angesehen wurden. Im Gegenteil unterstellte ich mich der schweren Prüfung mit einem geschwächten Körper und konnte jetzt erst wieder nach Monaten der Unsicherheit und der Mühen beginnen, zusammenhängend zu denken und mit Vertrauen zu handeln.

In der Stille der Nacht sah ich oft entsetzlich entstellte Gesichter und verunstaltete Formen, die sich auf schreckliche Weise beugten und drehten. Sie erschienen schnell und verschwanden ebenso schnell wieder in dem strahlenden Stoff, der in und um mich herum wirbelte. Wenn sie mich verließen, zitterte ich vor Furcht, unfähig, ihre Gegenwart zu erklären. Manchmal — doch solche Augenblicke waren selten — konnte ich in dem leuchtenden Dunst eine hellere Strahlung wahrnehmen von engelhafter ätherischer Art, kaum erkennbar an Gesicht und Gestalt, aber dennoch eine Gegenwart, die einen so milden Glanz ausstrahlte, erheiternd und beruhigend, daß in solchen Augenblicken mein Herz überflutet wurde von Glück und einem unbeschreiblichen göttlichen Frieden, der jede Faser meines Seins füllte. Seltsam war, daß bei solchen Gelegenheiten die Erinnerung an die frühere Vision, die mich am ersten Tag meiner Erweckung befiel, so lebendig wurde, als wolle sie mir Kraft geben in aller meiner Niedergeschlagenheit. Und ich tat einen flüchtigen Blick in einen höheren Zustand, in den ich schmerzhaft und unerbittlich gezogen wurde.

Ich war zu jener Zeit nicht sicher, ob die Visionen tatsächlich Einblick in das überweltliche Dasein boten oder reine Bilder meiner damals sehr erregten und förmlich glühenden Einbildungskraft waren. Ich wußte nicht, was mir das ununterbrochene Bewußtsein der Leuchtkraft gab, als ob mein eigener jetzt unantastbarer Denkstoff umgewandelt worden wäre in eine leuchtende Substanz. Die Verwandlung der Gehirnsubstanz war verantwortlich für die Leuchtkraft in den Gedankenbildern.

Ich fuhr fort, für meinen Haushalt zu sorgen und den offiziellen Pflichten nachzugehen. Täglich gewann ich mehr Kraft. Nach einigen Wochen konnte ich wieder aufmerksam stundenlang mit meiner nun verwandelten geistigen Verfassung ohne schmerzliche Symptome umgehen. Es war kein Wandel in meinem Allgemeinbefinden oder in meiner Leistungsfähigkeit wahrzunehmen; abgesehen von dem mysteriösen und unverständlichen Faktor, der sich in mein Leben eingefügt hatte, war ich derselbe wie vorher. Als die Kraft meiner Ausdauer allmählich wuchs und die Augenblicke der Furcht seltener wurden, versöhnte ich mich mit meiner offensichtlichen Anormalität. Sie hörte auf, meine ganze Aufmerksamkeit in Anspruch zu nehmen und ich war frei, mich so zu beschäftigen, wie es mir Freude machte. Ich war jetzt der Bewegung des neu erzeugten Lebensstromes in meinem Rückenmark und in anderen Nervenbahnen bewußter als jemals zuvor.

Im frühen Stadium waren die Empfindungen, die im zentralen und im sympathischen Nervensystem auftraten, so scharf und manchmal störend, daß mein Geist selten frei war, sich um irgendetwas anderes zu kümmern. Viele Male am Tage und in verschiedenen Zeitabständen war es mir unmöglich, meine Gedanken zu sammeln. Meine Aufmerksamkeit wurde völlig gebannt durch die Bewegungen des Stromes in meinem Körper. Ich blickte sinnlos ins Nichts, machtlos, meine Gedanken einer Arbeit zuzuwenden. Dann fühlte ich mich wie ein geistig Verwirrter und sah auch so aus, in einen Dämmerzustand versunken und mit leerem Blick auf die Umgebung starrend, ohne sie zu erkennen, unfähig die Gedanken zu konzentrieren oder die Aufmerksamkeit auf eine Sache freiwillig für eine gewisse Zeit in einen Kanal zu lenken.

Im Laufe der Zeit wurde der Durchfluß des Stromes durch die zerrütteten Nervenfäden weniger wahrnehmbar; oft bemerkte ich ihn gar nicht mehr. Ich konnte mich jetzt Stunden lang jeder Aufgabe widmen. Wenn ich meinen späteren festgegründeten geistigen Zustand mit dem vergleiche, wie er am Anfang nach der Krise war, dann verstehe ich, daß ich den Fängen des Wahnsinns ganz knapp entronnen war und daß ich die Befreiung keiner Anstrengung meiner selbst zu verdanken hatte, sondern der gütigen Beschaffenheit der Energie selbst. In den Anfangsstadien, besonders vor der Krise, schien sich aus bestimmten sehr zwingenden Gründen der Lebensstrom wirr und blindlings zu benehmen, dem geschwollenen Wasser eines überfluteten Stromes gleich, der durch einen Dammbruch ausfließt — wild, reißend — und hier und da einen neuen Kanal für seinen Durchgang zu graben sucht. Jahre später hatte ich eine Ahnung von dem, was damals tatsächlich geschehen war und konnte das Wunder erraten, das unvermittelt und verborgen im menschlichen Körper liegt und auf den notwendigen Anruf des Eigentümers und eine günstige Gelegenheit wartet, um aktiv zu werden. Wenn es seinen Weg durch das Fleisch pflügt wie ein abgeleiteter Strom in der Flut, schafft es neue Kanäle im Nervensystem und im Gehirn, um das glückliche Individuum mit unglaublichen mentalen und geistigen Kräften zu beschenken.

Die sechs Monate jenes Sommers (1938), die ich in Kaschmir verlebte, verstrichen ohne ein bemerkenswertes Ereignis oder eine besondere Veränderung in mir. Die Erregung, die durch meine seltsame schlechte Verfassung verursacht war, beruhigte sich langsam. Da es sich in einigen Kreisen flüsternd herumsprach, daß meine sonderbare Unausgeglichenheit eine Folge von Yoga-Übungen war, die in enger Beziehung zu Kundalini standen, kamen die Neugierigen, um mich aus dem einen oder anderen Vorwand zu sehen und weitere Informationen aus mir herauszulocken. Sie wollten durch irgendeinen übernatürlichen Zug meines Herzens Gewißheit erlangen, daß ich wirklich die Grenze überschritten hatte, die das Menschliche vom Göttlichen trennt.

Für viele von ihnen bedeutete schon das Erwachen der Schlangenkraft einen jähen Sprung ins Übernatürliche. Sie waren deshalb nicht zu tadeln. Die meisten Menschen scheinen der Ansicht zu sein, daß es nur eines Schrittes vom menschlichen zum kosmischen Bewußtsein bedarf, eines Schrittes, den man mit Hilfe eines Lehrers oder geistiger Übungen so schnell, einfach und sicher machen kann, wie man eine Schwelle überschreitet, die von einem kleineren in ein größeres Zimmer führt. Dieses falsche Denken wird oft unterstützt durch unzuständige Führer, die mit der Leichtgläubigkeit der Menschen Handel treiben und Kenntnis im Yoga wie die Fähigkeit beanspruchen, positive Ergebnisse in ihren Schülern zu erwecken. Dabei sind sie sich keineswegs der Tatsache bewußt, daß Yoga als fortschreitende Wissenschaft in den letzten Jahrhunderten tot war und daß sie, abgesehen von einigen papageiartigen Wiederholungen der Werke alter Meister nicht mehr darüber wissen als die nicht Unterrichteten, die zu belehren sie vorgeben.

In früheren Zeiten wurde die ernste und schwierige Natur dieser Aufgabe voll und ganz anerkannt. Die Schüler, die danach verlangten, taten alles, um sich jeder weltlichen Verantwortung zu entziehen und eine stoische Haltung des Geistes zu entwickeln. Sie waren bereit, allen Möglichkeiten zu begegnen, ohne zu wanken oder in der Not aufzugeben.

Für die Fragen, die darauf zielten mehr Informationen über meine Erfahrung für leichtsinnige Zwecke zu sammeln, hatte ich gewöhnlich ein taubes Ohr. Ich hielt mich streng zurück wie es auch heute noch der Fall ist. Da die Neugierigen nicht befriedigt wurden und an mir keine bemerkenswerte Änderung entdecken konnten, wurde die Geschichte meines geistigen Abenteuers wie ein Märchen behandelt. Für manche wurde ich sogar ein Gegenstand des Gelächters, da ich eine körperliche Krankheit für eine göttliche Heimsuchung gehalten hatte.

Am Ende des Sommers war ich beinahe so stark wie zuvor. Mit Ausnahme der leuchtenden Ströme und des Glanzes in meinem Kopf, merkte ich keine Veränderung in mir. Nachmittags aber wurde zu bestimmten Zeiten der Durchflug des Stromes störend wahrnehmbar und von einem leichten Unwohlsein im Kopf begleitet. Zu solchen Zeiten fiel es mir meist schwer, mich aufmerksam einer Aufgabe zuzuwenden. Oft verbrachte ich diese Zwischenpause mit Gesprächen oder einem Gang im Freien. Manchmal fühlte ich bei solchen Gelegenheiten einen größeren Druck auf die Nervenzentren in der Herz- und Lebergegend, besonders in der letzteren, als würde ein größerer Strahlenfluß in dieses Organ hineingepreßt, um seine Tätigkeit zu steigern. Sonst spürte ich kein besonderes oder außergewöhnliches Anzeichen. Ich schlief gut, aß mit Freude und machte, um die Nachwirkungen der während einiger Monate aufgezwungener Untätigkeit in meinem Körper zu überwinden, ein paar kleine Übungen, die ich schon seit meiner Kindheit gewohnt war. Ich vermied dabei nutzlose Anstrengungen und Erschöpfung. Aber nach den Bürostunden hatte ich keine Lust mehr am Abend zu lesen, wie es meine Gewohnheit früher gewesen war, oder geistige Arbeit zu verrichten. Ich nahm dies als einen inneren Hinweis, mein Gehirn nicht weiter zu belasten und zog mich gewöhnlich in mein Zimmer zurück, um zu entspannen und nach dem Abendessen auszuruhen.

Gegen Ende 1939 traf ich Vorbereitungen für meine Abreise mit dem Ministerium nach Jammu. Ich fühlte mich ganz und gar in Form für die Reise und für den folgenden Aufenthalt von sechs Monaten, so daß ich meine Frau, meinen in allen Wechselfällen treuen Partner, mit Rücksicht auf ihre Gesundheit zurückließ. Ich vertraute ganz auf meine Fähigkeit nach mir selbst zu schauen. Zu jener Zeit ahnte ich nicht, daß ich mich einer schweren Gefahr aussetzte, wenn sie nicht bei mir war. Ich wußte nicht, daß die befreite stürmische Kraft in meinem Körper noch so aktiv am Werke war, und daß, obwohl ich ihre Bewegungen nicht klar erkannte, ihr Druck auf meine lebenswichtigen Organe nicht weniger stark war als zuvor. Der Gedanke, daß ich mich inwendig in einem anormalen Zustand befand, war nie ganz aus meinem Gehirn gewichen; denn ich wurde ständig daran erinnert durch das Leuchten in mir. Aber als die Zeit fortschritt und der Zustand anhielt, verlor er für mich seine Seltsamkeit und Unnatürlichkeit und wurde ein Teil meines Wesens, mein gewöhnlicher und normaler Zustand.

Neuntes Kapitel

ÜBERBEWUSSTSEIN

In Anbetracht der ungeheuer großen Bedeutung des Erneue-
rungs- und Verwandlungsprozesses, der in meinem Körper,
vor allem während des Schlafes, vor sich ging und der am Ende
die Entfaltung psychischer Gaben hervorbrachte, die ich bis
zum Alter von 46 Jahren nicht besessen hatte, ist es notwendig,
diese sehr wichtige Phase meiner einzigartigen Erfahrung zu
beschreiben. Nicht nur die alten Abhandlungen über Yoga,
sondern auch zahlreiche andere geistige Texte enthalten Hinweise auf die wundertätige Macht der Shakti, der weiblichen
kosmischen Energie, die in ihren Anhängern Wandlungen hervorbringt. Das berühmte Gayatri-Mantra, das jeder Brahmane
täglich nach seiner Morgenwaschung aufsagen muß, ist eine
Anrufung der Kundalini, sie möge Übersinnlichkeit verleihen.
Der heilige Faden, der von Hindus getragen wird und im allgemeinen aus drei oder sechs einzelnen Fäden besteht, die in
einem Knoten zusammengehalten werden, ist ein Symbol für
die drei wohlbekannten Kanäle der geistigen Energie: Ida,
Pingala und Sushumna, die durch die Mitte und entlang beider
Seiten der Wirbelsäule laufen. Der Haarschopf hoch oben auf
dem Kopf, der für gewöhnlich von Männern getragen wird,
bezeichnet den Ort des wirkungslosen Bewußtseinszentrums
im Gehirn, das sich wie ein blühendes Lotus öffnet, wenn es
von den köstlichen Wassern, die durch Sushumna aufsteigen,
bewässert wird. Er ist der Sitz der übersinnlichen Wahrnehmung, der sechste Sinn oder das dritte Auge, das in denen zu
wirken beginnt, die durch Kundalini göttlich begnadet wurden.
  Ihre schöpferischen und verwandelnden Taten werden in
den Hymnen besungen, die zum Lobe der Göttin von berühmten Weisen und großen Geisteslehrern geschaffen wurden. Sie
wird den Göttern ähnlich verehrt. Wenn man den Bekennt-

nissen derer Glauben schenken soll, die von ihrer Gnade überschüttet wurden, dann wird man sie nicht leichtfertig nur als poetischen Erguß ansehen, der jeglicher materieller Grundlage entbehrt. Auch wenn man bedenkt, daß das von den Meistern erzielte Ergebnis von ihren Schülern geprüft und als wahr erkannt wurde, dann können die Behauptungen weder als reine Metapher gewertet werden, denen ein anderer Sinn zugrunde liegt, noch als große Übertreibung billiger Erfolge. In jedem Fall bauen in Indien auf der weltweiten Annahme dieser Wahrheit alle Systeme des Yoga und das mächtige Gebäude der vedischen Religion auf. Ihr Fundament ist so tief gegründet, daß es ein integraler Bestandteil jeder religiösen Handlung und jeder Feier eines Hindu geworden ist. So erfleht im allgemeinen der Anbeter von Kali, Durga, Shiva oder Vishnu, wenn er vor dem Bilde seiner Gottheit mit Tränen in den Augen und bebenden Lippen niederfällt, nicht nur die Gabe weltlicher Gunst, sondern auch die übersinnlichen Eigenschaften, die ihn befähigen, hinter den Schleier der vergänglichen Erscheinung zu schauen.

Wenn man sich auf den historischen Bericht verlassen kann, der sich über mehr als dreißig Jahrhunderte erstreckt und in den Veden und deren heiligen Texten niedergelegt ist, und wenn man dem Zeugnis von hunderttausenden kluger Forscher und scharfer Beobachter Glauben schenken darf, dann gab es in der alten Gesellschaft der Indo-Arier eine Fülle echter Beispiele von Verwandlung durch geistiges Streben und Yoga. Sie bewirkten die vollständige Umwandlung der Persönlichkeit, so daß normale Menschen zu Visionären von außerordentlichen Fähigkeiten wurden. Dies geschah durch Berührung einer unsichtbaren Macht, die sie erkannten und mit geziemenden Zeremonien verehrten. Eines der Grundziele der Hindu-Religion und der Eckstein der Wissenschaften des Yoga, der nachdrücklich in fast jeder Schrift betont wird, ist der Glaube, daß es durch richtig geleitete Übung dem Menschen möglich ist, den evolutionären Zyklus des menschlichen Daseins in einem Leben zu vollenden und sich als ein verwandelter Heiliger in Einklang mit der unendlichen Wirklichkeit jenseits der Erscheinungswelt zu entfalten, für immer befreit von der sonst endlosen Kette von Geburt und Tod.

Zusätzlich zu den Fällen einer unmittelbaren Verwandlung, die plötzlich oder allmählich bei Mystikern und Heiligen — bei frühen und modernen, im Osten wie im Westen — geschieht und durch unanfechtbare Beweise unterstützt, die die moderne Wissenschaft einem Rätsel gegenüberstellen, das jetzt ebenso unlösbar ist wie im Mittelalter, gibt es auch authentische Beispiele einer bestimmten Veränderung der Persönlichkeit durch Yoga oder eine andere Form geistiger Übung, die absichtlich unternommen und für einige Zeit fortgesetzt wurden. Diese führten zu einer plötzlichen oder langsamen Entfaltung übernormaler psychischer Fähigkeiten und außerordentlicher geistiger Eigenschaften, die vorher nicht sichtbar waren. Welches Geheimnis liegt hinter diesem oft wiederholten allgemein anerkannten Phänomen? Welche geistige, psychische oder körperliche Kraft wird automatisch oder durch Willensanstrengung in Bewegung gesetzt, die, geheimnisvoll nach ihren eigenen unergründlichen Gesetzen arbeitend, diese radikale Veränderung im Körper hervorbringt und ihn in eine bestimmte Form umgestaltet mit Eigenschaften, die die Mystiker und Propheten aller Zeiten und Welten ausgezeichnet haben. Nicht nur in Indien, sondern in fast allen Ländern, die einer offenbarten Religion anhängen, ist der Glaube an die Wirksamkeit des Gottesdienstes, der Gebete und anderer religiöser Übungen, als geistige Vorbedingung für den Empfang göttlicher Gnade, seit undenklichen Zeiten geläufig. Die Verwandlung, die als Folge solcher Übungen geschieht, wird deshalb naturgemäß der göttlichen Gnade zugeschrieben. Dennoch muß daran erinnert werden, daß eine hastige Zuflucht zu übernatürlichen Wesenheiten als Entlastung verborgener, dem Intellekt nicht erklärbarer Phänomene ein typischer Zug des Menschen seit seiner frühesten Entwicklung als Verstandeswesen war. Diese Gewohnheit herrscht noch heute bei einem Großteil von Menschen vor, wenn auch ihr Betätigungsfeld in geringer Weise begrenzter geworden ist, nachdem die Wissenschaft heute für viele der früheren unergründbaren Phänomene der Natur Erklärungen geben kann.

Es ist ein innerer Widerspruch, die Gottheit für die Erklärung einzelner Phänomene heranzuziehen, wenn ihre ewige Herrschaft über das ganze Universum und ihre Stellung als erste Ursache allen Daseins anerkannt wird. Dieses Widerspruches soll sich ein innerlich gefestigter Intellekt nicht schuldig machen. Im Lichte solcher Erkenntnis könnte sich weder ein Blatt noch ein Atom bewegen, noch ein Regentropfen fallen, noch ein Lebewesen atmen ohne die Vorsehung Gottes. Der Widerspruch liegt darin, daß für einige Probleme eine rationale Erklärung gegeben und für den Rest eine überirdische Instanz angerufen wird. Zum großen Nachteil für die Menschheit wurde dieses im Hinblick auf weltliche Angelegenheiten einerseits und auf geistige andererseits getan. Es muß zugegeben werden, daß Materie und Geist radikal voneinander verschieden, vielleicht sogar diametral entgegengesetzte Dinge sind. Deshalb kann, was für den einen wahr ist, für den anderen nicht wahr sein. Dies kann ein guter Grund sein, um durch verschiedene Methoden die Probleme, die von beiden gestellt werden, anzugehen, nicht aber um dem einen zu verweigern, was wir dem anderen gestatten, wenn beide ihren Ursprung in derselben ewigen Urmacht haben. Das Vorhandensein außerordentlicher intellektueller Begabung in einigen Menschen und weniger Begabung in anderen oder geistiger und psychischer Gaben in einigen wenigen und keines der beiden in den übrigen sollte deshalb nicht göttlicher Einmischung zugeschrieben werden. Es kann keine vorgezogenen Lieblinge in der gerechten Hierarchie des Himmels geben. Die wiederholt beobachteten Abweichungen von der Regel sollten ebenso wie bei den materiellen Erscheinungen Ansporn sein, um den Intellekt zur Erforschung der Probleme anzutreiben, die sich durch die außerordentlichen Errungenschaften der Genies auf der einen und der erstaunlichen Leistung der Heiligen auf der anderen Seite stellen.

Von diesem Standpunkt aus sollte die erste Bemühung jedes Forschers darauf gerichtet sein, den Grad der Beziehung zwischen Körper und Geist festzustellen, um zu bestimmen, ob die Bedingungen und Handlungen des ersten beständig letzteren beeinflußen und umgekehrt, oder ob jeder vollständig oder teilweise als unabhängige Einheit funktioniert. Der Gedanke eines Augenblicks allein genügt, um selbst den am wenigsten Intelligenten davon zu überzeugen, daß Körper und Geist von Geburt an bis zum Tode unauflöslich aneinander gebunden sind. Jeder übt einen ungeheuren Einfluß auf den anderen in jedem Augenblick ihrer gemeinsamen Existenz aus und zwar zu einem solchen Ausmaß, daß viele aufmerksame Beobachter sich scharf darin unterscheiden, ob der Geist das Produkt der biochemischen Reaktion des Körpers oder letzterer das Resultat der Gedankenvorstellung des Geistes ist. Man ist erstaunt über die Tiefe des Wissens und die Schärfe des Intellekts, die auf beiden Seiten entwickelt werden, aber keine der Gruppen hat die jeweils andere völlig für ihre Meinung gewinnen können.

Uns genügt die Feststellung, daß Körper und Geist voneinander abhängen und in einem so erstaunlichen Ausmaß aufeinander antworten, daß kein Augenlid zuckt, noch sich ein Muskel bewegt, noch eine Ader schlägt, ohne Wissen des Geistes. Ähnlich rührt sich keine Erinnerung, schlägt kein Gedanke ein, entsteht keine Idee, ohne daß eine Reaktion im Körper verursacht wird. Die Auswirkung einer Krankheit, einer organischen Veränderung in den Geweben, einer Erschöpfung, Diät, Medizin, berauschender Getränke oder betäubender Mittel auf den Geist und die Wirkung von Freude und Schmerz, Sorge und Leid, Furcht und Angst auf den Körper ist zu gut bekannt, um erwähnt werden zu müssen. Die nahe Verbindung zwischen beiden mag mit Recht verglichen werden mit der, die zwischen einem Spiegel und dem Gegenstand, der darauf reflektiert wird, besteht. Die geringste Änderung im Gegenstand wird sofort vom Spiegel wiedergegeben, und umgekehrt bedeutet jeder Wandel in der Spiegelung einen übereinstimmenden Wandel im Gegenstand.

Bei allen weltlichen Angelegenheiten, die auf ein Individuum in jedem Augenblick seiner Existenz einwirken, wird die Beziehung und gegenseitige Abhängigkeit zwischen grobem Körper und ätherischem Geist erkannt und ohne Frage angenommen. Aber seltsam genug wird bei geistigen Dingen diese offensichtlich unabänderliche Regel, die die Beziehung der beiden in der körperlichen Welt bestimmt, unerklärlicherweise aus den Augen verloren. Selbst hervorragende Wissenschaftler argumentieren bei der Diskussion über psychische Phänomene der außerordentlichsten Art auf eine Weise, als habe der körperliche Rahmen, der treu dem Gesetz während ihrer gemeinsamen Pilgerfahrt folgt, von dem Augenblick des Eintritts in die geistigen Bereiche ab keinen Platz mehr im Bild. Selbst die Lebensgeschichten der bekannten Heiligen, Mystiker und Propheten, deren Wunder volle Anerkennung fanden, zeigten unwiderlegbar, daß die unverletzbaren biologischen Gesetze bei ihnen beinahe ebenso wirksam waren wie bei anderen Menschen, daß sie ebenso Hunger, Durst und Müdigkeit unterlagen und ebenso leicht ein Opfer von Krankheit, Alter und Tod

wurden wie die anderen Durchschnittsmenschen ihrer Zeit.
Nicht einer von ihnen lebte eine bemerkenswert längere Zeitspanne als die normalen Sterblichen, etwa ein paar dutzend
Jahre mehr, um unwiderlegbar den Sieg des Geistes über das
Fleisch aufzuzeigen. Auch vermochte keiner von ihnen vollständig Hunger, Durst und Schlaf zu besiegen, oder von Grund auf
die Anfälligkeit des Körpers gegenüber Alter, Krankheit und
Zerfall zu verändern. Die meisten von ihnen gaben unzweifelhaft einzigartige Beispiele von unvergleichlichem Mut und
Tapferkeit in Widerwärtigkeiten, von außerordentlicher Lau-
terkeit des Charakters, von unbeugsamer Wahrhaftigkeit und
anderer lobenswerter Tugenden. Aber in Bezug auf diesen
Aspekt ihres Daseins können die Geschichten aller Nationen
zahlreiche Parallelen auf anderen Gebieten menschlichen Stre-
`bens in Politik und Krieg, Kunst und Literatur, Philosophie
und Wissenschaft, Entdeckung und Erfindung, Reisen und
Abenteuer, sogar in der Räuberei und im Piratentum von normalen Männern und Frauen bringen, die auf eine fast ebenso
große Weise eine oder einige der edlen Züge, die die Heiligen
charakterisieren, zur Schau trugen, ohne daß es jemals versucht
worden wäre, ihre wertvollen Eigenschaften auf eine übernatürliche Macht oder besondere göttliche Gnade zurückzuführen.

Man kann leicht zahllose Beispiele der Herrschaft des Geistes
über die Schwachheit des Fleisches erwähnen. Dies trifft für
jede Nation zu und für jede Epoche in der Geschichte. Sie werden täglich nacherzählt, vor allem in den einfacheren Schichten
der Gesellschaft. Deshalb würde man sich täuschen, wolle man
sie für einen ausschließlichen Zug der Geistigkeit in der gewöhnlichen Bedeutung des Wortes halten oder annehmen, daß
ihr Erscheinen auf irgendeine Weise die Tätigkeit der sonst
unverletzbaren biologischen Gesetze, die die Beziehung zwischen dem Körper und dem Geist regulieren, änderte oder zu-
nichte machte. Wenn sogar das Flattern eines Gedankens oder
der augenblickliche Impuls einer Leidenschaft eine wahrnehmbare Reaktion auf den Körper oder eine klar erkennbare Auswirkung auf ein bestimmtes Organ hat, dann ist es unbegreif-
lich, daß solche übernormalen und außerordentlichen mentalen
Zustände, die mit geistigen Phänomenen verbunden sind, wie
z. B. das Erleben unsichtbarer Wesen, das Hören überirdischer
Stimmen, die Versenkung in verzückende oder ehrfurchterre-

gende Visionen, Trance oder Ekstase oder jede andere Form psychischer Aktivität nicht eine damit übereinstimmende physiologische Reaktion im Körper in Erscheinung bringen sollten. Es wurde beobachtet, daß während der psychischen Erlebnisse oder körperlichen Erscheinungen bei Mystikern und Medien häufig Zeichen von Schwäche, teilweise oder vollständiger Unempfindlichkeit gegenüber der Umwelt, krampfartige Bewegungen und andere Symptome organischer Störung auftreten. Diese Tatsache allein sollte genügen, um die Haltung jener in Frage zu stellen, die die Existenz der Phänomene als selbstverständlich annehmen, als eine vollkommen rechtmäßige Aktivität des Geistes jenseits der organischen Gesetzesordnung, wie auch jener, die ebenso bereitwillig wie selbstgefällig ihre Erscheinung leugnen. Es ist zur Gewohnheit geworden, bei der Behandlung übernormaler Manifestationen des Geistes den Körper zu übergehen und solche Phänomene als mehr oder weniger launenhaftes Geschehen zu behandeln, das den gewöhnlichen biologischen Gesetzen nicht unterworfen ist.

Aller Wahrscheinlichkeit nach besteht ein Grundfehler, der einer falschen Auslegung der religiösen Lehre oder dem Aberglauben entstammt darin, daß der Erkenntnisfähigkeit im Menschen ein völlig unabhängiger Stand beigemessen wird, der durch seine übersinnliche und überkörperliche' Tätigkeit vom Körper völlig abgetrennt wird. Unter dem Einfluß solcher falscher Voraussetzungen verleihen sogar gelehrte Männer häufig einem Dogma Unterstützung, das den menschlichen Geist mit unbegrenzten Kräften versieht, selbst in dem Ausmaß, daß er die höchste Wirklichkeit hinter dem sichtbaren Universum in ihrer Ganzheit zu verstehen oder ihr ein passendes Gefäß für ihre Inkarnation in menschlicher Form zur Verfügung zu stellen vermag. Wenn wir die ungeheure Weite des Universums im Auge behalten, wird die Vorstellung des Schöpfers so überwältigend, daß sie jenseits der Fassungskraft des menschlichen Gehirns bleibt. Selbst das entwickelte Bewußtsein eines Ekstatikers, obwohl in sich selbst eine unzerstörbare universale Substanz, erhaben über den sinnengebundenen menschlichen Intellekt, ist völlig unfähig, die wahre Natur des unermeßlichen Urgrundes zu erfassen. Deshalb ist auch auf dem Gipfel des überbewußten Fluges das Höchste das berühmte Mystiker zu sagen vermochten, zu stückhaft und ungenau, um die Forderung zu rechtfertigen, daß ihre durch übersinnliche Kanäle empfangenen Wahrnehmungen die Wahrheit an sich sind und nicht nur die etwas hellere Ausstrahlung einer entfernten, unvorstellbaren bewußten Sonne. Würde man sich dieser noch mehr nähern, würde es die sofortige Zerstörung eines so schwachen Empfangsgerätes, wie es der menschliche Körper ist, bedeuten. Denn dieser ist in seinem gegenwärtigen Stadium der Entwicklung nicht einmal fähig, das allerwinzigste Maß an Lebensenergie auszuhalten, das überall durch das Universum in unberechenbarem Überfluß aus jener unerschöpflichen Quelle strömt.

Noch klarer ausgedrückt kann der transzententale Zustand nichts weiter sein als ein flüchtiger Einblick in einen winzigen Bruchteil der überbewußten Welt, die erleuchtet wird von den Strahlen einer gewaltigen, unerschaubaren Sonne in derselben Weise, wie wir mit unserer normalen Sicht nur einen kleinen Teil des gigantischen physikalischen Weltalls um uns herum sehen. Da der Körper das Gefäß und der Geist das Produkt der Ausstrahlung ist, die durch ihn gefiltert wird, und die seine zahllosen Zellen wie einen lebendigen elektrischen Strom belebt und die feinfühlige Gehirnmasse zu einem weit höheren Grad der Lebensaktivität anregt als irgendeinen anderen Bereich, kann der ganze Mensch nur einen begrenzten Rand des Bewußtseins erreichen, der von der Fähigkeit des Gehirns und der Tüchtigkeit der verschiedenen Organe und ihrer Teile abhängt.

Durch die großen Beschränkungen, die seinen Sinnen auferlegt sind und die sehr engen Grenzen seines geistigen Horizontes, ist der Durchschnittsmensch, der niemals in seinem Leben mit einem Bewußtseinszustand in Berührung kam, der dem seinen entschieden überlegen ist, ganz unfähig, sich auch nur ein ungenaues Bild zu machen von einer unsterblichen, unkörperlichen bewußten Energie, die unendliches Ausmaß, Durchdringungskraft und Beweglichkeit hat und die gleichzeitig millionenfach in Millionen Lebewesen überall auf der Erde zu wirken vermag. Noch weniger von der unvorstellbar riesenhaften Schöpfung in anderen Teilen des Universums, deren unsichtbarer Wirksamkeit er seine eigene Existenz verdankt. Das Haupthindernis für die Schau eines auch nur etwas höheren Bewußtseins ist die normalerweise unveränderliche und begrenzte Fassungskraft des menschlichen Gehirns. Dieses ist in jedem Menschen nur fähig, eine bestimmte Menge an Lebensenergie für die Tätigkeit des Körpers und des Geistes zu benutzen. Es ist keine Methode bekannt, mit deren Hilfe das Gehirn eines normalen Menschen dazu gebracht werden kann, die Grenzen zu überspringen, die ihm von der Natur gesetzt sind. Wohl kann es durch Studium geschärft und dafür vorbereitet werden, mehr Informationen aufzunehmen und mehr Tatsachen zu verarbeiten. Es ist aber — abgesehen von begabten Menschen, die etwas verschieden beschaffen sind — nicht möglich, die Grenzen des natürlichen Zustandes des Bewußtseins zu überschreiten und in eine höhere Sphäre einzutreten, um dort wahrzunehmen, was vorher nicht wahrnehmbar war, und zu wissen, was vorher nicht gewußt werden konnte.

Die Frage, die beantwortet werden muß, lautet, ob der Übergang von einer Sphäre des Bewußtseins in eine andere bewirkt werden kann und ob es authentische Beispiele davon in der letzten Zeit gibt. Die Antwort auf den ersten Teil der Frage, ist ein klares Ja. Die gesamte Ausrüstung eines jeden Yoga-Systems, eines jeden geheimen Glaubens und jeder esoterischen religiösen Lehre ist auf dieses Ziel gerichtet. Die einzige Schwäche, die diesen Anspruch einem streng wissenschaftlichen Menschen abwegig und fanatisch erscheinen läßt, liegt darin, daß der biologische Prozeß, durch den die Veränderung hervorgerufen werden kann, noch nicht erklärt worden ist. Vermutlich hat man überhaupt noch nicht hieran gedacht, von der falschen Voraussetzung ausgehend, daß der menschliche Geist Eintritt gewinnen könne in die übersinnliche Welt, ohne den Körper dadurch im entferntesten zu berühren. Fast alle Methoden, die seit undenklichen Zeiten benutzt werden, um visionäre Erfahrung oder übersinnliche Wahrnehmung zu gewinnen, wie Konzentration, Atemübung, Körperstellungen, Gebet, Fasten, Askese und dergleichen, wenden sich an beides: an Körper und Geist. Es muß deswegen vernünftigerweise angenommen werden, daß dem Wandel, der durch die erwähnten Mittel in der Sphäre des Denkens hervorgerufen wird, eine Änderung in der »Chemie« des Körpers vorausgehen muß.

Die alten Meister des Yoga waren sich wohl der wichtigen Rolle bewußt, die der Körper bei der Entwicklung der übersinnlichen Kanäle für die Erkenntnis spielt und waren ganz vertraut mit den Methoden, ihre Energien in die erwähnte Richtung zu lenken. Doch mehr an der geistigen als an der körperlichen Seite der Wissenschaft interessiert, maßen sie den biologischen Veränderungen im Körper weniger Bedeutung zu im Vergleich zu dem Erfolg der großen Entwicklungen im Bereich des Geistes. Das allgemeine Niveau des Wissens in jenen Tagen und die Bestrebungen der Zeit schlossen auch die Möglichkeit einer solchen Untersuchung aus. Selbst die Befürworter des Kundalini-Yoga, die mit der Disziplin und Reinigung der inneren Organe beginnen, vermochten nicht, den Körper in der ihm gebührenden Weise anzuerkennen, nämlich als den einzigen erfolgreichen Weg des Yoga, der zur Transzendenz führt.

Es sollte aber aus der Natur der Übungen und der damit verbundenen Disziplin heraus auch dem am wenigsten Unterrichteten klar sein, daß der Punkt, um den sich die ganze Lehre dreht, der lebendige Körper ist. Dieser sollte zu dem erforderten Grad der Anpassung gebracht werden. Die Eingeweihten opferten kostbare Jahre ihres Lebens, um schwierige Stellungen aufrecht zu erhalten, den Dickdarm, den Magen, die Nasenpartie und die Kehle zu reinigen, den Atem beinah bis zum Punkt der Erstickung anzuhalten oder in anderen sehr schweren, ja sogar gefährlichen Übungen Fertigkeit zu erlangen. Im Lichte der in diesem Buche erwähnten Tatsachen ist es nicht schwer, zu erkennen, daß dies alles Zeichen nicht nur einer langandauernden Bemühung sind, den Körper zu reinigen und zu regulieren, um ihn dem erhöhten Stand der Wahrnehmung anzupassen, sondern auch einer harten Vorbereitung des Körpers, um mögliche Schocks, oder den irrsinnig großen Druck beim Ausbruch des Lebensstromes heil zu ertragen. Denn die Befreiung der geistigen Kraft hat drastische organische Änderungen, die sich über Jahre hinziehen, zur Folge. Sie können zum Tod oder zur Unsterblichkeit führen oder auch nur bittere Enttäuschung am Ende eines Lebens hervorrufen, das im unaufhörlichen Streben und in Selbstverleugnung zugebracht worden war. Es ist jedoch vollkommen klar, daß alle Übungen auf die Handhabung eines bestimmten organischen Kontrollsystems im Körper gerichtet wurden, das fähig ist, die ernsthaft ersehnte Vollendung durch geheimnisvolle Mittel zu erzielen, die heute noch weniger verstanden werden als in den alten Tagen.

ZEHNTES KAPITEL

ZWEIFEL UND FRAGEN

Heiteren Gemütes kehrte ich nach Jammu zurück. Meine körperliche und geistige Gesundheit war beinahe wieder hergestellt. Die Furcht vor dem Übernatürlichen und die Abneigung gegen die Religion, die während der ersten Wochen ständig vorhanden waren, verschwanden zum Teil. Lange Zeit konnte ich mir diesen plötzlichen Umschwung eines früher tiefverwurzelten Gefühls nicht erklären. In den Tagen der großen Not war mir diese Veränderung selber ein Rätsel. Ich hatte die Furcht und Abneigung nicht nur gespürt, weil mein ununterdrückbarer Wunsch nach religiöser Erfahrung mich in eine furchtbar gefährliche Lage gebracht hatte, sondern es schien, als habe ein unerklärbarer Wandel in den Tiefen meiner Persönlichkeit stattgefunden, den ich mir beim besten Willen nicht erklären konnte.

Fromm und gottesfürchtig bis zu meiner anormalen Lage, hatte ich nun alle Gefühle der Liebe und Verehrung für das Göttliche, alle Hochachtung für das Sakrale und Heilige, alles Interesse an den Schriften und heiligen Gegenständen verloren. Der Gedanke an das Übernatürliche allein war hassenswert. Ich erlaubte meinen Gedanken auch nicht einen Augenblick daran zu denken. Aus einem Gläubigen wurde ich ein eingefleischter Feind des Glaubens und fühlte einen inneren Aufruhr gegen Menschen, die ich zu Plätzen der Andacht gehen oder von ihnen kommen sah. Ich hatte mich vollständig gewandelt. Ganz frei von jedem religiösen Gefühl wurde ich ein krasser Atheist, ein heftiger Ketzer, das Gegenteil eines religiösen oder geistigen Menschen. Zu Beginn verzweifelt verstrickt in ein Wettrennen mit dem Tod auf der einen und dem Wahnsinn auf der anderen Seite, hatte ich weder die Zeit noch die geistige Verfassung, ernsthaft über das plötzliche Verschwinden eines mächtigen Impulses nachzudenken, der meine Gedanken seit frühester Jugend beherrscht hatte. Nachdem mein Geist wieder klarer wurde, wunderte ich mich immer mehr über diesen ganz unerwarteten Wandel. Als bei Wiederherstellung meiner allgemeinen Gesundheit und bei Rückkehr des Gefühls der Liebe die Abneigung gegen das Übernatürliche anhielt, fand ich mich des religiösen Verlangens entblößt, als wäre ich davon rein gewaschen. Ich fühlte mich nicht wohl bei dem Gedanken, daß vielleicht nicht Kundalini in mir lebendig war, die als ein unerschöpflicher Brunnen an göttlicher Liebe und als ewige Quelle der Geistigkeit galt, sondern daß eine üble Macht der Dunkelheit mich in die Tiefe der Irreligiosität und Unfrömmigkeit zog. In solchen Augenblicken kehrten die Worte des Brahmanen Sadhu, den ich im vorangegangenen Winter aufgesucht hatte, mit unheilvoller Bedeutung zurück. Er sagte langsam und jedes Wort betonend, so daß es tief in mein furchtbar erregtes Gemüt einsank, daß die Symptome, die ich erwähnt hatte, keineswegs Kundalini zugeschrieben werden könnten, dem Meer der Glückseligkeit. Sie könnte niemals mit etwas Schmerzendem und Störendem verbunden sein. So sei meine Krankheit sehr wahrscheinlich dem Einfluß bösartiger Naturgeister zuzuschreiben. Ich war entsetzt über diese Worte, die zu einem Mann gesprochen, der verzweifelt mit dem Wahnsinn rang, mit Gewißheit seinen Tod bedeuten mußten, da jeder Funke an Hoffnung ihn verließ. In den dunkelsten Augenblicken kamen diese Worte zu mir zurück, um den letzten Funken an Vernunft auszulöschen, der noch um das Dasein kämpfte. Wieder gesund, aber noch seltsam verändert durch ein starkes ausgeprägtes Erlebnis, kam die schreckliche Idee mit überwältigender Macht zurück, um mich zu jagen, wenn ich keine befriedigende Antwort für den Wandel finden konnte.

Kurz bevor ich nach Jammu zurückkehrte, hatte ich die sachten Regungen des offensichtlich toten Impulses wieder gespürt. Das geschah für gewöhnlich in den frühen Morgenstunden, sofort nach Erwachen, als ob sich der erfrischte Zustand des Gehirns leisten könnte, dem verschwundenen Drang eine Gelegenheit zu geben, für einen kurzen Augenblick schattenhaft aufzutauchen. Dann beschäftigten sich meine Gedanken meist mit den Lebensgeschichten bestimmter Mystiker, deren Worte einst einen tiefen Eindruck auf mich gemacht hatten. Während der vorangegangenen Monate hatte ich sie ganz vergessen. Als ich sie durch Zufall zurückholte, rief die Erinnerung in mir keine Wärme mehr hervor. Für gewöhnlich wandte ich meine Gedanken anderen Dingen zu, um nicht mehr hierüber nachdenken zu müssen. Jetzt kehrte ihre Erinnerung wie früher für einen Augenblick zurück. Die Süßigkeit aber war mit einer gewissen Bitterkeit durchtränkt, denn die Mystiker hatten nichts deutliches über die schreckliche Prüfung gesagt, durch die auch sie in der einen oder anderen Form geschritten sein mußten. Nichts haben sie über die Gefahren und Fallgruben des Weges geschrieben, auf denen auch sie gewandelt sein müssen und der allen gemeinsam sein muß, um das Ziel zu erreichen, das allen offensteht. Wenn sie ebenso wie ich gelitten hatten, oder auch nur einen Teil davon und aus den Schwierigkeiten aufgestiegen waren, um begeisternde Verse zu dichten, die mein Herz vom ersten Hören an gefangen hielten, dann waren sie in der Tat der größten Verehrung würdig, weit mehr als ein Mensch wie ich, der geschüttelt und gerüttelt wurde von derselben Prüfung.

Ein paar Wochen nach meiner Ankunft in Jammu bemerkte ich, daß der Graben sich schnell füllte und meine religiösen Gedanken, Gefühle und Erinnerungen sich wieder rasch belebten. Ich fühlte wieder den tiefen Wunsch nach religiöser Erfahrung und hatte dasselbe allumfassende Interesse am Übernatürlichen und Mystischen. Ich konnte wieder allein dasitzen und über das unbeantwortete Problem des Seins nachsinnen oder heiligen Gesängen und mystischer Dichtkunst mit unverminderter Verzückung vom Anfang bis zum Ende lauschen, ohne das leiseste Zeichen von Störung oder eines Symptoms der mich verfolgenden Angst. Wenn dies geschah, dann schwand die schwere Wolke eines bösen Geistes, die mich niederzog und mein Herz weitete sich in Dankbarkeit zu der geheimnisvollen Macht, die in mir wirkte. Erst jetzt begann ich mich selber zu erkennen, das Wesen, das vor ungefähr einem Jahr mit gekreuzten Beinen in der Meditation versunken saß, entschlossen, das Übersinnliche anzurufen, in seiner Unwissenheit kaum ahnend, daß der Körper des Durchschnittsmenschen von heute, durch eine fehlerhafte Zivilisation, durch ungezügelten Ehrgeiz und leidenschaftliche Wünsche verweichlicht und geschwächt, nicht mehr stark genug ist, den Glanz der mächtigen Schau zu ertragen ohne lang andauernde Übung, Enthaltsamkeit und Disziplin.

Langsam verstand ich, daß die unerwartete Befreiung der

machtvollen Lebensenergie durch einen falschen Nerv, Pingala, die furchtbaren Qualen verursacht hatte, die ich am Anfang durchlitt. Der heiße Wind, der durch meine Nerven und meine Gehirnzellen fuhr, hätte mich unweigerlich zu Tode getrieben, wäre nicht in letzter Minute die wunderbare Rettung geschehen. Später hatte mein Leiden wahrscheinlich einen Grund: Es war der Schaden in meinem Nervensystem und die Tatsache, daß ich völlig uneingeweiht in das Geheimnis war. Die hauptsächlichste Ursache aber war der Umstand, daß mein Körper, obwohl dem durchschnittlichen an Muskelkraft überlegen, inwendig nicht genug entwickelt war, um ungestraft dem plötzlichen Ansturm einer kraft- und machtvollen Lebensenergie zu widerstehen, die weit überlegen jener war, an die der Körper des Durchschnittsmenschen normalerweise gewöhnt ist. Ich hatte genug erfahren, um zu verstehen, daß diese machtvolle geistige Kraft, einmal, wenn auch durch Zufall, losgelassen, nicht mehr davon zurückgehalten werden kann, den Menschen vorwärts und aufwärts zu einem höheren und durchdringenderen Bewußtsein zu heben, dessen einziges und alleiniges Instrument sie ist. Das Erwachen von Kundalini, so schien es mir, bedeutete die Einführung einer höheren Form von Nervenkraft in den menschlichen Körper durch die ständige Sublimierung des menschlichen Samens. Dies führt letztlich zu dem leuchtenden transzendentalen Bewußtsein, das später immer weiter glüht im verwandelten Gehirn eines erfolgreich Eingeweihten.

Ich dachte in dieser Weise nach, ohne der Richtigkeit meiner Annahmen gewiß zu sein. Ich hatte eine einzigartige Erfahrung gemacht. Aber wie konnte ich sicher sein, daß ich nicht das Opfer einer pathologischen, nur mir eigenen Krankheit war? Wie konnte ich Sicherheit haben, daß ich nicht in dieser besonderen Hinsicht litt, während ich im übrigen normal war? War es in meinem Fall das unerwartete Ergebnis einer langjährigen Konzentration und einer zu tiefen Versenkung in das Okkulte? Hätte ich einen Bericht über Erfahrungen gehabt, die auch nur im Entferntesten der meinen glichen oder einen wirklich sachverständigen Lehrer, der mich hätte führen können, dann wären meine Zweifel damals sofort und für immer gelöst worden. Das hätte vielleicht den Lauf meines ganzen Lebens geändert, und eine zweite, ebenso lange und ebenso furchtbare Leidenszeit, wie ich sie soeben erlebt hatte, wäre mir erspart geblieben.

Als ich immer noch nicht die Entfaltung irgendeines außerordentlichen Talentes oder einer übernormalen Fähigkeit bemerken konnte, fuhr ich fort, mich mit ernsten Zweifeln zu quälen über die tatsächliche Natur des anormalen Zustandes, dessen Opfer ich war. Das ewig gegenwärtige Leuchten, das meinen Kopf mit Glanz umgab, das Glühen entlang der vielen Nervenbahnen im Körper, das hier und dort wunderbar und manchmal sogar furchterregend strömte, hatte wenig gemeinsam mit den strahlenden Visionen, die Mystiker und Yogis beschrieben hatten.

Außer dem Schauspiel eines Lichtkreises um den Kopf, das jetzt ständig da war, und eines erweiterten Bewußtseins fühlte und sah ich nichts Außerordentliches, das auch nur im geringsten dem Überbewußten nahekam. In allen praktischen Dingen war ich derselbe Mann, der ich immer gewesen war. Der einzige Unterschied war, daß ich die Welt in einem größeren geistigen Spiegel sah. Es ist sehr schwer für mich, den Wandel in meiner Erkenntnisfähigkeit genau auszudrücken. Ich kann es vielleicht am besten so beschreiben: Es schien, als ob ein vergrößertes Bild der Welt jetzt im Geiste geformt wurde, nicht im Sinne einer Vergrößerung durch ein Mikroskop, sondern, als ob das Bild der Welt jetzt auf einer größeren bewußten Oberfläche als zuvor dargestellt wurde. Mit anderen Worten: Es schien, als habe das wissende Selbst ein erweitertes Ausmaß erreicht.

Ich wurde schon in einem früheren Stadium dieser unerklärbaren Änderung gewahr. Damals aber war ich noch nicht in der Lage, mich ernsthaft damit zu beschäftigen. Ich nahm es als selbstverständlich an, daß der Wandel durch den leuchtenden Dampf, der in mein Gehirn strömte, verursacht wurde. Wie ich schon erwähnte, änderten sich die Dimensionen dieses hängenden Nebels in meinem Kopf beständig, indem sie eine Erweiterung und ein Zusammenschrumpfen des Bewußtseins bewirkten. Die rasche Änderung im Spiegel der Wahrnehmung, begleitet von einer immer gegenwärtigen tödlichen Angst, war der erste sehr niederschlagende und aufwühlende Zug meiner unheimlichen Erfahrung. Als die Zeit fortschritt, wurde die Erweiterung immer offensichtlicher, die Verengung seltener; aber selbst noch im engsten Zustand der Wahrnehmung war mein Bewußtsein größer als vorher. Ich mußte diesen auffallenden Wandel, der so deutlich und manchmal plötzlich in mir geschah, wahrnehmen. Er führte mich von einem Bewußtseinszustand förmlich über Nacht in einen anderen. Wäre der Übergang allmählich geschehen ohne die anderen Begleitumstände, wie die strahlenden Ströme im Rückenmark und die außerordentlichen Empfindungen, die das ganze Phänomen so auffallend und sonderbar machten, dann hätte ich die Erweiterung wohl gar nicht gespürt, ebenso, wie man nicht die ganz leichten täglichen Veränderungen in seinem eigenen Gesicht wahrnimmt, die sofort einem Freund nach einer langen Trennung auffallen.

Da der Wechsel im Zustand meines Bewußtseins der wichtigste Teil meiner Erfahrung ist, auf die ich die Aufmerksamkeit lenken möchte und das weitreichendste Ergebnis hatte, ist es notwendig, etwas mehr über diese außerordentliche Entwicklung zu sagen, die ich eine lange Zeit für eine Abweichung vom Normalen und eine Täuschung hielt. Der Zustand des erhöhten und erweiterten, von einer unaussprechlichen überirdischen Glückseligkeit durchströmten Bewußtseins, den ich beim ersten Auftreten des Schlangenfeuers in mir erlebte, war ein inneres, subjektives Phänomen. Es deutete auf eine Erweiterung des Feldes der Wahrnehmung oder auf das erkennende Selbst, das, formlos, unsichtbar und unendlich fein, der Beobachter im Körper ist jenseits aller Wahrnehmung, unmöglich zu bezeichnen oder zu bestimmen. Aus einer Bewußtseinseinheit, die das Ich beherrscht und an die ich seit Kindheit gewohnt war, erweiterte ich mich plötzlich in einen glühenden bewußten Kreis, der immer größer wurde, bis ein Höchstmaß erreicht war. Das »Ich« blieb, wie es war, aber, anstatt eine begrenzte Einheit zu sein, war es jetzt selbst umgeben von einer glänzenden bewußten Kugel von ungeheuren Weiten. Aus Mangel an einem besseren Vergleich möchte ich sagen, daß aus einem kleinen glühenden Punkt des Gewahrseins in mir ein großes strahlendes Lichtmeer wurde. Das »Ich« tauchte darin ein, war sich jedoch voll bewußt des strahlenden, segensreichen Ausmaßes an Bewußtsein, von dem es nah und fern umgeben war. Genauer gesagt: Es gab das Ichbewußtsein und ein erweitertes Feld der Wahrnehmung, die beide nebeneinander existierten, aber voneinander verschieden waren.

Dieses bemerkenswerte Phänomen, das unauslöschlich meinem Gedächtnis eingeprägt ist, so lebhaft, wenn ich es heute zurückrufe, wie zu der Zeit, da es sich ereignete, wurde in seinem ursprünglichen Glanz niemals mehr wiederholt — es sei denn, sehr viel später. Während der folgenden schweren Wochen und Monate bestand absolut kein Vergleich zwischen meiner ersten Erfahrung und der folgenden äußerst beunruhigenden geistigen Lage. Außerdem wurde ich schmerzhaft gewahr, daß eine Erweiterung irgendwie in dem ursprünglichen Bereich meines Bewußtseins stattgefunden hatte, die häufig teilweisen Verengungen unterlag.

Als ich wieder nach Jammu kam, hatte ich mein geistiges Gleichgewicht zurückgewonnen. Bald danach war ich wieder hergestellt mit all meinen individuellen Zügen und Besonderheiten. Aber die unmißverständliche Änderung in meiner Erkenntnisfähigkeit, die ich seit einiger Zeit bemerkt hatte und an die ich ständig erinnert wurde, wenn ich einen äußeren Gegenstand oder ein inneres geistiges Bild betrachtete, änderte sich nicht. Nur wurde im Lauf der Zeit der leuchtende Kreis in meinem Kopf fast unmerklich größer. Diesem entsprach eine Zunahme des Bewußtseinsbereiches. Es war sicher, daß ich nun mit einer etwas größeren geistigen Oberfläche ins Universum schaute und daß infolgedessen das Bild der Welt, das ich empfing von einer größeren Oberfläche widergespiegelt wurde als es die meiner Kindheit vor dem ersten ekstatischen Erlebnis gewesen war. Der Umfang meines Bewußtseins war unleugbar gewachsen; denn ich konnte mich in einer Tatsache, die während der wachen Stunden ständig vor mir stand, nicht täuschen.

Dieses Phänomen war so seltsam und so außerhalb des Normalen, daß ich überzeugt war, es würde sinnlos sein, von mir aus nach einem gleichen zu suchen, selbst wenn die unheimliche Umwandlung durch das Wirken einer erwachten Kundalini geschah und nicht eine einzigartige Absonderlichkeit war, die nur mich betraf. Da ich auch die Sinnlosigkeit einsah, dieses ungewöhnliche und ungehörte Geschehen anderen zu offenbaren, behielt ich das Geheimnis vollkommen für mich und sagte selbst denen nichts, die eng mit mir verbunden waren. Meine körperliche und geistige Lage gab mir keinen Grund mehr zur Beschwerde mit Ausnahme dieser unaussprechlichen Besonderheit. So hörte ich allmählich auf, mich darum zu kümmern.

Wie ich schon in einem früheren Kapitel erwähnte, schien es mir im Anfangsstadium meiner Erfahrung, als ob ich die Welt durch einen mentalen Nebel betrachtete oder, klarer ausgedrückt, als ob ein dünner Schleier von äußerst feinem Staub zwischen mir und den wahrgenommenen Gegenständen lag. Es war kein optischer Fehler; denn mein Augenlicht war so scharf wie immer und der Schleier schien nicht das Sinnes-, sondern das Wahrnehmungsorgan einzuhüllen. Der Staub lag auf dem Bewußtseinsspiegel, der die Bilder der Gegenstände reflektierte. Es schien, als ob die wahrgenommenen Gegenstände durch ein weißliches Medium angeschaut würden, das sie so aussehen ließ, als ob ein äußerst feiner und gleichmäßiger Mantel von Kreidestaub über sie gelegt wäre, ohne im geringsten die Gestalt oder Farbe zu beeinträchtigen, die jedem zu eigen war. Der Mantel hing zwischen mir und dem Himmel, den Zweigen und Blättern der Bäume, dem grünen Gras, den Häusern, den gepflasterten Straßen, den Kleidern und Gesichtern der Menschen und verlieh allen ein fahles Aussehen. Es war, als ob das Bewußtseinszentrum in mir, das die Sinneseindrücke übertrug, durch ein weißes Medium wirkte, das einer weiteren Verfeinerung und Reinigung bedurfte, um vollkommen durchsichtig zu werden.

Wie bei der Vergrößerung des sichtbaren Bildes konnte ich für diese weißliche Erscheinung keine passende Erklärung finden. Ein Wechsel an Zeit, Ort oder Wetter übte absolut keine Wirkung auf diese Umwandlung aus. Sie war ebenso sichtbar im Lampenlicht wie unter der Sonne, so bemerkbar im klaren Schein des Morgens wie in der Dämmerung. Offensichtlich vollzog sich der Wandel innerlich und war nicht abhängig von Änderungen, die von außen kamen. Überrascht, doch stumm, lebte ich meine Tage und Nächte in Jammu, ging ich meinen Pflichten nach und gab mich meinen Aufgaben hin wie die anderen es auch taten. Der einzige erklärbare Grund für diese Veränderung in meiner Erkenntnisfähigkeit, den ich annehmen konnte, war die Tatsache, daß das belebende Prinzip, das den Körper bewohnt, diesen jetzt durch eine unveränderte Lebenskraft zu einer Wandlung der Eigenschaften und des Verhaltens der Nervenströme führte, die die Funktionen der Organe und die Qualität der Sinneseindrücke und ihre Deutung durch den beobachtenden Geist regulierten. Aber alles, was geschehen war und noch geschah war so unvorhergesehen und unglaubhaft, daß ich es in meinem Gemüt einfacher fand, es eher wie eine Anormalität zu behandeln als ein natürliches Wachstum, das regiert wird von biologischen Gesetzen, wie es sich letztlich auch herausstellte. Auf diese Weise verbrachte ich, eine Beute des Zweifels und der inneren Unruhe, meine Zeit bis zu einem sonnigen Tag, an dem ich auf dem Weg zu meinem Büro zufällig auf die Vorderseite des Rajgarh Palastes schaute, in dem die Regierungsämter untergebracht waren. Ich blickte zum Himmel wie auch auf das Dach und den oberen Teil des Gebäudes. Zuerst schaute ich nur flüchtig, dann wurde ich durch etwas Seltsames in ihrem Aussehen betroffen und sah aufmerksamer hin, unfähig, meinen Blick zurückzuwenden. Wie angewurzelt starrte ich voller Staunen auf das Schauspiel und wollte meinen Augen nicht trauen. Ich gewahrte eine Szene, die mir vor der Erfahrung auf die eine, während der letzten Monate aber auf eine andere Weise vertraut war. Doch was ich jetzt sah, war so außerordentlich, daß es mich vor Verwunderung still stehen ließ. Ich blickte auf ein Schauspiel, das nicht zur Erde gehörte, sondern in ein Märchenland: Das alte, vom Wetter beschädigte, ungeschmückte und gewöhnliche Vorderteil des Gebäudes und darüber der Himmelsbogen im klaren Lichte der Sonne gebadet, waren beide mit einem strahlenden Silberglanz überzogen, der ihnen eine Schönheit und einen Glorienschein verlieh und ein so wunderbares Licht und Schattenreflexe, daß es unmöglich zu beschreiben ist. Vom Wunder überwältigt, wandte ich meine Augen in andere Richtungen, fasziniert von dem Silberschein, der alles verklärte. Der Glanz, den ich auf allen Seiten und in allen Gegenständen erblickte, strahlte nicht von diesen aus, sondern war unzweifelhaft eine Widerspiegelung meiner eigenen inneren Strahlung.

ELFTES KAPITEL

VERWANDELTE SCHAU

Ganz vertieft in die Betrachtung des entzückenden Anblicks verlor ich die Berührung mit der Umwelt. Ich vergaß, daß ich wie eine Statue in der Mitte der Straße stand, die um diese Zeit des Tages dichtgedrängt war von einer Menge Angestellter, die zum Ministerium gingen. Meine Gedanken sammelnd, wie einer der plötzlich aus einer glückseligen Vision erwacht, blickte ich mich um. Ich konnte nur mit Schwierigkeit meine Augen von dem bezaubernden Anblick abwenden. Viele Augenpaare aus der schnell sich bewegenden Menge auf jeder Seite blickten mich verwundert an und konnten sich nicht mein plötzliches Anhalten und die folgende Unbeweglichkeit erklären. Ich nahm mich zusammen und ging lässig zu meinem Amt. Ganz unvorbereitet für eine solche Entwicklung, konnte ich einfach nicht glauben, daß das, was ich sah, Wirklichkeit war und keine Vision. Sie hätte heraufbeschworen sein können von meiner Einbildung, die zu einer größeren Aktivität angeregt war durch den verwirrenden Strahlenkranz, den ich immer rund um meinen Kopf spüren konnte. Bewußt schaute ich geradeaus und dann immer wieder in die Runde. Ich rieb meine Augen, um mich zu vergewissern, daß ich nicht träumte. Nein. Ich stand wirklich im Hof des Sekretariats, bewegte mich langsam durch eine sich tummelnde Menge, die nach allen Richtungen eilte. Ich war in jeder Hinsicht wie sie alle, nur daß ich mit einer anderen Schau auf die Welt blickte.

Ich betrat mein Zimmer, aber anstatt mich an meinen Schreibtisch zu setzen, ging ich auf die Veranda. Dort atmete ich für gewöhnlich täglich ein bißchen frische Luft ein, während ich mich der schönen Aussicht erfreute. Eine Reihe Häuser standen vor mir. Sie wurden von einer steilen Holzböschung abgeschnitten, die zum Tawi-Fluß führt, dessen weites von großen

Steinen bedecktes Bett in der Sonne glitzerte. In der Mitte floß ein dünner Wasserstrom. Auf der gegenüberliegenden Seite grenzte er an einen anderen Hügel mit einer kleinen mittelalterlichen Festung auf der Höhe. Ich hatte auf diese gleiche Aussicht täglich im Winter viele Jahre lang geschaut und das Bild war lebendig in meiner Erinnerung. Während der vergangenen Monate fand ich, daß es größere Ausmaße und dieselbe fahle Erscheinung angenommen hatte, die ich an allen anderen Gegenständen festgestellt hatte. Als aber an jenem denkwürdigen Tag meine Augen über das Flußbett zum Hügel hin glitten und von dort zum Himmel, versuchte ich das ganze Panorama mit einem Blick zu umfassen. Ich wollte einen Vergleich ziehen zwischen dem, was ich früher zu sehen gewohnt war und dem, was ich jetzt wahrnahm und war ganz erstaunt über die bemerkenswerte Veränderung. Die vergrößerten Dimensionen des Bildes und das leichte fahle Aussehen waren wieder da, aber der staubige Dunst vor meinen Augen war verschwunden. Stattdessen sah ich gebannt auf eine außerordentlich reiche Mischung von Farbe und Schatten, die in einem Silberglanz strahlte, der der Szene einen unbeschreiblichen Zauber verlieh.

Atemlos vor Aufregung wandte ich meine Augen in alle Richtungen, beschaute jeden Gegenstand aufmerksam, eifrig bemüht herauszufinden, ob ich die Umwandlung in allem spüren konnte oder ob es eine Täuschung war, die durch das besonders klare und sonnige Wetter an jenem Tage verursacht wurde. Ich schaute und schaute und ließ meinen Blick verweilen. Nach jedem bewußten Blick mehr davon überzeugt, daß ich kein Opfer einer optischen Täuschung war, sah ich eine leuchtendfarbige wirkliche Szene vor mir, die in einem milchigen Glanz erstrahlte, den ich nie zuvor wahrgenommen hatte. Eine Flut von Gefühlen, zu tief, um sie auszudrücken, bewegte mein ganzes Wesen. Tränen sammelten sich gegen meinen Willen in meinen Augen. Ich war erschüttert über die Bedeutsamkeit der neuen Entwicklung in mir. Auch noch durch Tränen konnte ich die zitternden Strahlen des silbernen Lichtes wahrnehmen, das vor mir tanzte und die glanzvolle Schönheit der Szene noch erhöhte. Es war nicht schwierig zu verstehen, daß, ohne mein Gewahrwerden, eine außerordentliche Verwandlung in dem jetzt erleuchteten Zentrum der Erkenntnis in meinem Gehirn stattgefunden hatte und daß der hinreißende Glanz, den ich um jeden Gegenstand herum sah, weder ein

Stück meiner Einbildung war noch zu den Gegenständen gehörte. Es war eine Widerspiegelung meines eigenen inwendigen
Strahlens.

Tage und Wochen vergingen ohne eine Veränderung der
strahlenden Sicht. Ein glänzender Silberschein um jeden Gegenstand, das ganze Blickfeld entlang, wurde zu einer ständigen
Gegebenheit in meinem Wesen. Der blaue Dom des Himmels
hatte, wann immer ich zufällig zu ihm blickte, eine Reinheit
der Farbe und eine Leuchtkraft, die nicht zu beschreiben ist.
Hätte ich dieselbe Art der Sicht von meiner frühen Kindheit
an gehabt, dann hätte ich jetzt nichts Auffallendes daran gefunden und für eine natürliche Eigenschaft jedes normalen
Menschen gehalten. Die Änderung vom früheren zum gegenwärtigen Zustand aber war so auffallend, so bemerkenswert
und fesselnd, daß ich nur sehr bewegt und überrascht sein
konnte. Als ich die anderen Sinnesorgane untersuchte, erkannte
ich, daß auch eine Erweiterung und Verfeinerung des Gehör-
sinnes stattgefunden hatte. So bekamen die Töne, die ich jetzt
hörte, eine exotische Klangfarbe und eine Deutlichkeit, die der
Musik und Melodie eine große Süßigkeit, dem Lärm und Ge-
schrei aber eine unerträgliche Rauheit verliehen. Diese Änderung aber war nicht so betont und auffallend wie die Wandlung der von den Augen wahrgenommenen Eindrücke. Sie trat
auch erst viele Jahre später ein.

Die Geruchs-, Geschmacks- und Tastzentren entfalteten auch
eine besondere Empfindsamkeit und Schärfe, die deutlich wahrnehmbar waren, aber in der Großartigkeit nicht mit dem zu
vergleichen, was sich mit meiner Sicht ereignet hatte. Ich konnte
dieses Phänomen auch während der Dunkelheit beobachten.
Des Nachts glühten die Lampen mit einem neuen Strahlen,
während die beleuchteten Gegenstände in einem besonderen
Glanze glitzerten, der nicht von den Lampen stammen konnte.

Im Laufe von einigen Wochen hörte die Verwandlung auf,
mich in Verwunderung oder Aufregung zu versetzen. Allmählich behandelte ich sie wie einen untrennbaren Teil meiner
selbst, als eine normale Eigenschaft meines Wesens. Wo immer
ich hinging und was immer ich tat, ich war meiner selbst in der
neuen Art bewußt. Ich erkannte das Strahlen im Innern und
die glänzenden Gegenstände außen. Ich verwandelte mich. Das
alte Selbst gab einer neuen Persönlichkeit mit einer leuchtenden,
mehr verfeinerten und künstlerischen Erkenntniskraft Raum,

die sich aus der ursprünglichen durch einen seltsamen Prozeß der Wandlung in Zellen und Organen entwickelt hatte.

Gegen Mitte April jenes Jahres ging ich, bevor ich nach Srinagar abreiste, mit den heiligen Reliquien meiner verstorbenen Mutter nach Hardwar. Zu meinem großen Kummer hatte ich sie ein Jahr vor meiner Erfahrung verloren. Ich war einmal zuvor nach dem Tod meines Vaters aus einem ähnlichen Grund in Hardwar gewesen. Während der ganzen Eisenbahnfahrt und der wenigen Tage, die ich in Hardwar blieb, wurde ich ständig an den wunderbaren Wandel in mir erinnert. Ich reiste dieselbe Strecke, sah dieselben Bahnhöfe, Städte und Umgebungen, bis ich den Bestimmungsort erreichte und dort auch dieselben Verhältnisse und Gebäude, sah denselben Ganges mit seinem schnell dahinfließenden Saphir-Wasser, dieselben Badeplätze und Landungsstellen voller Pilger. Alles war, wie ich es zuletzt gesehen hatte, aber wie verschieden war das Bild, das ich jetzt wahrnahm! Jeder Gegenstand bildete nun Teil eines sehr erweiterten Gesichtswinkels im auffallenden Gegensatz zum früheren. Alles war von einem Glitzern erfüllt. Nachdem ich die heiligen Riten vollzogen hatte, kehrte ich nach Jammu zurück, erfrischt durch die Veränderung und nunmehr fest überzeugt von der neuen Entwicklung in mir. Bald danach ging ich mit meinem Ministerium wie üblich nach Srinagar.

Jahre vergingen. Meine Gesundheit und Vitalität waren wieder vollständig hergestellt. Ich konnte erneut lange Zeit hintereinander lesen ohne zu ermüden und sogar meiner Lieblingsbeschäftigung, dem Schachspiel, nachgehen, das für Stunden große Aufmerksamkeit verlangte. Die Diät wurde normal; das einzige, was mich an meine Erfahrung erinnerte, war eine Tasse Milch am Morgen und eine andere am Nachmittag mit einer Scheibe Brot. Ich konnte jedoch kein Fasten mehr aushalten, ohne dafür gestraft zu werden. Wenn ich aber gezwungen wurde zu fasten, beeinträchtigte mich dieses nicht übermäßig. Trotzdem war es leicht zu entdecken, daß ich geistig nicht mehr das alte Selbst war. Der Glanz im Innen und Außen wurde im Laufe der Zeit immer wahrnehmbarer. In meiner Innenschau konnte ich genau den Fluß der leuchtenden Lebensströme durch das Netzwerk der Nerven in meinem Körper wahrnehmen. Ich konnte eine lebendige Silberflamme mit einem feinen goldenen Rand deutlich im Innern meines Gehirns, an meiner Stirn entdecken. Meine Gedankenbilder waren lebendig und strahlend und jeder Gegenstand, den ich ins Gedächtnis rief, besaß Strahlen gleicher Art wie in der konkreten Form.

Meine Reaktion auf Ansteckung und Krankheit war jedoch nicht normal. In jeder Krankheit waren die für sie zutreffenden Symptome, doch in milder Form, vorhanden und für gewöhnlich hatte ich keine Temperatur. Die Schnelligkeit des Pulses war das Hauptanzeichen für das Unwohlsein, aber es war selten, daß es mit Erhöhung der Hitze im Körper übereinstimmte, wie es sonst bei Krankheiten der Fall ist. Diese Besonderheit kann man noch jetzt beobachten. Ich kann sie mir nur dadurch erklären, daß mein hochnervöser Körper aus Sicherheitsmaßnahmen nicht den Fluß erhitzten Blutes in mein Gehirn zuläßt, um eine Verletzung der sehr empfindsamen Gehirnmasse zu vermeiden. Deshalb hat die Krankheit andere Einfälle, den Körper von der Infektion zu befreien. Ich konnte während der Krankheit oder des Fastens keine Medikamente vertragen und hielt deshalb Diät, um mich wieder wohl zu fühlen.

Ich habe viel ausgesagt über die Arbeit meines Gehirns und Nervensystems während der wachen Stunden, habe aber noch nichts erwähnt über ihr Wirken während des Schlafes. Das erste Mal, daß ich einer Änderung meines Traumbewußtseins gewahr wurde, war des Nachts im Februar 1938, als ich die Krise überstanden hatte und nach vielen Wochen der Schlaflosigkeit, die von Wahnsinnszuständen begleitet waren, wieder den Schlaf kostete. In jener Nacht schlief ich ein, in einen Mantel von Licht gehüllt, der auch in den Träumen wahrnehmbar war. Von dem Tage an hatte ich äußerst lebhafte Träume. Der strahlende Glanz in meinem Kopf, im Wachen immer gegenwärtig, hielt auch beim Schlafen unvermindert an. Wenn überhaupt ein Vergleich möglich ist, dann war er klarer erkennbar und wirksamer während der Nacht als während des Tages. Sobald ich meinen Kopf auf das Kissen niederlegte und meine Augen schloß, um den Schlaf einzuladen, war das erste, das meine ganze Aufmerksamkeit anzog, das Glühen im Gehirn, das in der Dunkelheit klar erkennbar war. Es war nicht gleichbleibend und stetig, sondern breitete sich aus und zog sich wieder zusammen wie ein Wirbel sich drehenden Wassers im Sonnenlicht. Am Anfang und viele Monate lang schien es, als ob ein Kolben, der am Fuß der Wirbelsäule im Rückenmark arbeitete, Strom auf Strom einer leuchtenden, nicht fühlbaren aber klar erkenntlichen Flüssigkeit mit einer solchen Macht heraufpreßte, daß ich tatsächlich fühlte, wie mein ganzer Körper durch diesen Anprall des Stromes geschüttelt wurde, so sehr, daß das Bett manchmal unter mir krachte.

Die Träume waren wundervoll und erschienen immer vor einem leuchtenden Hintergrund, der durch das weite strahlende innere Glühen gebildet wurde und auch den Traumbildern ein seltsam leuchtendes Aussehen verlieh. Jede Nacht wurde ich während des Schlafes in ein glitzerndes Märchenland entführt. In Glanz gehüllt, glitt ich federleicht von einem Ort zum andern. Szene auf Szene von unaussprechlicher Herrlichkeit entfaltete sich vor meinen Augen. Die Erscheinungen hatten normalen Traumcharakter. Es fehlte ihnen oft der innere Zusammenhang. Obwohl seltsam, unwirklich und fantastisch, besaßen sie einen visionären Charakter. Landschaften von einer Weite und Großartigkeit umgaben sie, die man selten in Wirklichkeit sieht. In meinen Träumen hatte ich oft ein Gefühl der Sicherheit und Zufriedenheit. Alles Störende und Disharmonische war verschwunden. Alles war in Frieden und Freude gehüllt. Das gab meiner Traumpersönlichkeit einen so einzigartigen und anziehenden Charakter, daß ich niemals verfehlte, mir zehn Stunden zu nehmen. Wenn ich am Tag zerrüttet und traurig war, dann suchte ich die Heiligkeit des Schlafes, um mich von Sorge und Furcht zu befreien. Die Traumbilder folgten dem Modell meiner neuen Persönlichkeit und waren in denselben leuchtenden Stoff verwoben, der das Gewebe meiner Tagesgedanken und Vorstellungen ausmachte. Es war jenseits allen Zweifels klar, daß das Licht nicht nur mein Oberflächenbewußtsein durchfloß, sondern bis in die letzten Tiefen meines Unbewußten gedrungen war.

Im Laufe der Zeit begann der Gedanke in mir Fuß zu fassen, daß die erhöhte Wirksamkeit strahlender Ströme während des Schlafes ein Anzeichen dafür war, daß auf irgendeine Weise die Möglichkeit eines passiven Zustandes des Gehirns dazu ausgenutzt wurde, um dieses und die komplizierte Nervenstruktur außer Funktion zu setzen zugunsten der kürzlich freigewordenen dynamischen Kraft und anstelle der früheren weniger wirksamen Lebensenergie. Aber Jahre lang konnte ich die Vorgänge in mir nicht verstehen. Ich hatte einiges in alten Büchern über Kundalini gelesen, das auf eine mögliche Wandlung der göttlichen Kraft hinwies. Die Andeutungen aber waren so unklar und ermangelten der Einzelheiten, daß ich nicht verstehen konnte, wie der menschliche Organismus mit einer feststehenden Mitgift zahlloser Erbveranlagungen, die auf Millionen von Jahren zurückgehen und die ihn in eine bestimmte Form gebracht haben — ausgestattet mit einer fest begrenzten Denkkraft und Intelligenz — nun plötzlich von Innen her neu erschaffen und umgewandelt werden sollte. Und dies in eine ganz unterschiedlichere oder höhere Art des Denkens, die den Menschen befähigt, die von der Natur seit seiner Geburt gesetzten Grenzen zu überschreiten. Wenn man die organischen Wandlungen in Rechnung stellt, die ein solcher Vorgang erforderlich macht, und die in gleicher Weise alle Teile des Körpers ebenso wie die äußerst feinen Gewebe des Gehirns und des Nervensystems beeinflußt, dann erlangt die Aufgabe der Verwandlung unter Berücksichtigung ihrer wahren Bedeutung ein solches ungeheueres Ausmaß, daß sie fast jenseits der Grenzen des Möglichen zu liegen scheint.

Aber etwas ganz Unerklärliches ereignete sich in meinem Körper vor allem während der langen Zeit des Schlafes, wenn mein untätiger Wille machtlos war, auf die neue ungeheuer beschleunigten anabolischen und katabolischen Prozeße im Körper einzuwirken. Daß mein ganzer Körper in veränderter Weise funktionierte und unter dem Druck der leuchtenden Lebenskraft, die durch meine Nerven raste, zu einer weit höheren umgestalteten Tätigkeit gezwungen war, erkannte ich sofort nach der Krise. Es war unmöglich, den höheren Puls oder die größere Tätigkeit des Herzens während der ersten Hälfte der Nacht wie auch plötzliche unbestreitbare Veränderungen meiner Verdauungs- und Ausscheidungsfunktionen zu übersehen. Ich mußte dem monate- und jahrelangen Zeugnis meiner eigenen Sinne glauben und dem Zeugnis jener, die mich umgaben und für mich sorgten. Ich kann nicht dem Beweis, der durch meine Sinne jetzt untermauert ist, mißtrauen, daß die übernormale umgestaltende Aktivität, die vor dreißig Jahren begann, ungemindert bis zu dieser Stunde fortwirkt und, allen Anzeichen nach, fortwirken wird bis zum Tod. Es ist für mich nicht notwendig, Beweise aufzustellen, um die erstaunliche Entdeckung, die ich machte, zu unterbauen. Das würde das Buch zu lang und zu einseitig machen. Aber ein geübter Beobachter, der ein wenig von der Physiologie weiß, kann sich selber eines Tages von dieser Tatsache überzeugen, wenn er das heilige Feuer in sich entzündet hat.

Der Plan dieses Buches erlaubt mir nicht, in Einzelheiten die ständig vorkommenden physiologischen Reaktionen und Änderungen, die ich täglich beobachten konnte, aufzuzeigen. Sie überzeugten mich jenseits allen Zweifels, daß mein Körper einem Prozeß der Reinigung und Verjüngung unterzogen wurde mit einem bestimmten Ziel, das ich unmöglich begreifen kann. Es konnte aber keine vernünftige Erklärung für die fieberhafte und manchmal sogar wilde Tätigkeit, die fortdauernd in meinem Innern Tag und Nacht vor sich ging, geben, außer der, daß der Körper als Ganzes auf eine neue Situation reagierte. Diese war inwendig durch eine veränderte Tätigkeit der lebenswichtigen Organe geschaffen worden, — wie es in allen pathologischen Fällen geschieht —, um sich an die veränderte innere Umgebung anzupassen. Ohne Zweifel war die Unordnung in meinem Körper verursacht worden durch den raschen Fluß der leuchtenden Lebensenergie von Zelle zu Zelle.

Unter der Wirkung eines stärkeren Stromes als des entsprechenden, würde jeder von Menschen hergestellte Apparat, wenn er auch nur ein Hundertstel so empfindlich und verwikkelt wäre wie der menschliche Körper, sofort zerstört oder geschädigt. Dank gewisser innewohnender Eigenschaften aber, die vom menschlichen Körper als ein Mittel zur Evolution entwickelt wurden, wird die plötzliche Befreiung der Schlangenkraft — Kundalini — nicht von einem tödlichen Ausgang begleitet. In günstigen Fällen hat die Natur Sicherheitsmaßnahmen getroffen, um eine solche Möglichkeit in Menschen, die für die Erfahrung reif sind, auszuschalten. Aber selbst in diesen Fällen ist es wesentlich, daß die Energie gutwillig ist und daß der Einzelne die notwendigen Vorsichtsmaßnahmen trifft, um die Stärke des Körpers und das Gleichgewicht des Geistes aufrechtzuerhalten während der folgenden unaussprechbar schweren Prüfung. Ich könnte nicht sagen, inwieweit ich eine Konstitution besaß, die für die große Prüfung geeignet war.

Ich bin ein völlig Fremder auf dem Gebiet der Wissenschaft. Da ich Unerwartetes ohne die notwendige vorhergehende Zeit körperlicher und geistiger Disziplin erlebte, wurde ich ein Opfer des Mißgeschicks. Ich wurde wegen meiner Unwissenheit und des Mangels an genügender Kraft jahrelang unaufhörlich gequält, teilweise aber auch, weil die außerordentliche Entwicklung mit so großer Plötzlichkeit und Schnelle geschah.

Nach der ersten enttäuschenden Zeit der Prüfung fand ich im Schlaf den besten Heiler für mein körperliches und geistiges Leiden am Tage. Es gab unmißverständliche Anzeichen einer übernormalen Wirksamkeit im Bereich der Kundalini von dem Augenblick an, in dem ich mich zum Schlafen zurückzog, bis zum Morgen. Offensichtlich wurde der kostbare Ausfluß der Samendrüse durch einen geheimnisvollen Vorgang das Rückenmark entlang hochgezogen und durch die verbindenden Nerven zu einer feinen Essenz umgewandelt. Diese wurde auf Gehirn und lebenswichtige Organe verteilt, auf die sie durch die Nervenbahnen und das Rückenmark geschleudert wurde. Der Vorgang vollzog sich mit solcher Kraft, daß er klar empfunden werden konnte, sogar im Anfang in den zarten Geweben Schmerz verursachte.

Es war leicht erkennbar, daß es der Zweck dieser völlig neuen und unerwarteten Wirksamkeit war, die Samenessenz im Kopf und in den Organen zu verteilen, um dann augenblicklich nach der Sublimierung den — infolge einer plötzlichen Störung in einem Organ oder durch ein allgemein schlechteres Befinden entstehenden — Bedarf zu decken, der der neuen Entwicklung schädlich werden könnte.

Dank der Beobachtungsgabe, die mir auch in den ersten schweren Denkverwirrungen erhalten blieb, konnte ich die auffallende Entwicklung in den Fortpflanzungsorganen erkennen, die bis dahin ganz normal funktioniert hatten. Ich spürte, daß der bisher ruhige Bereich in einen Zustand der fieberhaften Tätigkeit und der unaufhörlichen Bewegung geriet. Es war, als ob ein unsichtbarer aber wirksamer Mechanismus, der vorher nicht tätig war, gezwungen wurde, das Lebensfluidum in Überfülle ohne Unterlaß herzustellen, um die endlose Nachfrage der Gehirnlappen und des Nervensystems zu befriedigen.

Wenige Tage nach der Beobachtung dieses unmißverständlichen organischen Phänomens kam mir der Gedanke, daß ich unwissentlich ein noch unvollkommen entwickeltes Zentrum im Gehirn durch die langandauernde Übung der Konzentration gewaltsam geöffnet hatte. Das übernormale und offensichtlich chaotische Spiel der Lebensströme, das ich deutlich spürte, war eine natürliche Bemühung des Körpers, der ernsten Lage Herr zu werden. Es war auch klar, daß in dieser schweren

Notlage der Körper vollen Gebrauch machte von der reichsten und mächtigsten Quelle der Lebensenergie in ihm, der Lebensessenz, die immer im Herrschaftsbereich der Kundalini fließt.

Oft des Nachts, wenn ich, auf Schlaf wartend, wach zu Bett lag, fühlte ich, mit brüllendem Lärm in den Ohren, die mächtige neue Lebensenergie wie einen Sturm durch die Magen- und Lebergegend und in das Gehirn rasen. Ein springbrunnenartiger Schauer im Gehirn, fieberhafte Bewegungen im Sexualbereich und seiner Nachbarschaft am Ende der Wirbelsäule, vorn und hinten, waren eine letzte Kraftanstrengung gegen die Not, die durch Gift oder Verstopfung im Körper verursacht wurde und das überaus empfindliche und sehr feine Gehirn-Rückenmarks-System bedrohte. In solchen Zeiten fühlte ich instinktiv, daß ein Kampf um Leben und Tod in mir vorging, bei dem ich, der Eigentümer des Körpers, ganz machtlos war. Ich war gezwungen, mich ruhig niederzulegen und wie ein Zuschauer das unheimliche Drama in meinem eigenen Fleisch zu beobachten. Nichts kann meine Lage plastischer darstellen, als die Zeichnung von Shiva und Shakti von der Hand eines alten Meisters. Shiva liegt hilflos auf dem Rücken, während Shakti ganz unbekümmert und fröhlich auf ihm tanzt.

Der seiner selbst bewußte Beobachter in mir und der selbstgestaltete Besitzer des Körpers war jetzt ganz unterjocht und in den Hintergrund gedrängt. Er fand sich völlig auf die Gnade angewiesen und war buchstäblich unter den Füßen einer ehrfurchterregenden Macht, der es gleichgültig war, was er dachte und fühlte. Sie ging mit dem Körper um, ohne ihm das Recht zuzugestehen, zu erfahren, was er getan hatte, um solche Schmach zu verdienen. Ich hatte allen Grund zu glauben, daß die Darstellung von einem Eingeweihten gezeichnet war, um eine Lage zu beschreiben, die genau der meinen glich. Er mußte durch dieselbe Prüfung gegangen sein.

Die völlige Hilflosigkeit des frommen Schülers beim Erwachen der Kundalini und seine ganze Abhängigkeit von der Barmherzigkeit und Gnade der kosmischen Lebenskraft, Shakti, ist das ständige Thema der Hymnen, die von den großen Yogis des Altertums an die Göttin gerichtet wurden. Als höchste Herrin des Körpers ist sie und sie allein berechtigt, dem ernsthaften Schüler — der sie mit wahrer Hingabe verehrt, seine Gedanken und Taten ihr schenkt und sich ganz ihrem Willen anheimgibt — den viel begehrten und schwer zu erlangenden Segen des überirdischen Wissens und der übernatürlichen psychischen Kräfte zu schenken. Alle diese Gedichte preisen Kundalini in ihrer höchsten Stellung als Königin und Werkmeister des lebenden Organismus, die die Macht hat, nach ihrem Willen zu gestalten und umzuwandeln oder auch zu zerstören. Aber niemand hat versucht, genau zu beschreiben, wie sie dies in Übereinstimmung mit den biologischen Gesetzen, die die organische Welt beherrschen, zustande bringt. Sicherlich kann es nicht in einem Augenblick geschehen wie bei einer magischen Tat, die das Gesetz der Kausalität in diesem einen besonderen Fall ausschaltet. Meiner Meinung nach ist es vernünftiger, anzunehmen, daß auch in den Fällen, in denen eine plötzliche geistige Entwicklung stattfindet, allmähliche Veränderungen in den Zellen und Geweben des Körpers vor sich gehen und zwar lange genug, vielleicht schon vom embryonalen Zustand oder der frühen Kindheit an, ohne daß das Individuum jemals zu wissen bekommt, was in seinem Inneren geschieht.

Zwölftes Kapitel

VERÄNDERUNG VON GEHIRN UND NERVEN

Im Licht der physiologischen Reaktionen betrachtet, die mein Körper täglich erfuhr, hatte ich genügend Grund für die Annahme, daß ein Umwandlungsprozeß in mir stattfand, aber ich wußte nicht zu welchem Zweck. Ich konnte mir nur vorstellen, daß mein Gehirn und Nervensystem allmählich zu einem Zustand geführt wurden, der es mir manchmal ermöglichte, die Bedingung des erweiterten Bewußtseins zu erlangen, die den Yogis und Mystikern zu eigen ist. Gewiß hatte ich schon ein vergrößertes Bewußtsein vom Augenblick meiner ersten Erfahrung mit Kundalini, die mir eine so große Überraschung und so viel Leid zufügte — stets erinnerte ich mich daran, wenn meine Gedanken dorthin gingen. Aber die Erweiterung, die ich meine, war von einer höheren Art. Sie bedeutete eine vollständige Auflösung der Bande, die den Geist an den Körper fesselt, und die Freiheit, sich in überirdischen Höhen zu bewegen und erfrischt und gekräftigt zum normalen Zustand zurückzukehren.

Das war meine Vorstellung von der übersinnlichen Erfahrung, gesammelt aus den Schriften, den Lebensgeschichten der geistigen Menschen und ihren eigenen Erzählungen über den Zustand der Ekstase. Mit Ausnahme der glückseligen Schau der erweiterten Persönlichkeit, die ich zweimal hintereinander am Anfang erlebt hatte, gab es keinen Vergleich zwischen meinem jetzt unbestreitbar erweiterten und leuchtenden Selbst — das dennoch fest an den Körper und die Erde gebunden und leicht von körperlichen Nöten angerührt wie auch stark beeinflußt war von Wünschen und Leidenschaften, Hitze und Kälte, Freude und Schmerz — und mit jenem anderen erhabenen Selbst, voller Glückseligkeit, frei von Furcht, gefeit gegen Schmerz, gleichgültig gegenüber dem Tod, überbewußt in der Ekstase.

Ich war mental dasselbe Wesen, das ich vorher gewesen war: ein einfacher Mensch, intellektuell und moralisch weit unter den großen geistigen Vorbildern, über die ich gelesen hatte. Ich versäumte keine Gelegenheit, meine Symptome kritisch und gründlich zu studieren. Es war kein anderer Wandel sichtbar als die unbeschreibbare Änderung im Nervensystem und der immer gegenwärtige innere und äußere Glanz. Die leuchtende Schau, die die letzte Phase meiner seltsamen Entwicklung bedeutete, übte eine herzerfrischende und befreiende Wirkung auf mich aus. Sie gab meinem unheimlichen Abenteuer einen Hauch des Erhabenen. Es konnte kein Zweifel bestehen, daß ich einer Verwandlung unterlag.

Obwohl ich mich in keiner Weise über den Durchschnitt erhoben hatte, empfand ich doch wenigstens den Trost, daß ich in diesem Besonderen der Hierarchie der Heiligen näher stand als der gewöhnliche Mensch, dem ich sonst in jeder Weise glich. Sobald ich aber meine Augen nicht vor der offensichtlichen Tatsache verschloß, daß mein durchlebtes Leiden in keinem Vergleich zu den erzielten Ergebnissen stand, war ich in der nicht beneidenswerten Lage, ein verworfener Schüler, ein »Yoga Brishta« zu sein, einer, der geprüft und dann als völlig ungeeignet für den hohen Stand des Yoga aufgegeben worden war. Ich hatte dafür keine andere Erklärung, als daß ich entweder Anormales in mir entwickelt hatte oder daß der innere Versuch der Reinigung und Umwandlung bei mir fehlgeschlagen war, vielleicht um einer innewohnenden körperlichen oder geistigen Schwäche willen.

Als die Jahre vergingen und ich kein anderes Anzeichen der geistigen Entfaltung wahrnahm, wie etwa das Wachsen einer höheren Persönlichkeit mit überlegenen intellektuellen und moralischen Eigenschaften, die die Gesegneten auszeichnet, in denen Kundalini das heilige Feuer anfacht, wurde ich zu dem entmutigenden Schluß geführt, daß ich nicht mit dem notwendigen körperlichen und geistigen Rüstzeug ausgestattet war. Da aber auch keine Verminderung der leuchtenden Kraft eintrat, hörte ich nicht ganz auf zu hoffen, daß der Versuch vielleicht doch noch ein Ergebnis bringen und ich mich eines Tages unerwartet begünstigt fühlen würde, wenn nicht im höchsten, so doch zumindest in einem spürbaren Ausmaß.

Körperlich kehrte ich fast zu meinem normalen Zustand zurück. Kräftig und zäh konnte ich Hunger, Hitze und Kälte,

körperliche und geistige Ermüdung, Störung und Unbequemlichkeiten erdulden. Das einzige, das ich nicht vertragen konnte,
war Schlaflosigkeit. Sie verursachte immer Vernebelung des
Geistes und Niedergeschlagenheit, die für etliche Tage andauer-
ten und nicht aufhörten, ehe der Fehler wieder durch eine längere Periode der Ruhe gut gemacht worden war. Mir war bei
solchen Gelegenheiten, als ob meinem Gehirn seine gewöhnliche
Menge an Energie vorenthalten worden wäre, die es brauchte,
um die große Weite aufrechtzuerhalten, die es langsam während der letzten Jahre gewonnen hatte.

Die Wirksamkeit der leuchtenden Lebenskraft während des
Schlafes blieb unverändert. Meine exotischen, schwer faßbaren
Träume waren so außerordentlich lebhaft und strahlend, daß
ich im Traum buchstäblich in einer leuchtenden Welt lebte, in
der jede Szene und jeder Gegenstand sich glanzvoll gegen einen
wunderbar strahlenden Hintergrund abhoben. Das Ganze
stellte ein Bild von solcher leuchtenden und erhabenen Schönheit dar, daß ich mich, ohne die geringste Übertreibung, jede
Nacht während des Schlafes in einer bezaubernden himmlischen Sphäre bewegte. Das letzte, dessen ich mich beim Erwachen erinnerte, war eine Landschaft oder eine Gestalt, die in
einen strahlenden Glanz von Licht eingehüllt war. Dies stand
so scharf im Gegensatz zu der Traurigkeit, der ich beim Erwachen begegnete, daß es schien, als ob ein himmlischer Kreis,
der in mir wundersam leuchtete, mit einem Mal verdunkelt
wurde und mich meinem Schicksal in bitterer Finsternis überließ.

Die lebhaften Erinnerungen, die ein glücklicher Traum während der Nacht hinterließ, schenkten mir für den ganzen Tag
eine süße Erinnerung an etwas, das für wenige Stunden wie ein
überweltliches Dasein erschien und das sich in der folgenden
Nacht ebenso süß und lebhaft wiederholte. Das wunderbar
strahlende Leuchten, das im Traum gegenwärtig war, konnte,
obwohl in viel schwächerer Form, auch im Wachzustand bemerkt werden, nur fehlte das Gefühl des Erhobenseins, das ich
im Traum erlebte, im Wachzustand vollkommen. Ich spürte
deutlich eine teilweise Überschattung meiner Persönlichkeit,
einen Abstieg von einer höheren auf eine niedrigere Ebene des
Seins während des Zwischenraumes, der den Traumzustand
vom Wachzustand trennte. Ich konnte genau ein Verengen des
Selbst wahrnehmen, als würde es gezwungen, von einem Zu-

stand der großen Weite in einen der engen Begrenzung einzuschrumpfen. Unbestreitbar war der Beweis, daß die zeitweilige Umwandlung der Persönlichkeit, die im Traum offenbar wurde, durch physiologische Prozesse herbeigeführt, im ganzen Körper zu spüren war und einen starken Druck auf jeden Teil ausübte. Während des Schlafes war mein Pulsschlag oft beträchtlich höher als während des Tages. Ich konnte diese Tatsache häufig bestätigen, indem ich meine Finger sofort an den Puls legte, wenn ich des Nachts erwachte. Sehr oft fand ich ihn so rasch, daß es mich ängstigte. Die vollen und schnellen Schläge sprachen deutlich für einen beschleunigten Verwandlungsprozeß, für schnell fließendes Blut, für zahllose Gestaltungen und Veränderungen in den Zellengeweben. Sie alle wurden von dem Lebensstrom angeregt, der wie ein Sturm durch den ganzen Körper fuhr mit dem offensichtlichen Ziel, ihn zu einer höheren Wirksamkeit umzuformen.

Der Mangel an genügender Kenntnis der Physiologie erschwerte es den Heiligen vergangener Zeiten, die psychischen und physiologischen Reaktionen, die durch die Wirksamkeit von Kundalini ausgelöst wurden, miteinander in Übereinstimmung zu bringen. Ich mühte mich aus den gleichen Gründen ab. Da es im heutigen Zeitalter der Forschung und der öffentlichen Verbreitung von Kenntnissen leicht ist, sich ein oberflächliches Wissen in jedem Zweig der Wissenschaft anzueignen und ich Jahre lang genügend Gelegenheit hatte, meinen Zustand von Tag zu Tag zu beobachten, war es mir möglich, kritisch die plötzlichen Wirkungen der Entwicklung auf meinem Körper zu studieren und versuchsweise Schlüsse aus ihnen zu ziehen. Ich kam unwiderstehlich zu dem Ergebnis, daß die außerordentliche Tätigkeit des Nervensystems und des Gehirns in verschiedenen Graden bei allen Fällen von übernormaler und psychischer Entfaltung vorhanden ist; in einem geringeren Maß beim Genie, in einer noch verringerten Form bei allen Menschen sehr hoher Intelligenz. Auf krankhafte Weise macht sie sich in vielen Fällen des Wahnsinns, bei Neurosen und anderen dunklen und schwer zu heilenden nervösen und geistigen Leiden bemerkbar, wenn die Kraft zu heftig und plötzlich oder durch einen falschen Nerv wirksam wird.

Kundalini bedeutet nach den alten Weisen die manchmal unmittelbar, seltener durch besondere psycho-physiologische Übungen hervorgerufene Entwicklung von außerordentlichen geistigen und gedanklichen Kräften, die mit der Religion und dem Übersinnlichen verbunden sind. Es kann kein Zweifel bestehen, daß die unaufhörliche, leicht wahrnehmbare schnellere Bewegung am Ende der Wirbelsäule, die die Nerven der ganzen Umgebung beeinflußt, ein Anzeichen dafür war, daß, von einer unsichtbaren Macht gelenkt, ein verborgenes Organ plötzlich in dem bisher untätig daliegenden Bereich zu wirken begonnen hatte. Es wandelte die Fortpflanzungsflüssigkeit in eine strahlende Lebensessenz von hoher Potenz. Diese floß durch Nerven und Rückenmark und ernährte das Gehirn und die Organe mit einer verjüngenden Essenz, die auf keine andere Weise zu erlangen ist.

Lange Zeit war ich überzeugt, daß das Glühen im Kopf und die machtvollen Nervenströme, die durch meinen Körper flossen, vom sublimierten Samen verursacht wurden. Aber ich mußte meine Meinung ändern. Die Tätigkeit im Fortpflanzungsbereich war nicht die einzige Entwicklung. Ein mit ihr übereinstimmender Wandel im Gehirn und in anderen Nervenzentren hatte stattgefunden und den Verbrauch und Ertrag des neuen Mechanismus geordnet. Nach der Krise bewegten sich die leuchtenden Ströme nicht mehr chaotisch, sondern mit einem bestimmten Ziel und Zweck. Das war klar ersichtlich aus der Tatsache, daß der ganze Körper seinen anfänglichen Widerstand und die Widerspenstigkeit seiner niederen Teile überwand und sich allmählich der neuen Entwicklung anzupassen begann.

Aufgrund dieser und anderer Tatsachen kam ich allmählich zu dem Schluß — den zu bestätigen oder zu bestreiten Sache der Forscher in Zukunft sein wird —, daß, dank des evolutionären Prozesses, der im menschlichen Körper vor sich geht, von der Natur ein hoch-mächtiges Zentrum des Bewußtseins im menschlichen Gehirn entwickelt wird, das in der Nähe des obersten Teiles des Kopfes liegt und aus einer äußerst empfindsamen Gehirnmasse besteht. Die örtliche Lage des Zentrums gestattet ihm, alle Teile des Gehirns und das gesamte Nervensystem zu beherrschen und durch das Rückenmark eine direkte Verbindung zu den Fortpflanzungsorganen herzustellen. Im normalen Menschen bezieht das knospenhafte Zentrum seine Nahrung aus dem konzentrierten Nervensaft des Samens, doch nur in so äußerst begrenzter Weise, daß es die normalen Funktionen der Fortpflanzungsorgane nicht beeinträchtigt. Voll ausgebaut im fortgeschrittenen Menschen ist das Zentrum bestimmt, die Stelle des ursprünglichen Bewußtseinszentrums einzunehmen. Für seine Tätigkeit benutzt es dann einen machtvolleren Lebensstoff, der in äußerst feinen Mengen durch die Nervenfasern aus den Körpergeweben gezogen und durch das Rückenmark in das Gehirn geschickt wird.

Beginnt das Zentrum durch einen Zufall vor der Zeit zu wirken, bevor noch die Nervenverbindungen und -stränge stark genug und die zarten Gehirnzellen an das Fließen des machtvollen Stromes gewöhnt sind, dann kann das Ergebnis verheerend sein. Die zarten Gewebe des Körpers werden in solchem Fall mit größter Wahrscheinlichkeit ein für alle Mal zerstört. Die Folge ist eine seltsame Krankheit, Wahnsinn oder Tod. In einer solchen Notlage ist das einzige Mittel, das die Natur zur Vermeidung der Katastrophe zur Verfügung hat, daß sie großzügig das »Ambrosia« benutzt, das im menschlichen Samen enthalten ist und es in sublimierter Form in Gehirn, Nervensystem und in die Hauptorgane schickt, um die verletzten und sterbenden Zellen mit der kraftvollsten aufbauenden Nahrung, die der Körper hat, zu versehen und ihm so das Leben zu retten.

Der ganze Körper beginnt dann auf eine so erstaunliche Art zu arbeiten, daß selbst das stärkste Herz Schrecken empfindet. Hin- und hergezogen zwischen dem alten und dem noch unvollständig hergestellten neuen Bewußtseinszentrum, verliert der Mensch, der auf eine solche erregende Entwicklung nicht vorbereitet ist, die Herrschaft über seine Gedanken und Taten. Er findet sich einem aufrührerischen Geist, ungezügelten Sinnen und Organen gegenüber, die auf eine ihm völlig fremde Weise arbeiten, als wäre die Welt plötzlich auf den Kopf gestellt und zöge ihn in ein Durcheinander hinein, das so unheimlich und wunderlich ist wie der fantastischste Traum. Aus diesem Grund hatten die alten Lehrer des Kundalini-Yoga, deren Erfahrung sich über Jahrtausende erstreckte, als allernotwendigste Eigenschaften einen hervorragend kräftigen Körper, die Überwindung von Hunger und Begierden, die freiwillig erlangte Beherrschung der Lebensfunktionen und Organe und vor allem einen unbeugsamen Willen von denen verlangt, die sich der höchsten Aufgabe, der Erweckung der Shakti hingaben. Ein ausgezeichneter Zustand von Körper und Geist, der in der ungünstigen Umgebung der modernen Zivilisation schwer zu erreichen ist, ist für ein solches Unterfangen absolut notwendig, um das Gehirn davor zu bewahren, unter dem gewaltigen Ansturm nicht völlig zusammenzubrechen. Es ist deshalb nicht überraschend, daß jemand, der mit aller Entschlossenheit des Willens die kühne Aufgabe der vorzeitigen Erweckung der Kundalini unternahm, Vira, Held, genannt wurde, und der Weg, den er sich ausgewählt hatte, Vira Sadhana, das heldenhafte Unternehmen. Selbst furchtlose Asketen, die in körperlichen Qualen und im Tode gleichmütig blieben, gaben ihm diesen Namen.

Man sollte auch nicht für einen Augenblick annehmen, daß der alarmierende Wandel in den Denkvorgängen und der Zustand des Nervensystems, der selbst auf den Mutigsten eine bestürzende und sonderbare Wirkung ausübt, nur für eine kurze Zeit anhält und dann einem normalen Zustand Platz macht, in dem die neu entfesselten Kräfte beherrscht werden. Der Erweckte lebt immer noch von Gnaden der Kundalini. Er ist in ein neues Dasein fortgetragen und eingeführt in eine neue Welt, die von dieser mit ihrem schnellen Wechsel und Zerfall so sehr verschieden ist wie die Wirklichkeit vom Traum. Die überempfindliche und kritische Beschaffenheit der Nerven und des Gehirns — verursacht durch die unermüdliche Anstrengung der wunderbaren, unsichtbaren Macht, die sie zu einem immer höheren Zustand der Erkenntnis umzugestalten wünscht —; die Möglichkeit der Verletzung und des Schadens der überempfindlichen Gewebe; der Prozeß der Wiederherstellung und der Verjüngung mit Hilfe von Mitteln der Nervenanregung, die im Körper vorhanden sind, und der gewaltige Druck auf die übermäßig arbeitenden Fortpflanzungsorgane, das alles kann unvermindert Jahre lang andauern. Der einzige Unterschied ist, daß im Laufe der Zeit der Mensch sich immer mehr an das Spiel der neu in ihm geweckten Kraft gewöhnt und durch diese gewonnene große Erfahrung fähig wird, seine Gewohnheiten und Wünsche nach den Notwendigkeiten seines Körpers auszurichten.

Die Zeit des Schlafes, in der der Körper ruht und auch der Geist relativ still ist, gibt dem Umwandlungsprozeß die beste Gelegenheit zum Neuaufbau durch Ausnutzung der überschüssigen Energie, die tagsüber in selbstgewählter körperlicher und geistiger Tätigkeit vergeudet wird. Das Ergebnis ist ein stärkeres Fließen der strahlenden Lebenskraft zum Gehirn hin und eine entsprechende Erweiterung der Traumpersönlichkeit und anderer Inhalte des Traumes. Die ganze Gehirnmasse wird gekräftigt durch einen reichlichen Fluß der subtilen Essenz, die im Übermaß von den Fortpflanzungsorganen hergestellt wird. So können die feinen Gewebe die Tätigkeit auf dem Gipfel fortsetzen, auf den sie durch den mächtigen, in die Schädelhöhle strömenden Lebensfluß gehoben wurden in Einklang mit den Notwendigkeiten des neu erschlossenen höheren Bewußtseinszentrums. Der sich selbst ordnende Mechanismus des Körpers, der verzweifelt bemüht ist, sich der plötzlichen Entwicklung anzupassen, läßt keine Gelegenheit entgehen, um den notwendigen Wandel im Körper herbeizuführen. Der Organismus tut dies trotz des Widerstandes, der ihm besonders im Wachen vom Ich-Bewußtsein entgegengesetzt wird, das während des Tages handelt und während der Nacht träumt und wie ein schwimmender Kork auf der Oberfläche einer stürmischen See hin- und hergeworfen wird, nichts wissend von den Wundern, die in seiner sterblichen Hülle geschehen. Meine Träume hatten deshalb eine besondere Bedeutung. Von dem Tag der Erweckung an bis heute stellten sie nicht minder einen aktiven und bemerkenswerten Zug meines Daseins dar als die wesentlichsten Merkmale der geschäftigen Stunden des Wachens.

DREIZEHNTES KAPITEL

SYMBOLIK DER KUNDALINI

Wenn auch die Erweckung der Kundalini von psychischen Manifestationen außerordentlicher Natur begleitet wird, die eine Erscheinung des Übernatürlichen sind, ist sie doch ein vollkommen natürlicher biologischer Vorgang ungewöhnlicher Art, der sich in jedem gesunden menschlichen Körper bei Erreichung eines bestimmten Grades der Entwicklung zur Vollendung ereignen kann. Die einzige Besonderheit, die ihr den Hauch des Seltsamen und Unheimlichen verleiht, ist der biologische Prozeß, der, einmal begonnen, zur Gestaltung einer bewußten Persönlichkeit führt, die so überlegen ist und solche erstaunlichen, fast übermenschlichen Eigenschaften besitzt, daß sie das ganze Phänomen mehr als ein Schauspiel überirdischer Macht wie ein Ergebnis natürlicher, jedoch noch unbekannter biologischer Gesetze erscheinen läßt. Diejenigen, die ein umfangreiches Wissen von der Tierwelt besitzen, kennen unzählige überraschende Beispiele eines solchen außerordentlich instinktsicheren Benehmens bei gewissen niederen Arten des Lebens, die mit Recht für ebenso wunderbar, selbst unheimlich gehalten werden können. Wenn aber entsprechende Fähigkeiten erstaunlicher Art, die unter Mitwirkung von bisher unbekannten biologischen Gesetzen entwickelt wurden, bewußt von einem Menschen ausgeübt werden, der ein besser ausgearbeitetes Gehirn und Nervensystem hat, dann erscheint dieses Phänomen demselben Beobachter, der es, ohne zu fragen, in den niederen Arten des Lebens anerkannte, oft verdächtig und unglaubhaft.

Will man leugnen, daß der menschliche Körper fähig ist, eine organische Tätigkeit auszuüben, die ein übersinnliches Bewußtsein empfangen oder zu ihm führen kann, dann muß man auch grundlegende religiöse Vorstellungen von Geist erfüllter Propheten und geistigen Kundgebungen verneinen. Wenn der menschliche Körper unfähig ist, eine Gehirn- und Nerventätigkeit zu entwickeln, die eine höhere als allen Menschen gewohnte Form des Bewußtseins ausdrücken kann, dann ist er auch ebenso unfähig, übernatürliche Denkfähigkeiten und übernormale geistige Eigenschaften zu entwickeln. Ganz einfach, weil in allen Formen des Lebens, die auf der Erde existieren, eine unabänderliche Beziehung zwischen dem Körper und der Ebene des Bewußtseins besteht. Ohne Beweisführung ist die Behauptung, der Mensch sei von allen Lebewesen allein die Ausnahme dieser Regel, unwissenschaftlich. Deshalb muß zugegeben werden, daß eine außerordentliche Entwicklung des menschlichen Geistes, die grundlegend vom normalen verschieden ist oder auffallend über ihm liegt, notwendigerweise begleitet sein muß von einem mit ihm übereinstimmenden Wandel im Biologischen oder von einer Entwicklung des biologischen Teiles seines Wesens.

Die erste hierzu gehörige Frage wäre: Wie findet diese Änderung und Entwicklung statt angesichts der Tatsache, daß für das Wirksamwerden einer solchen Tätigkeit diese schon als ein fortlaufender Prozeß der Entwicklung seit undenklichen Zeiten vorhanden gewesen sein muß. Hierfür gibt der menschliche Körper, vor allem der Schädel, keinen überzeugenden Beweis. Denn in den letzten Jahrtausenden hat sich kein Wandel vollzogen, der auffällig genug wäre, um den Schluß einer grundsätzlichen Änderung im Gehirn, dem Sitz des geistigen Ausdrucks, zuzulassen. Wenn die Antwort lauten würde, daß sich der Wandel nicht im Umfang oder der Form des Gehirns oder irgendeines anderen Lebensorganes oder im Körper als Ganzem vollzogen hat, sondern in der Anordnung, Eigenschaft und Zusammensetzung der Bestandteile des Körpers in Bezug zu dem überaus feinen Lebenselement, das in jeder Zelle und jedem Teil des Körpers anwesend ist, dann würde der wesentliche Punkt der Frage an Gewicht verlieren.

Der offensichtliche Widerwille vieler sonst hochintelligenter Menschen, die Gültigkeit geistiger Erfahrungen und die Wirklichkeit psychischer Phänomene anzuerkennen, hängt hauptsächlich von der Unfähigkeit der empirischen Wissenschaft ab, das wahre Wesen des Lebensprinzips, das die Zellen belebt und die letzte Einheit allen organischen Aufbaus ist, zu begreifen oder zu analysieren. Im gegenwärtigen Stand unserer Wissenschaft öffnet uns die Erweckung von Kundalini den einzig möglichen Weg, das außerordentliche Benehmen und die Möglichkeit des Lebenselementes zu studieren und das feine biochemische Medium, durch das es den Körper betätigt und seine Wirksamkeit und Macht zu stärken oder zu vermindern vermag. Denn hierdurch entsteht die erstaunliche Verschiedenheit in der intellektuellen und in der geistigen Einsicht der Menschen, die alle annähernd dieselben Ausmaße des Kopfes haben und denselben Umfang und dasselbe Gewicht des Gehirns.

Es ist ein großer Fehler, den Menschen als ein vollkommen fertiges und hermetisch abgeschlossenes Produkt anzusehen, das überhaupt keine Möglichkeit hat, die Grenzen zu überschreiten, die ihm von seiner mentalen Veranlagung her auferlegt sind. Ein großer Graben liegt zwischen ihm und dem intelligentesten Menschenaffen, dessen Gewohnheiten er, wie es heißt, nur ein paar Jahrtausende zuvor mit ihm teilte. Der Mensch überschritt auf unerklärliche Weise die Begrenzungen des Denkvermögens, die die anderen Mitglieder dieser Familie erreichten. Die Ursache dieser Absonderung muß innerlich begründet gewesen sein, da äußere Einflüsse keine radikal verändernde Wirkung auf den Bereich des Denkens haben, der von der Natur versiegelt ist.

Nach dem volkstümlichen Glauben in Indien besitzt Kundalini wunderbare Eigenschaften. Sie ist Para-Shakti, die höchste Kraft, die als trügerische Maya den verkörperten Jiva in die Maschen der vorübergehenden Erscheinungen verwickelt, die hoffnungslos an das sich immer drehende Rad des Lebens und Todes gebunden sind. Sie ist das verführerische Weib, das ihn auf das Lager der Freude lockt, dem Zeugung und Schmerzen folgen. Sie ist auch die mitleidsvolle Mutter, die in ihm den Durst nach Wissen und den Wunsch nach übersinnlichen Erfahrungen schürt. Und endlich schenkt sie ihm geistige Einsicht, die ihn zur Verwirklichung seines eigenen himmlischen Wesens führt. Erstaunliche Geschichten sind in Umlauf über die Art, in der einige sehr berühmte indische Dichter, deren Namen jedermann kennt, zu glücklichen Empfängern ihrer Gnade wurden und aus den Niederungen des gewöhnlichen Lebens gleichsam über Nacht zu den unvergleichlichen Höhen des dichterischen Genies aufstiegen. Sie kehrten zurück als vollendete Dichter, Redner, Dramatiker und Philosophen — ohne die Hilfe von Lehrern, ohne irgendeine Grundlage der Erziehung.

Es gibt unglaublich seltsame Anekdoten über wunderbare psychische Gaben, mit denen viele hervorragend begünstigte Gläubige überschüttet wurden, als Kundalini ihnen das erste Mal in einer Vision erschien. Sie bekleidete die bislang unbekannten Schüler mit wunderbaren Kräften, daß diese sich offensichtlich mit ihrem Willen über sonst unverletzbare Gesetze der Natur hinwegsetzen konnten. Trotz aller Versuche konnte ich in mir nicht das leiseste Anzeichen einer solchen unglaublichen Entwicklung entdecken.

Als Jahr um Jahr verging, ohne die geringste Änderung meiner mentalen und geistigen Fähigkeit zu bringen — mit Ausnahme des Glanzes und der Erweiterung des Bewußtseins — hatte ich das Empfinden, daß die Episode vergangen und diese Besonderheit wahrscheinlich die einzige war, die ich schicksalhaft vom Übersinnlichen in meinem Leben erfahren durfte. Ich war weder glücklich, noch traurig über diesen Gedanken. Die entsetzliche Erfahrung, die ich durchlitten und der Schrecken, der mich erbarmungslos Monate lang gejagt hatte, übten einen mäßigenden und zügelnden Einfluß auf meinen früheren Wunsch nach übersinnlichen Abenteuern aus. Die Grenzlinie, die das Nützliche vom Übernatürlichen trennt, war, so dachte ich, allzumal unüberwindbar. Wie die folgenden Ereignisse mir klar offenbarten, ist der enge Streifen auch so gut beschützt, daß selbst der klügste Mensch mit Sicherheit in die eine oder andere Falle geht, wenn er nicht auf Schritt und Tritt von einer höheren, sich selbst erleuchtenden Intelligenz geführt wird, die beim leisesten Hauch einer Unreinheit im Herzen aufhört zu scheinen. Die Existenz eines überintelligenten inneren Mahners ist von einigen sehr berühmten Menschen der Welt in Gegenwart und Vergangenheit offen bekannt worden. Der Mahner war niemand anderes als die mystische Persönlichkeit, die durch Kundalini entfaltet wurde und, nicht wahrnehmbar, in ihnen von Geburt an schon wirksam war.

Nach den Geschehnissen, die ich in den vorangegangenen Kapiteln erwähnt habe, führte ich jahrelang ein in jeder Hinsicht fast normales Leben ähnlich dem der anderen Menschen, bis auf einen Gärungsprozeß, der sich während der Stunden des Schlafes bemerkbar machte. Die große Zunahme in der umgestaltenden Aktivität des Körpers, die eine schnellere Herztätigkeit zur Folge hatte und eine hieraus sich ergebende Müdigkeit am Morgen, wie die dynamische Art meiner Träume waren alle auf die Möglichkeit gerichtet, daß mein Körper einer Art inneren Druckes unterzogen wurde, der darauf abzielte, die organischen Funktionen über die Grenzen des Normalen hinaus zu beschleunigen. Bei zahllosen Gelegenheiten war ich betroffen von der Ähnlichkeit mit einem kleinen Kind, das sich der großen Umwandlungen, die in jedem Teil des winzigen Körpers geschehen, nicht bewußt ist und ganz langsam, Stufe für Stufe, zu den Ausmaßen männlicher Reife hingeführt wird. Ich ähnelte dem Kind auch in der häufigen Zufuhr und der schnellen Verdauung von Nahrung, in der rascheren und gründlicheren Entleerung, den längeren Perioden der Ruhe und des Schlafes und in einer übernormalen Schnelligkeit des Pulses, der weder von Fieber noch von anderen Krankheitssymptomen herrührte. Es war offensichtlich, daß mein Körper unter der Wirkung der umgewandelten Nervenenergie in mancherlei Hinsicht entschieden anders funktionierte. Er wurde zu einer größeren Tätigkeit gezwungen, wahrscheinlich im Hinblick auf ein höchstes Ziel, das ich jedoch damals nicht ahnen konnte.

Offensichtlich war mein Körper zur Zielscheibe für den Angriff unsichtbarer, aber überintelligenter Lebenskräfte geworden, die den Überschuß meiner, von einer größeren Nahrungseinnahme und der besseren Verarbeitung des Gegessenen wie auch von maßvollen Gewohnheiten und häufigen langen Perioden strenger Entsagung stammenden Energie benutzten. Diese arbeiteten in meinem Innern, um die Zellen und Organe in die erforderliche Gestalt oder zu dem erwünschten Grad der Funktionstätigkeit umzuprägen und umzubiegen und den ganzen Körper für das Wirken einer mächtigen Lebensenergie bereit zu machen.

Die Beständigkeit der Symptome und die mechanische Regelmäßigkeit, mit der mein Körper unter der Wirksamkeit der neuen Lebensströme funktionierte, zeigten offensichtlich, daß der Körper selbst in seinem veränderten Benehmen einem deutlich erkennbaren Rhythmus folgte, einem wesentlichen Merkmal des Lebens in jeder Form. Das war ein großer Trost für einen Mann wie mich, der jede Nacht Zeuge seltsamer unverständlicher Tätigkeiten war, die in seinem Innern vor sich gingen, scheinbar um einen Beweis zu geben, daß alles, was sich zeugt, in Übereinstimmung mit gewissen biologischen Gesetzen steht, denen der Körper auf eine ordnungsgemäße und systematische Art antwortet. Das wäre nicht der Fall gewesen, wenn ein unnatürlicher und chaotischer Zustand sich des Körpers bemächtigt hätte.

Am Anfang hatte ich die normale Tätigkeit der neuen Lebensenergie als eine plötzliche Unordnung des Nervensystems, einen Mißklang und ein sprunghaftes Benehmen der Nervenströme mißverstanden. Die Beschreibungen, die in den alten esoterischen Abhandlungen über Kundalini enthalten sind, zeigen die Göttin als einen Strom von leuchtender Energie, der den himmlischen Trunk darbringt. Wenn sie durch die Macht der Konzentration und der Atemübungen erweckt wird, kann sie allmählich zu ihrer erhabenen Stätte an der höchsten Stelle im Kopf geführt werden und dort die unaussprechbare Seligkeit kosten in der Umarmung mit ihrem göttlichen Gemahl, dem Gott Shiva, der in dem Bewußtsein des Yogi wohnt. Bei ihrem Aufstieg vom Sitz am Ende der Wirbelsäule bis zur Krone des Hauptes, soll sie, wie es heißt, die sechs Lotusse, die an den sechs wichtigsten Nervenverbindungen in der Rückenmark-Achse aufblühen, mit Nektar benetzen.

Diese Lotusse regieren die Lebens- und Sinnesorgane, die bei ihrem Nahen aufblühen, bis sie bei dem tausendblättrigen Lotus am obersten Teil des Kopfes ankommt und in eine wonnevolle Vereinigung mit ihrem himmlischen Gemahl versinkt. Wenn das im Körper eingebundene Bewußtsein von den Ketten, die es an die Erde fesseln, befreit wird, entschwebt es in die erhabenen Höhen der Selbst-Verwirklichung und wird zum ersten Mal nach den langen Zeiten der Gebundenheit seines eigenen unaussprechbaren unsterblichen Wesens gewahr. Während der Zeit ihres Niedersteigens kehrt Kundalini durch die Lotusse, die den Kopf hängen lassen und ihre Blütenblätter bei ihrem Abschied schließen, zurück und nimmt ihren ursprünglichen schlafenden Zustand am Ende der Wirbelsäule wieder ein. Das für eine Zeitlang befreite Bewußtsein trägt sie mit sich hinab. Sie fügt Glied an Glied in die Kette, die die eigenschaftslose ewige Substanz unergründlich ans Fleisch bindet, bis diese im letzten Zustand vollkommen fertiggestellt ist. Nun kehrt der Yogi allmählich von einem Zustand der unaussprechlichen Glückseligkeit zurück und erwacht wieder der Welt als Geist in der körperlichen Hülle, der von den Sinnen beherrscht wird und nur eine kurze, wenn auch unvergeßliche Erinnerung an seinen Flug ins Unendliche zurück behält.

Die Schriften über Hatha-Yoga enthalten graphische Darstellungen dieser Lotusse, geben ihren genauen Ort, die Zahlen ihrer Blätter an, den Namen und die Gestalt der dort regierenden Gottheit, die Buchstaben des Sanskrit-Alphabets, die mit ihnen verbunden sind und dergleichen mehr. Den Schülern wird eingeschärft, in dieser Form über sie während der Atemübungen zu meditieren. Sie beginnen insbesondere mit dem untersten, dem Muladhara Chakra, nahe der Wohnung der Göttin. Die Zentren, die die Lotusse tragen, heißen Chakras. Fünf von ihnen werden als die Zentren der Lebensenergie betrachtet und durch dichte Nervenbündel kenntlich gemacht, die an verschiedenen Punkten der Wirbelsäule liegen. Einige moderne Schriftsteller setzen diese den verschiedenen Nervengeflechten gleich. Das sechste, sagt man, liege im Gehirn in Entsprechung zur Verbindungsstelle der beiden Augenbrauen mit der Nasenwurzel, das siebente im Gehirn.

Biologisch sollte ein gesunder menschlicher Körper mit einem intelligenten Gehirn auf seinem jetzigen Stand der Entwicklung eine geeignetere Stätte für die Manifestation einer höheren Bewußtseinsform haben als jene, die die Menschheit heute normalerweise besitzt. Sein Gehirn, sein Nervensystem und die wesentlichen Organe müßten nach dem Stand der Entwicklung eine Stufe der Vollkommenheit erreicht haben, auf die eine höherentwickelte Persönlichkeit ohne viel Verwirrung steigen und die Herrschaft über den Körper übernehmen kann. Jahrhunderte eines falschen Lebens in der Unterwerfung unter das Diktat der Zivilisation haben mit diesem äußerst schwierigen Organismus ein verheerendes Spiel getrieben. Sie haben das Wachsen der Organe und die Wirksamkeit der Nerven beeinträchtigt und haben dem Körper nervöse Gifte aufgeladen, die zu fein sind, um durch die Anwendung von Drogen oder anderen therapeutischen Mitteln ausgesondert zu werden. Das ist der Hauptgrund, warum der heutige menschliche Körper, anstatt den Prozeß zu beschleunigen, einen starken Widerstand ausübt gegen den Empfang einer machtvolleren Lebenskraft, die eine wesentliche Vorbereitung für die Entwicklung einer höheren Persönlichkeit ist. Durch kein Mittel, das der Wissenschaft bekannt ist, kann diese Reinigung und Neugestaltung des Körpers geschehen, die ihn für die Übertragung von Kraftströmen bereit macht. Alle Yoga-Lehren zielen darauf, diese Schwierigkeiten zu überwinden. Kundalini ist ebenso Instrument wie Antriebskraft, durch die diese biologische Ordnung und Neugestaltung auf die wirksamste Weise geschieht, vorausgesetzt, daß der Körper weder durch seine eigene fehlerhafte Lebensweise noch durch eine zurückbildende erbliche Belastung Schaden gelitten hat.

Da das Erwachen ein seltenes, aber natürliches biologisches Phänomen ist, ist es nutzlos, in eine Erörterung über die Wirklichkeit der Lotusse einzugehen, auf die die alten Meister ein starkes Gewicht legten. Ich bin während meines eigenen langen Abenteuers keinen begegnet, nicht einmal einer Spur in irgendeinem Teil des Gehirn-Rückenmarksystems. Ihr Vorhandensein auch nur für einen Augenblick in diesen Zeiten der physiologischen Erkenntnisse und Forschung anzunehmen, wäre eine Beleidigung der Intelligenz. Aller Wahrscheinlichkeit nach wurde ihre Existenz dem Schüler graphisch mit farbigen Einzelheiten dargestellt als eine Hilfe zur Konzentration und um die Örtlichkeit der empfindsameren und leichter zu beeinflussenden Gehirn- und Nervenzentren zu bezeichnen; auch um die Keuschheit zu symbolisieren. Die Lotusblume, die unberührt bleibt vom Wasser, in dem sie wächst, ist seit altersher ein Zeichen der Reinheit. Wenn ich auch die Existenz der Lotusse und ihr Beiwerk leugne, so soll damit nicht im geringsten das großartige Werk der alten Meister auf irgendeine Weise unterschätzt oder lächerlich gemacht werden. Was sie auf diesem unsicheren, unzugänglichen Gebiet erreicht haben, grenzt ans Wunderbare.

Die Vorstellung der Chakras und Lotusse muß sich dem Geist der alten Meister eingeprägt haben durch die einzigartige Ähnlichkeit, die, im erwachten Zustand, die leuchtenden Nervenzentren mit einer glänzend sich drehenden, Licht übersäten Scheibe haben oder mit einer Lotosblume in voller Blüte, die in den Strahlen der Sonne glitzert. Der Kreis des glühenden Glanzes rund um den Kopf, der manchmal mit den Farben des Regenbogens durchtränkt ist und getragen wird von einem zarten Lichtstrahl, der sich durch das Rückenmark nach oben bewegt, hat eine unmißverständliche Ähnlichkeit mit einem blühenden Lotus. Dieser hat einen dünnen Stengel, der tief in das Wasser hinabreicht und mit Hilfe von unzähligen Wurzelfasern die nahrhaften Elemente hinaufzieht, genau in der gleichen Weise, wie der lebende Stengel der Sushumna die feine organische Essenz liefert, die von jedem Teil des Körpers mittels der unzähligen Nervenfasern aufgesogen wird, um die Flamme zu nähren, die Kundalini entzündet hat. Sie ähnelt tatsächlich einem gewaltigen Lotus von außerordentlichem Glanz, der tausend Blätter hat, um sein großes Ausmaß anzudeuten. Ohne ein entsprechendes physiologisches Wissen konnten die alten Weisen wahrscheinlich keinen besseren Vergleich finden, um nicht nur die Lage der Nervengeflechte anzudeuten, die zugleich mit dem Erwachen zu Orten intensiver Tätigkeit werden mußten, sondern auch um den uneingeweihten Schüler auf die folgende strahlend leuchtende lotusähnliche Erscheinung vorzubereiten.

Ich habe versucht, diesen Punkt zu klären, da die Leser, die ein wenig mit den Schriften über Kundalini vertraut sind, wahrscheinlich sich wundern, daß ich einzigartiger Weise in diesem Buch keinen Bezug auf die Chakras und Lotusse nehme. In anderen Werken werden diese so freizügig behandelt, daß eine ganze Literatur um sie herum entstanden ist, die vom wissenschaftlichen Wert des tatsächlichen Phänomens ablenkt. Ich habe niemals Yoga nach tantrischen Methoden geübt, von denen Atemübungen, Meditation über die Nervenzentren und Körperstellungen die wesentlichen sind. Hätte ich dies im festen Glauben an die Existenz der Lotusse getan, hätte ich leicht die glänzenden Gebilde und die glühenden Scheiben des Lichtes an den verschiedenen Nervenverbindungen entlang der Wirbelsäule für diese halten können. Im aufgeregten Zustand meiner Vorstellung wäre ich vielleicht dazu verführt worden, die Buchstaben und die dort herrschenden Gottheiten in lebendiger Gestalt zu erkennen, angeregt durch die schon in meinem Geiste gegenwärtigen Bilder.

Die Gnade der göttlichen Energie aber hat mich ausersehen, Zeuge eines Phänomens anderer Art zu werden, eines einzigartigen Phänomens, das sich unzweifelhaft viele Male in der Vergangenheit wiederholt hat, aber aller Wahrscheinlichkeit nach selten in den Einzelheiten studiert und sicher niemals in einer klaren Sprache ohne unverständige Worte und bildhafte Ausdrücke aufgezeichnet worden ist. So erstaunlich es klingen mag, ich bin davon überzeugt, daß mein schweres Leiden besonders betont auf Erfahrungen gelegt wurde, die mich, wenn auch sehr unvollkommen, beschäftigen sollten, um die biologischen Prozesse zu verfolgen, die für das Phänomen verantwortlich sind. Hauptsächlich deshalb bin ich in der Lage, gewisse, bis jetzt unerklärliche Tatsachen auszuführen im sicheren Bewußtsein, daß die ungenaue Spur, die im Zickzack durch das Dickicht des Aberglaubens und der Zeremonien führt, jetzt klargelegt und im Zusammenwirken mit zuständigen Forschern bald zu überraschenden Entwicklungen und zu erstaunlichen Erfolgen führen wird.

Ich war dazu bestimmt, meine eigene Umwandlung zu beobachten, die in keiner Weise mit den großen Verklärungen in der Vergangenheit zu vergleichen ist, noch, vom Ergebnis aus betrachtet, den Errungenschaften des Genies ähnlich ist. Aber es war, obwohl einfach im Wesen und gewöhnlich in der Auswirkung, dennoch eine Umwandlung, die von großem physischen und geistigen Leiden begleitet wurde. Was ich beobachtet habe und noch immer beobachte, ist vielen anerkannten Begriffen der Wissenschaft so entgegengesetzt, so verschieden von seit altersher verehrten Glaubensdogmen und so unvereinbar mit vielen allgemein befolgten Meinungen, daß es eine weitreichende revolutionierende Veränderung in jedem Bereich der menschlichen Tätigkeit und der menschlichen Lebensführung geben muß, wenn meine Erfahrungen empirisch bewiesen werden.

Was ich jenseits allen Zweifels wirklich erfahren habe, ist die zum Teil von den alten Weisen vieler Länder, vor allem aber von Indien bekräftigte Tatsache, daß der menschliche Körper einen äußerst feinen und komplex funktionierenden Mechanismus im Fortpflanzungsbereich besitzt. Während dieser im normalen Menschen auf eine von Natur begrenzte Art tätig ist, zielt er darauf hin, den Körper von Generation zu Generation, wenn auch selbstverständlich den Veränderungen des Lebens unterworfen, zu entwickeln, um letztendlich eine höhere Persönlichkeit zum Vorschein zu bringen. Wird er aber stark beschleunigt, übt er eine heftige Reaktion auf die bestehende Körperverfassung aus und bewirkt eine wunderbare Umwandlung des Nervensystems und des Gehirns, die zur Manifestation einer höheren Art von Bewußtsein führt. Diese wird das allgemeine Erbgut der Menschen in ferner Zukunft sein. Der als Kundalini bekannte Mechanismus ist die wahre Ursache aller echten geistigen und psychischen Phänomene, die biologische Grundlage der Evolution und Entwicklung der Persönlichkeit, der geheime Ursprung aller esoterischen und geheimen Lehren, der Meisterschlüssel zu dem ungelösten Geheimnis der Schöpfung, die unerschöpfliche Quelle der Philosophie, Kunst und Wissenschaft und der Urgrund aller Religionen in der Vergangenheit, Gegenwart und Zukunft.

Vierzehntes Kapitel

NEUE KRISE, EKSTASE, BLUTSTROPFEN

Es war mein großes Glück, Verwandte und Freunde zu besitzen, deren Liebe, Treue und Hilfe dazu beitrugen, mir den gefährlichen Pfad, den ich beschritt, zu sichern und zu ebnen. Meine beiden Schwestern, ihre Männer, der Vater und die Brüder meiner Frau und auch meine wenigen, aber aufrichtigen Freunde umgaben mich mit Herzlichkeit und Treue. Meine Mutter war einundeinhalb Jahre vor dem Ereignis gestorben. Dennoch verdanke ich ihrer ausgezeichneten Erziehung ebenso wie der großen Hingabe meiner Frau, daß ich am Leben blieb. Unter allen Wohltätern stehen sie wie zwei Schutzengel da. Ich kann nicht darauf hoffen, ihnen jemals in dieser Welt zurückgeben zu können, was sie mir an grenzenloser Liebe und unschätzbaren Diensten geschenkt haben. Wenn ich jetzt auf die Jahre zurückblicke, die der Erweckung folgten, muß ich ohne Zögern zugeben, daß ich die Prüfungen nur überstanden habe, weil ich von meinen Eltern eine robuste Konstitution mitbekommen habe und gewisse gute Charakterzüge von ihnen erbte oder erlernte. Andernfalls hätte ich die große Prüfung nicht überlebt und könnte nicht von ihr berichten. Obwohl ich viele Jahre meines veränderten Lebens hindurch niemals habe frei atmen können, wie ein Mensch der seiner selbst und seiner Aufgabe sicher ist und niemals ganz ohne Zweifel über meine Verfassung blieb, so glückte es mir doch, meinen Geist selbst in schwierigen Zuständen ruhig zu halten. Ich nahm eine Haltung der stillen Hingabe gegenüber dem unvermeidbaren Tod ein, die zum Teil dem elterlichen Einfluß zu verdanken ist, zum Teil eigener Erziehung. Oft entstanden diese Schwierigkeiten durch eigene Schuld, durch die Vernachlässigung des Rhythmus, der mein eigentliches Dasein regelte. Manchmal lag der Grund auch in Angriffen allgemeiner Art. Für diese mußte ich durch

Versuch und Irrtum eine Antwort finden, die den veränderten Reaktionen meines Körpers Rechnung trug.

Als ein gewöhnlicher Mensch in einer bescheidenen Lebenslage mit Verantwortungen belastet, wie ich es stets gewesen bin, habe ich niemals nach der neuen Entwicklung einem falschen Gedanken über mich selbst in meinem Gehirn Nahrung gegeben. Auf der anderen Seite bewirkte meine Hilflosigkeit gegenüber der neu geweckten Kraft in mir, daß auch der letzte kleine Rest an Stolz gedemütigt wurde. Wie früher ging ich allen meinen Angelegenheiten nach. Das einzige, das mich an die Erweckung erinnerte, war eine strenge Regelmäßigkeit im Essen und das Festhalten an anderen unvermeidbaren Lebensweisen. Meine Erfahrung hatte mich gelehrt, diese anzunehmen, um den Widerstand gegenüber der Wirksamkeit der machtvollen Energie in mir zu verringern.

Nach außen hin lebte ich ein ganz natürliches Leben und erlaubte keinem, meine aufopfernde Frau ausgenommen, auch nur den geringsten Einblick in das geheimnisvolle Geschehen in meinem Inneren zu tun. Jedes Jahr siedelte ich im Winter mit meinem Büro nach Jammu, im Sommer nach Kaschmir um. Auf diese Weise entfloh ich dem Übermaß an Hitze oder Kälte, das dem Wachstum der überempfindlichen Gewebe, die sich damals in mir entwickelten, hätte schaden können. Allmählich gewann mein Körper innerhalb einiger Jahre eine so starke Abhärtung und Kraft, daß er die Auswirkungen von Fasten, Unbequemlichkeiten auf Reisen, Härten des Klimas, Unregelmäßigkeiten im Essen, Überanstrengungen, Sorgen und widrigen Umstände, die unvermeidlich mit dem Daseinskampf verbunden sind, gut überstehen konnte. Langsam wurde ich wieder mein altes Selbst, nur gedemütigt durch die Erfahrung. Mein Ich war um ein gutes Teil verringert, dafür der Glaube an den unsichtbaren Herrscher über unser menschliches Schicksal verstärkt. Das einzige, dessen ich gewahr wurde, war ein sich immer mehr ausweitendes Feld des Bewußtseins und ein langsam zunehmender Glanz der äußeren und inneren Gegenstände der Wahrnehmung, die mich im Laufe der Zeit mit unwiderstehlicher Macht davon überzeugten, daß ich nach außen hin zwar eins mit der rastlos aktiven Menge der Menschen, doch innerlich ein anderes Wesen war. Dies lebte in einer leuchtenden Welt der strahlenden Farben, von der die anderen nicht die leiseste Ahnung hatten.

Wenn ich anscheinend kleinere Einzelheiten erwähne, so tue ich es aus der Überlegung heraus, daß ich keine Tatsachen auslassen sollte. Die Verwandlung der Persönlichkeit ist voller Gefahr. Sie verlangt in jeder Phase der Lebensführung Aufmerksamkeit und eine sorgfältige Regelung der Aktivität. Wenn alles, was ich zu berichten habe, auch nur einige Jahrhunderte früher bekannt gewesen wäre, dann hätte dieses Wissen, richtig eingeordnet und angewandt, Ärzten helfen können, viele Menschen aus den Fängen des Wahnsinns zu befreien.

Es war mein großes Mißgeschick, daß ich viele Jahre lang nicht verstanden habe, was ich jetzt nach wiederholten harten Kämpfen weiß. Dennoch habe ich Seite an Seite mit dem Leiden Augenblicke der Glückseligkeit gekostet, erhabene Augenblicke, die großzügig alle Schmerzen und alle Angst überstrahlten, so wie das Erwachen zur Wirklichkeit sofort den Schläfer für die Todesangst entschädigt, die er in einem schweren Alptraum durchlitten hat. Etwa drei Jahre nach den Ereignissen, die ich in den vorhergehenden Kapiteln geschildert habe, fühlte ich einen unwiderstehlichen Wunsch nach einer nahrhafteren und substanzielleren Nahrung als die vor der Erweckung gewohnte. Dieser Wunsch trat stärker im Winter hervor, wenn ich in Jammu war, als in den Sommermonaten, die ich in Kaschmir verbrachte. Es waren die letzten Jahre des zweiten Weltkrieges und die Preise waren ungeheuer gestiegen; ich war nicht in der Lage, einen Grund für dieses plötzliche Übermaß eines sonst natürlichen Appetites anzugeben. Ich hielt dieses Verlangen zurück, weil ich es als Unrecht empfand, einer Begierde nachzugeben, die für Schlemmerei gehalten werden konnte. Auch erlaubten unsere äußerst begrenzten Mittel keine zusätzlichen Ausgaben. Trotz magerer Quellen war unser Essen nahrhaft und ausgeglichen. Es schloß auch Fleisch ein, gegen das die Gruppe der Brahmanen in Kaschmir keine Bedenken hat. Aber der Drang in mir war nicht ohne Grund. Bitter mußte ich zahlen für meinen kurzsichtigen Widerstand, der darauf abzielte, den Vorgang, der in meinem Inneren so stark wie immer vor sich ging, zu beschleunigen.

Bald nach unserem jährlichen Umzug nach Jammu im November 1943 erhielt ich die Einladung meiner Verwandten in Multan, während des folgenden Winters ein paar Tage bei ihnen zu verbringen. Da mir dies eine Gelegenheit bot, meine Vettern zu treffen, die ich schon seit vielen Jahren nicht mehr gesehen hatte, entschloß ich mich, die Einladung anzunehmen und während der Weihnachtsferien zu ihnen zu gehen. In jenem Jahr fühlte ich mich besonders gesund und kräftig. Ich ließ meine Frau in Srinagar zurück und fuhr allein nach Jammu, zu ihrem Bruder. Dieser war als Ingenieur in der Stadtverwaltung tätig. Er mietete am Rande der Stadt ein Haus, in dem ich ein Zimmer für mich allein hatte. Für meine einfachen Bedürfnisse wurde gut gesorgt. Ich fühlte mich völlig zu Hause, glücklich über die Veränderung und schöpfte nicht den geringsten Verdacht, daß alle meine Heiterkeit in dem Grauen einer neuen furchtbaren Prüfung vergehen sollte.

Ich freute mich am Vollbesitz meiner Gesundheit und an einem Überfluß an Energie, der nach einem Auslauf verlangte. Von Anfang November an machte ich leichte Körperübungen. Ich begann beim ersten Morgengrauen bis zu dem Augenblick, in dem die Sonne ganz nahe am Horizont stand. Dann nahm ich ein kaltes Bad und zog mich zum Ausruhen und zum Studium in mein Zimmer zurück, bis es Zeit war, ins Büro zu gehen. Ich weiß nicht, wie es geschah, aber schon nach wenigen Wochen schwand das Verlangen nach körperlichen Übungen. An seine Stelle trat ein starkes, fast unwiderstehliches Verlangen nach Meditation. Meine neu belebte Gesundheit, die von der systematischen Übung herrührte, machte mich kühn. Ich war beinahe bereit, mein Glück wieder in der Meditation zu versuchen, überzeugt, daß sie durch die Erfahrung, die ich gewonnen und die Immunität, die der Körper erlangt hatte, erfolgreich sein würde, ohne das Mißgeschick, das ich das letzte Mal erleiden mußte. So war ich überrascht und konnte mir das Wiederauftauchen des Verlangens nicht erklären, das mich erst einige Jahre zuvor gleichsam vom Rand eines Abgrunds in die siedenden Wasser eines brodelnden Teiches geschleudert hatte. Durch ein Wunder war ich entkommen, um Jahre der Unsicherheit und des Wartens zu durchschreiten, ehe ich mich wieder auf festem Grund befand. Was für ein Tor ich war, daß ich nichts aus meiner früheren, bitteren Erfahrung gelernt hatte, sondern mich wieder dem gleichen furchtbaren Kampf auslieferte, dessen Wunden noch frisch in meinem Herzen brannten.

Trotz meiner nüchternen Überlegungen, trotz meiner selbst, trotz der Leiden, die ich ertragen hatte, begann ich wieder zu meditieren. Von den frühen Stunden der Morgendämmerung an versank ich in die Kontemplation des wunderbar leuchtenden Glühens in mir, bis die Sonne, die hoch über dem Horizont stand, voll in mein Zimmer schien, Zeichen daß die Stunde der Arbeit gekommen war. Ich begann mit den Übungen in der ersten Dezemberwoche. Für einige Tage erlebte ich, zusätzlich zu der wunderbaren Ausweitung der Persönlichkeit und der Versenkung in das wonnevolle bewußte Licht, das ich am ersten Tag der Erweckung erfahren hatte und das nur in der Farbe der Ausstrahlung verschieden war, jetzt eine Verzückung und Kraft, die unmöglich zu beschreiben sind. Sie hielten den ganzen Tag über an und auch in meinen Träumen bis zur Stunde der Übung. Am nächsten Morgen wurden sie wieder erneuert, um einen weiteren Tag lang anzudauern.

Verwundert über das Ergebnis meiner Bemühung erweiterte ich die Zeit der Erhebung, indem ich früher begann, überwältigt von dem Wunder und dem Glanz der Vision, die meine Sinne von der rauhen Welt, in der Freuden und Leiden ineinander vermischt sind, forthoben in ein übersinnliches Reich, in dem ich mich in glänzende Wellen unsagbarer Wonne in das grenzenlose Meer des absoluten Seins eingetaucht fand. Ich fühlte buchstäblich, wie mein Haar vor Erregung zu Berge stand, wenn die großartige Vision majestätisch ihren Höhepunkt erreichte. Es schien bei jeder solcher Gelegenheit, als ob ich oder das unsichtbare erkennende Selbst in mir, die sichere Verankerung im Fleisch verlassend, von der strahlenden Flut eines starken Bewußtseins getragen wurde zu einem Dasein von solcher Weite und Kraft hin, daß alles, was ich auf Erden wahrnehmen konnte, im Vergleich hierzu lahm und leblos erschien — einem Dasein, in dem ich mich, ungetrübt von einem Gedanken der Bindung und Begrenzung in einem wunderbaren Universum des Geistes befand. Es war so riesenhaft in seinem Ausmaß und herrlich in seinem Wesen, daß das noch Menschliche in mir auf dem Höhepunkt der Erfahrung in Bewunderung erschauerte und voller Ehrfurcht vor dem mächtigen Schauspiel erzitterte, das sich vor meinem inneren Auge abspielte. Ich war selig über die wunderbare Möglichkeit, die nun in meiner Reichweite lag. Es konnte absolut kein Zweifel herrschen, daß Kundalini in mir erwacht war. Erst jetzt konnte ich begreifen, warum in alten Zeiten dieser Erfolg als höchste Errungenschaft des Menschen galt, und warum die Schüler auf diesem Pfad kein Opfer zu groß, keine Anstrengung zu mühsam fanden für diesen höchsten Preis. Ich verstand jetzt, warum Yogi, die dieses

Ziel erreicht hatten, in Indien stets mit höchster Ehrfurcht behandel wurden und warum Meister, die vor langer Zeit gelebt hatten, sogar jetzt noch Hingabe und Ehrfurcht gebieten, die keinen anderen Menschen, nicht einmal großen Herrschern und Machthabern jemals dargebracht worden ist. Sicher gibt es keine Ehre, die bedeutender, kein Glück, das kostbarer wäre als jene, die mir — ohne daß ich danach gefragt hätte — geschenkt wurden.

Doch, mein Glück war äußerst kurz bemessen. Nach wenigen Wochen erkannte ich, daß die Umwandlung, die in meinem Geist durch die atemberaubende Erfahrung verursacht wurde, so groß war, daß ich vor Erregung kaum schlafen konnte und Stunden vor der Meditationszeit wach lag, voller Ungeduld den segensreichen Zustand so schnell wie möglich wieder herbeizuführen. Die Eindrücke der letzten drei Tage, die diese außergewöhnliche Zeit der Reisen in das allgemein verschlossene Reich des Übersinnlichen beendeten, sind unauslöschlich meinem Gedächtnis eingeprägt. Ehe ich mich vollkommen in die Kontemplation einer grenzenlosen, glühenden bewußten Leere verlor, spürte ich deutlich eine Empfindung der Glückseligkeit in allen meinen Nerven, die sich von den Finger- und Zehenspitzen und von anderen Teilen des Leibes und der Glieder zur Wirbelsäule hinbewegte. Hier wurde sie konzentriert und verstärkt, um dann mit einem noch wonnevolleren Gefühl aufzusteigen und in den oberen Teil des Gehirns den heiter berauschenden Strom einer strahlenden Nervensekretion hineinfließen zu lassen. In Ermangelung einer besseren Bezeichnung nenne ich diese Nektar, wie es die alten Weisen taten.

Alle Wissenden des Kundalini-Yoga stimmen darin überein, daß der Strom der Glückseligkeit eine Wirklichkeit ist, daß er das siebente Zentrum im Gehirn im Augenblick der Vereinigung von Shakti und Shiva erleuchtet und das Überbewußtsein weckt. Es wird gesagt, daß das Fließen des Nektars in dieses oder in ein niedriges Zentrum an der Wirbelsäule immer mit einer Verzückung verbunden ist, die die lustvollste Empfindung im menschlichen Körper, den Orgasmus, der den Höhepunkt einer sexuellen Vereinigung kennzeichnet, himmelhoch übersteigt.

Am letzten Tag dieser einmaligen Erfahrung konnte ich während der Nacht nicht schlafen. Mein Geist war voller Erregung und Verwirrung, voller Freude und Heiterkeit über dieses ganz unerwartete und unglaubliche Glück. Eilig stand ich zur gewohnten Stunde auf und ließ mein geistiges Auge über die erhabene Schönheit und Größe gleiten, die jetzt für mich eine Wirklichkeit war. Ich ging auf den Markt, um einige Besorgungen zu machen. Gegen ein Uhr mittags kam ich zurück, ungewöhnlich erschöpft, was mich überraschte. Ich hatte an dem Tag noch nicht gefrühstückt und schrieb meine Schwäche meinem leeren Magen zu. Am nächsten Tag, dem 25. Dezember, sollte ich mit dem Morgenzug nach Multan fahren, um dort meine Vettern zu besuchen. Bis zum Abend war ich mit Reisevorbereitungen beschäftigt. Nach dem Abendessen ging ich wie gewöhnlich früh zu Bett. Wenige Minuten später erkannte ich mit Schrecken, daß ich wieder einen furchtbaren Fehler begangen hatte. Mein Kopf drehte sich. Es war ein ohrenbetäubender Lärm. Das sonst leuchtende Strahlen in meinem Kopf war einer großen Feuersäule gewichen, die aufstieg und nach allen Richtungen gegabelte Flammenzungen spie. Ich zitterte vor Angst und beobachtete das entsetzliche Schauspiel. Zu spät erkannte ich, was geschehen war. Ich hatte die Meditationsübungen übertrieben und mein schon überempfindliches Nervensystem von neuem gefährlich belastet.

Es ist nicht notwendig, die Ereignisse und Einzelheiten der Qual, die länger als drei Monate dauerten, zu wiederholen. Es genügt zu sagen, daß ich nach dieser schrecklichen, schlaflosen Nacht am nächsten Morgen die lange Reise nach Multan nicht antreten konnte. Ich gab die Meditation auf und regelte wieder mein Essen, wie ich es schon das letzte Mal getan hatte. Nach ein paar Tagen merkte ich, wie die Spannung in meinem Kopf langsam nachließ. Die Schlaflosigkeit aber wurde schlimmer und ich wurde von Tag zu Tag schwächer. Ich fühlte wieder dieselbe Abneigung gegen Arbeit und Gespräch, die gleiche Leere an Liebe, den gleichen Widerwillen gegenüber dem Unsichtbaren und Übersinnlichen. Als ich nach den Ferien wieder ins Amt ging, mußten meine Kollegen, obgleich ich mir alle Mühe gab, normal zu erscheinen, den überanstrengten Blick und die Angst in meinem Gesicht erkennen. Ich folgte dem alten Plan des Essens und nahm zu jeder Mahlzeit ein bis zwei Tassen Milch. Aber trotz aller meiner Vorkehrungen, trotz aller Regelmäßigkeit konnte ich keinen Schlaf finden und fühlte mich immer elender.

Mein Schwager war über meinen Zustand so besorgt, daß er

meine Frau nach Jammu kommen lassen wollte. Es war jetzt Mitte Januar. Die gewundenen Bergstraßen von Srinagar waren mit Schnee bedeckt und machten das Reisen sehr schwierig, sogar gefährlich. Ängstlich darum bemüht, ihr neue Unannehmlichkeit und einen Schock zu ersparen, riet ich meinem Schwager davon ab. Ich hoffte, daß sich die Störung nach einiger Zeit wieder legen würde. Aber es wurde nicht besser. Ich wurde immer schwächer und dünner. Des Tags litt ich unter dem Schrecken, des Nachts unter der Schlaflosigkeit. Mit Sorge beobachtete ich täglich meinen Zustand und versuchte, den wahren Grund für diese plötzliche Störung in meinem sonst gesunden Körper zu finden. Von meiner früheren Erfahrung her wußte ich, daß es sinnlos war, Rat zu suchen. Ich mußte mich auf mein eigenes Wissen verlassen. Tage verstrichen, ohne die geringste Erleichterung zu bringen. Im Gegenteil traten neben dem geistigen Chaos und der körperlichen Schwäche noch neue Schwierigkeiten im Nervensystem auf.

Nacht für Nacht konnte ich auch nicht für einen Augenblick Ruhe finden; zu arg war die Ausstrahlung um meinen Kopf. Um dagegen anzugehen, versuchte ich während der Nacht etwas zu essen. Aber es war alles umsonst. Es wurde sogar noch schlimmer, so daß ich schon in der zweiten Nacht damit aufhörte. Bald wurde der Zustand meiner Nerven äußerst beunruhigend. Zeichen heftiger Erregung machten sich in ihnen bemerkbar, die ich mir beim besten Willen nicht erklären konnte. Deutlich spürte ich im ganzen Körper ihre spasmischen Bewegungen. Sie ließen erkennen, daß durch alle meine Gewebe eine fieberhafte Tätigkeit strömte. Ich fühlte ein inneres Beben und plötzlich zuckende Stöße, als ob an einem Nerv gewaltsam gezogen würde, um seine Tätigkeit zu beschleunigen. Oft überfiel mich Schüttelfrost und des Nachts lief es mir kalt über den Rücken, wenn einige Ströme durch meinen sonst warmen Körper die Nerven entlang und durch das Rückenmark flossen. Es war ein deutliches Zeichen für die Erschöpfung der Lebenskraft in meinem Körper, die ohne Unterlaß hinaufgezogen wurde, um das hitzelose Feuer in meinem Kopf zu ernähren, das jetzt ungeheuer groß geworden war. Der starke Druck auf die Nerven löste in verschiedenen Körperteilen tatsächlichen Schmerz aus. Mir wurde übel, ich schwankte beim Gehen, und winzige Bluttropfen begannen aus meinen Vorderarmen, aus dem Hand- und Fingerrücken zu sickern. Kurz danach konnte ich meinen Geist nicht mehr beherrschen. Der Ausdruck des Wahnsinns erschien wieder auf meinem Gesicht. Ich konnte meine Gedanken nicht mehr länger zusammenhalten, konnte weder denken, noch für eine Minute ruhig sitzen, um die Spannung in meinem Gehirn zu lösen. Ich mußte auf- und abgehen oder um unser Haus herum, um mich, solange ich konnte, noch bei Sinnen zu halten.

Als ich mich eines Tages ohne Hilfe nicht mehr aus dem Bett erheben konnte und alle Hoffnung auf ein Überleben aufgegeben hatte, gab ich dem Drängen meines Schwagers nach, meiner Frau ein Telegramm zu schicken. Sie kam in aller Eile an, halb tot vor Angst, begleitet von ihrem Vater und meinem jüngsten Sohn. Tag und Nacht, ohne eine Stunde der Ruhe für sich selbst, sorgte meine Frau für mich. Sie nahm sich aller Dinge an und versuchte, durch ihre Gegenwart meine innere Angst zu mildern. Sie konnte sie zwar nicht in allen ihren Schrecken ermessen, ihre äußeren Anzeichen aber ohne Schwierigkeit jeden Augenblick erkennen. Mein Schwiegervater, der mich so liebte, daß er trotz seines hohen Alters die mühsame Reise nach Jammu unternommen hatte, war von Kummer und Angst ergriffen, als er mich sah. Aber die Ehrfurcht, die alle, die mich damals umgaben, empfanden, hielt ihn davor zurück, mir irgendeinen Vorschlag oder einen Rat zu erteilen.

Sie entschlossen sich, erfahrene Sadhus und Fakire ins Vertrauen zu ziehen. Alle aber, die zu mir geführt wurden, gaben zu, daß sie mir nicht helfen konnten. Einer von ihnen, ein ehrwürdiger Heiliger mit weißem Haar, der damals auf Besuch in Jammu und täglich von Tausenden umgeben war, schüttelte, nachdem er mir aufmerksam zugehört hatte, sein Haupt und sagte, so etwas hätte er in seinem ganzen Leben noch nicht gehört. Er schlug vor, ich sollte mir Anweisungen von dem Lehrer geben lassen, der die Übung vorgeschrieben hatte, die für die Störung verantwortlich war.

Sie wurden immer verzweifelter über meine Lage, die sich zusehends verschlechterte. Zu guter Letzt gingen sie zu einem Sadhu aus Kaschmir, der damals in Lahore lebte und überredeten ihn, zu mir nach Jammu zu kommen. Er blieb für ein paar Tage bei uns und studierte meinen Zustand aufmerksam. Ich war inzwischen unsagbar schwach geworden und der völligen Erschöpfung nahe. Mit spindeldürren Beinen und ausgemergelten Armen lag ich da wie ein Skelett mit glühenden Augen.

Meine Frau zuckte zusammen, wenn sie mich sah. Länger als einen Monat hatte ich gehungert. Ich hatte von einer knappen halben Tasse gekochten Reis und zwei- oder dreimal einer Tasse Milch am Tag gelebt.

Durch die akute Verdauungsstörung waren meine Nerven vergiftet worden. Ich hatte schreckliche Angst vor dem Essen, denn die furchtbare Folge stand mir drohend vor Augen. Ich hätte lieber überhaupt nichts gegessen. Da ich aber wußte, daß ein völlig leerer Magen einen entsetzlichen Tod bedeutete, nahm ich alle meine Willenskraft zusammen, überwand das Ekelgefühl und die Empörung meines Magens und aß ein wenig.

Da der gelehrte Sadhu die Ursache meiner Mißstimmung nicht entdecken konnte, dachte er, meine Abneigung gegenüber dem Essen wäre eine Laune und ordnete an, daß ich in seiner Gegenwart das normale Quantum zu mir nähme. Mit großer Schwierigkeit schluckte ich ein paar Bisse mehr als sonst. Ich spülte sie mit Wasser herunter, da meine Kehle Widerstand leistete. Im gleichen Augenblick schoß ein Stich quer durch meinen Magen und durch die Gegend des Sakralplexus. Er war so unerträglich, daß ich niederfiel, mich wand und krümmte und den Sadhu vorwurfsvoll anblickte, der mir einen solchen falschen Rat gegeben hatte. Sterbensblaß stand er eilig auf und ging aus dem Zimmer. Am selben Abend wurde er von einer plötzlichen Krankheit ergriffen; er konnte die ganze Nacht nicht schlafen. In den frühen Morgenstunden verließ er das Haus. Seine eigene Krankheit schrieb er der furchtbaren Macht zu, die von mir Besitz ergriffen hatte.

Binnen weniger Stunden erholte ich mich von dem Schmerz. Die Hilflosigkeit meines Zustandes wurde durch dieses Ereignis offensichtlich. Daß mir kein Mensch helfen konnte, bereitete meiner Frau noch größeren Kummer. Ein paar Tage später kam zufällig mein Sohn in mein Zimmer. Er hielt eine kleine Platte mit Essen in seinen kleinen runden Händen. Es war gegen Mittag; ich hatte, wie immer, eine Stunde zuvor ein paar Löffel Reis zu mir genommen. Der Junge hockte sich vor mir hin und begann zu essen. Er leckte seine Lippen und freute sich an jedem Bissen, wie das Kinder tun. Im Gegensatz zum Gewohnten löste dieser Anblick des Essens keine Übelkeit in mir aus. Während ich das Kind beobachtete, das so still vergnügt aß, spürte ich zum ersten Male seit Wochen ein leises Hungergefühl. Anstelle der Bitterkeit entdeckte ich in meinem Mund den wie-

dererwachten Geschmackssinn. Mit Lust hätte ich in diesem
Augenblick ein paar Bissen essen können, aber die Angst vor
den furchtbaren Folgen hielt mich davon ab. Ich hatte einfach
nicht die Kraft, diese Gefahr auf mich zu nehmen. Ein paar
Minuten später verging der Geschmackssinn wieder. Das alte
Chaos überfiel mich von neuem.

Dieses Erlebnis machte mich stutzig. Ich grübelte nach, um
eine befriedigende Erklärung für dieses kleine geringfügige
Ereignis zu finden, das für mich von größter Wichtigkeit war.
Könnte es sein, fragte ich mich, daß der Zwischenraum, den ich
zwischen die Mahlzeiten gesetzt hatte, zu lang war für meinen
jetzigen geschwächten Zustand? Am nächsten Tag war ich
pünktlich genau. Alle drei Stunden nahm ich ein paar Bissen
und eine Tasse Milch, jedes Mal gegen meinen Willen und mit
angsterfülltem Herzen. Aber ich führte mein Vorhaben aus.
Die Folgen waren weder nachteilig noch günstig. Ein paar Tage
fuhr ich so fort. Da verschlimmerte sich wieder der Zustand
meines Gehirns. Die krampfartigen Zuckungen meiner Glieder
waren mit furchtbaren Schmerzen längs der Nervenbahnen
verbunden, vor allem im Rücken und im Unterleib. Ich fühlte
mich innerlich absinken. Selbst der Lebenswille, der mich bis
dahin aufrechterhalten hatte, schien bereit, den Kampf als
hoffnungslos aufzugeben und den Körper seinem Untergang
auszuliefern. Entsetzt entdeckte ich ein paar Tage später, daß
ich mich manchmal in einem leichten Delirium befand. Meine
Sinne waren noch klar genug zu erkennen, daß ich verloren
war, wenn die Lage sich verschlimmern sollte. Ich benutzte
meine Intelligenz und schöpfte alle meine Möglichkeiten aus,
aber verfehlte elendiglich, einen Ausweg zu finden. Schließlich
verlor ich alle Hoffnung. In der Stimmung der tiefsten Niedergeschlagenheit bereitete ich mich auf den Tod vor. Ich war
entschlossen, mein Leben zu beenden, ehe der Wahnsinn mich
dieser Möglichkeit beraubte. Überwältigt von dem Entsetzen,
das mich umgab, hatte ich schon fast die Kraft verloren, vernünftig zu denken oder meinen Willen einzuschalten, um
diesem Todesimpuls zu widerstehen. Bilder von Wahnsinnigen tauchten vor mir auf, blaß und bleifarben, mit schäu-
mendem Mund, kreischend und aus vollem Halse schreiend,
mit wirren Gebärden und wild starrenden blutunterlaufenen
Augen, mit Leibern, die sich in Heftigkeit schütteln. Ehe ich an
diesem Abend zu Bett ging, umarmte ich lange meine Frau mit

meinen schwachen, gelähmten Armen. Voller Angst betrachtete ich ihr abgehärmtes Gesicht und mit brennenden Tränen in den Augen gab ich sie Gott anheim, gequält von der unvermeidlichen Trennung, die uns bevorstand und die mir nun keine Möglichkeit mehr ließ, ihr ein Vielfaches an Liebe zu schenken für ihre Treue und ihren Opfermut. Mit Namen rief ich meine beiden Söhne zu mir, umarmte sie zärtlich, drückte beide an meine Brust und vertraute sie Seiner Hilfe für immer an. Es zerriß mir fast das Herz, daß ich meine liebe Tochter, die in Srinagar das Haus hütete, nicht mehr sehen konnte. Auch sie legte ich in die Hände Gottes. Als ich ihr Bild zum letzten Mal in meinem Geiste sah, schöpfte ich auf einmal wieder tief Atem. Ich streckte meinen schmerzenden Körper auf meinem Bett aus und schloß meine Augen. Das große Schluchzen, das meine Brust erschütterte, konnte ich nicht unterdrücken.

Es dauerte eine Weile, bis ich mich wieder gefaßt hatte. Ich hatte gedacht, es wäre mein letzter Abschied von meiner Frau und meinen Kindern und mein Tod sei unausweichlich. Dann begann ich über meinen Entschluß ernsthaft nachzudenken. War es nicht töricht zu erwarten, daß ich beim weiteren Fortschritt der Krankheit einen friedlichen Tod haben würde? Dem Sterben würde sicher ein wilder Wahnsinn vorangehen, den ich unter allen Umständen vermeiden mußte. Ich dachte über die verschiedenen Arten nach, mit denen ich mein Leben beenden konnte und versuchte, diejenige herauszufinden, die am leichtesten und am wenigsten schmerzhaft war und die ich in meiner sehr schwachen Verfassung auch ausführen konnte. Ich erwog die Möglichkeiten, dann verfiel ich wieder in Bewußtlosigkeit, während ich mich von der einen Seite auf die andere wälzte, weil mich die Schlaflosigkeit erbarmungslos verfolgte. Stunden vergingen, ohne daß mein erregtes Gehirn zu einer Entscheidung kam. Es wanderte von einer unklaren Gedankenkette zu einer anderen, ohne die Kraft, auch nur eine zu beenden. Ich weiß nicht wie es geschah, daß ich in den frühen Stunden der Dämmerung, zum ersten Male seit Wochen, in einen schlafähnlichen Zustand glitt und einen lebhaften Traum hatte. Ich sah mich beim Essen sitzen, ein halb gefüllter Teller stand vor mir mit Reis und einem Fleischgericht, das in Kaschmir üblich ist und das ich mit Freuden aß. Ich erwachte sofort. Der Glanz, den ich im Traum wahrnahm, hielt auch in den wachen Stunden noch für einige Zeit an. Ein plötzlicher Gedanke schoß durch meinen, dem Wahnsinn nahen Geist. Ich rief meine Frau zu mir und bat sie mit schwacher Stimme, mir jede zwei Stunden an diesem Tag etwas Essen zu bringen und schon am frühen Morgen damit zu beginnen. Zusätzlich zur Milch sollte sie mir etwas gut zubereitetes, leicht verdauliches Fleisch bringen. Sie folgte meiner leisen Bitte aufs Wort, kochte eigenhändig mein Essen und brachte es mir auf die Minute. Ich aß mechanisch. Meine Arme und Hände zitterten, während ich das Essen zum Munde führte, ein deutliches Zeichen des Wahnsinns. An diesem Tage machte es mir fast noch mehr Mühe, die Nahrung zu kauen. Mit Milch gelang es mir, sie hinunterzuschlucken. Nachdem ich um neun Uhr das letzte Mal gegessen hatte, fühlte ich eine leichte Besserung. Die Spannung ließ nach und machte dem Gefühl einer völligen Erschöpfung Platz. Es überkam mich eine beruhigende Schläfrigkeit, bis ich mit einem unsagbaren Glücksgefühl, das mich weinen machte, in seligen Schlaf verfiel. Ich schlief tief bis in den Morgen hinein, wie gewöhnlich eingehüllt von strahlendem Licht.

FÜNFZEHNTES KAPITEL

WECHSELNDE ERFAHRUNGEN

Am nächsten Tag setzte ich den Abstand zwischen dem Essen auf eine Stunde herab, erhöhte ihn nach einer Woche wieder auf eineinhalb Stunden und nahm in dieser Zeit zu meinen Mahlzeiten auch Früchte und etwas Joghurt zu mir. Allmählich verschwanden die Zeichen des Wahnsinns. Der Schlaflosigkeit folgte eine Zeit des übermäßigen Schlafbedürfnisses. Gerne überließ ich mich Tag und Nacht dem wohltätigen Einfluß des Schlafes und wachte nur zur Essenszeit auf, wenn mich meine Frau sanft und vorsichtig weckte. Sie blieb den ganzen Tag in der Küche, richtete eine Mahlzeit nach der anderen zu und bereitete mir heiße, appetitanregende Gerichte mit einer Liebe und Sorgfalt, wie es nur eine hingebungsvolle Frau vermag. Meine Kraft nahm zu. Nach zwei Wochen konnte ich wieder von einem Zimmer ins andere gehen. Den Abstand zwischen den Mahlzeiten verlängerte ich jetzt auf zwei Stunden und verringerte so die Nahrungseinnahme.

Vom Schlaf erfrischt, wurde mein Geist klarer und das Entsetzen schwand langsam aus ihm. Trotz der Ausstrahlung, die jetzt immer riesenhaftere Formen annahm, spürte ich ein tiefes Vertrauen zu mir selbst und hoffte, daß ich — wenn nichts Unerwartetes geschähe — die Krise mit Sicherheit überwinden würde.

Wie von einem neu entwickelten Geschmackssinn geführt, wählte ich die einzelnen Bestandteile jeder Mahlzeit aus, lehnte die eine Sorte ab, nahm etwas mehr von der anderen und traf eine Zusammenstellung von Saurem und Alkalischem, Süßem und Salzigem, von Obst und Gemüse auf eine Art, die meinem Darm half, die Riesenmengen, die er auf Anregung des immer mächtiger leuchtenden Stromes zu sich nahm, ohne Nachteile zu verdauen. Ich machte jetzt eine Erfahrung durch, die so verwunderlich und unheimlich war, wie jede andere, die ich schon durchschritten hatte. Kein Mensch, der bei Sinnen ist, könnte glauben, daß eine solche übernormale Leistung der Verdauungsorgane möglich ist und einen maßvollen Esser von heute auf morgen in einen Vielfraß verwandelte. Mein Magen verbrauchte unheimliche Mengen, ohne darunter auch nur im geringsten zu leiden. Es war, als würde alles vom Feuer aufgezehrt. Ich hatte von Yogis gehört und gelesen, die eine unglaubliche Macht über ihre Verdauung besessen hatten und ohne Schaden größte Mengen durch den Bedarf der feurigen Energie vertilgen konnten. Ich hatte aber solche Geschichten niemals für ernst gehalten. Was ich früher nicht geglaubt hatte, erlebte ich nun am eigenen Leib. Immer wieder war ich höchst erstaunt über die Kräfte und Möglichkeiten, die verborgen in unserem Körper liegen.

Die Wildheit meines Appetites beunruhigte mich nicht so sehr, wie mich die Aufnahmefähigkeit meines Magens verwunderte. Ich aß mindestens viermal so viel als vor dem Erlebnis. In der ersten Woche muß es sogar sechsmal so viel gewesen sein. Es war entsetzlich. Die Nahrung verschwand in meinem Magen, als hätte sie sich in Luft aufgelöst. Sie wurde von den hungrigen Zellen des Körpers gierig aufgesogen. Wenn ich die Essenszeit nicht genau beachtete, hatte ich plötzlich keinen Hunger mehr und der Geschmack verging. Manchmal steigerte sich dies zu einem Gefühl des Ekels und zu einer völligen Abneigung gegen jede Art von Nahrung. Die Erfahrung hat mich gelehrt, daß dies die Anzeichen für vergiftete Nerven sind, die auf den ersten Stufen der Erweckung nicht ganz zu vermeiden sind. Hierfür gibt es kein anderes Heilmittel, als sich trotz der Abneigung richtig zu ernähren. Man sollte darauf achten, nur die beste, ganz natürliche Nahrung zu nehmen, die leicht verdaulich ist und immer nur so viel, wie man gut vertragen kann, in einem regelmäßigen Abstand, der für gewöhnlich nicht länger als drei Stunden sein sollte. Ein nahrhaftes Essen ist für den Magen in allen normalen Fällen wesentlich und sollte deshalb mit Sorgfalt zubereitet werden, um dem Nervensystem die Kraft zu geben, sich selber von den Unreinheiten zu befreien.

Wir befinden uns heute noch völlig im Dunkeln über das Wesen und die Natur der feinen organischen Essenz im Körper, die der beständig fließenden Kraft der Nerven und Gedanken als Nahrung dient. In den ersten Stadien der Erweckung, bis sich der Körper an das Fließen des leuchtenden Stromes gewöhnt hat, ist der einzige Schutz für das Leben und die Gesundheit ein Essen im rechten Maß, in der rechten Zusammenstellung und im rechten Zeitabstand. Die ganze Wissenschaft der Kundalini gründet auf der Annahme, daß es möglich ist, eine machtvolle schlummernde Kraft im menschlichen Körper zu erwecken, damit der Geist die Freiheit von der Herrschaft der Sinne erlangt, so daß er sich ungehindert zu seinen himmlischen Höhen erheben kann. Der Gedanke, eine schlafende Lebenskraft im Körper zur Tätigkeit anzureizen, kann — im Lichte der modernen Wissenschaft betrachtet — nur die Entwicklung oder Erzeugung einer neuen Art von Lebensenergie bedeuten, die eine Umgestaltung des Nervensystems voraussetzt. Ohne eine biologische Evolution ist diese nicht möglich.

Zu Beginn wie auch später wird von den Eingeweihten Nahrung, die ihrem Appetit und ihrer Konstitution entspricht, in erstaunlichen Mengen eingenommen — als Opferspeise für die innere Kraft. Die Abneigung gegen das Essen ist kennzeichnend für eine plötzliche Erweckung der Kundalini. Die überraschende Befreiung der neuen Kraft und ihr stürmisches Durchdringen der Nerven verursacht akute Störungen im Verdauungs- und Ausscheidungssystem. Die ständige Gegenwart eines Lehrers in diesem kritischen Augenblick wurde immer als wesentlich erachtet. Nicht selten muß er, um das Leben zu erhalten, die Nahrungsaufnahme erzwingen, wenn der Schüler, durch die unheimlichen Vorgänge in seinem Inneren völlig entnervt, die Herrschaft über sich selbst verliert und aus innerem Ekelgefühl und völliger Verwirrung die Willenskraft zum Essen nicht aufbringen kann. Um in gefährlichen Situationen Unheil zu verhüten und um sich gegen das völlig unberechenbare Verhalten der Verdauungs- und Ausscheidungsorgane nach der Erweckung zu schützen, müssen sich die Schüler des Hatha-Yoga viele Jahre ihres Lebens um die Fähigkeit bemühen, Magen und Darm willentlich zu entleeren als Vorbereitung für Schwierigkeiten, die früher oder später mit ziemlicher Sicherheit auftreten. Die Schüler oder diejenigen, die es werden wollen, müssen die Vorübungen und die Methoden der Körperkontrolle beherrschen, ehe sie den höchsten aber gefährlichen Weg der Erweckung der geistigen Kraft einschlagen.

Anfang April 1944 reisten wir nach Srinagar. Dank der gemeinsamen Anstrengungen meiner Frau und ihres Vaters, dank der Mühen, die diese auf sich nahmen, um für die zweitägige Reise über die Hügel Vorsorge zu treffen, erreichten wir ohne weiteres Mißgeschick in meinem damals äußerst geschwächten Zustand Srinagar. Von meinen Verwandten und Freunden umgeben, von meiner Frau und Tochter mit unverdrossener Sorgfalt gepflegt, machte dort meine Genesung schnelle Fortschritte. In einigen Monaten gewann ich genügend Kraft, um meine Pflichten im Büro wieder aufzunehmen und ich wurde innerhalb eines Jahres wieder so kräftig und widerstandsfähig, daß ich Anstrengungen, Belastungen und Spannungen ohne Müdigkeit ertragen konnte. Zurückblieb zunächst nur eine Empfindsamkeit in Ernährung und Verdauung. Ich mußte deshalb die frühere Beschränkung auf zwei Mahlzeiten am Tag mit je einer Tasse Milch und einer Scheibe Brot am Morgen und am Abend wieder aufnehmen. Am Jahresende war mein Appetit wieder normal geworden und die Menge an Nahrung gemäßigt. Ein wenig Fleisch wurde als notwendige Zutat hinzugefügt. Die strahlende Erscheinung der äußeren Gegenstände ebenso wie der Gedankenformen und der helle Glanz der Traumbilder nahmen während der schlimmsten Zeit der letzten Ungeordnetheiten in einem solchen Maße zu, daß ich beim Anblick einer wunderschönen, von Sonne erleuchteten Landschaft immer das Gefühl hatte, ich blickte auf ein himmlisches Schauspiel, das von einem fernen Elysium auf die Erde getragen worden sei, erleuchtet von den tanzenden Strahlen schmelzenden Silbers. Dieser erstaunliche Zug meines Bewußtseins, der natürlich rein subjektiv war, unterlag niemals einer Veränderung. Nur nahm er im Laufe der Zeit an Transparenz, Helligkeit und durchdringender Kraft zu. Er umhüllt mich auch weiter und ich erblicke heute alles in unaussprechlichem Glanz.

Jahre vergingen, ohne daß eine neue Entwicklung in mir sichtbar wurde. Alles, was geschah, ereignete sich innerlich, jenseits meines Wissens, außerhalb meines Gesichtskreises. Da ich in mir keine andere Veränderung wahrnahm mit Ausnahme des Lichtmeeres, in dem ich lebte, und durch die letzte fürchterliche Periode vor jedem Wunsch gewarnt, das Übernatürliche wieder herbeizurufen, beschäftigte ich mich ganz mit der Welt und ihren Angelegenheiten. Ich wollte versuchen, ein normales Leben zu führen. 1946 leitete ich zusammen mit einigen Kollegen eine Bewegung für wirtschaftliche Reform in allen verpflichtenden sozialen Funktionen unserer Gemeinschaft. Ich erkannte mit aller Klarheit die drückende Last des Elends, selbst der Schmach, die eine Familie mit geringem Einkommen das ganze Leben lang tragen muß, fast bis zum Scheiterhaufen der Verbrennung hin. Dies alles um des vorübergehenden Vergnügens willen, die Nachbarn an Prunk und Schau, an großartigen Festen, im Reichtum der Ausstattung und in anderen Äußerlichkeiten sozialer Zeremonien zu übertreffen. Ich wollte Gebräuche schaffen, die es ermöglichen würden, daß ein Mann von bescheidenem Einkommen ohne Schaden für seine Selbstachtung oder Beeinträchtigung seiner gesellschaftlichen Stellung der Gefahr entrinnen könnte, sich ins Gerede zu bringen. Bei diesem Versuch machten wir uns mehr Feinde als Freunde und ernteten mehr Tadel als Lob, mehr Widerstand als Hilfe, so daß wir ihn letzten Endes aufgeben mußten.

Im Sommer 1947 wurde meine Tochter unserem Reformschema entsprechend in unauffälliger Weise verheiratet. Der Dank hierfür gebührt ihrem Mann, einem tüchtigen jungen Juristen, der in frühen Jahren als Waise ohne Mittel zurückgelassen worden war. Er hatte verführerische Angebote reicher Mitgift abgelehnt, um die mitgiftlose Tochter eines armen Mannes zu heiraten. Die Verbindung wurde von einem Freund seines älteren Bruders vorgeschlagen, während ich in Jammu war. Ich brauchte nur noch meine schriftliche Zustimmung zu geben. Auf diese Weise befreite mich die Natur von der Mühe, in meiner seltsamen geistigen Verfassung lange einem geeigneten Partner für meine Tochter nachjagen zu müssen, der aus kindlicher Redlichkeit ebenso bemüht war wie ich selbst, daß meine Grundsätze bezüglich der Mitgift in keiner Weise verletzt würden.

Im Herbst des gleichen Jahres wurde das friedliche Tal von Kaschmir durch einen plötzlichen Einfall plündernder Horden von Grenzstämmen erschüttert. Diese Männer waren organisiert und von ausgebildeten Kriegern geführt. Sie stürzten sich auf die schutzlose Bevölkerung von Kaschmir, plünderten, raubten und töteten unterschiedslos, bis fast die Hälfte der nördlichen Seite des Tales von dem Wehklagen der Beraubten und den Schreien der Geplünderten widerhallte. Als das Blutbad vorüber war und die Eindringlinge sich nach einigen Handgemengen mit indischen Streitkräften zurückgezogen hatten, gingen die Mitglieder unserer kleinen Schar von Begeisterten, die bereit waren, ihre Kräfte für eine edle Sache einzusetzen, an die mühsame Aufgabe, vielen der ausgeplünderten Opfer Erleichterung zu bringen.

Die Beamten siedelten in diesem Winter nicht nach Jammu um. Es herrschten in vielen Grenzgebieten des Staates zu stürmische Zeiten, die durch die Massenmorde und Plünderungen ausgelöst worden waren. Ich konnte deshalb meinen Pflichten in Srinagar nachgehen und vergaß das Entsetzen der Lage durch den erschöpfenden Dienst, dem wir uns gewidmet hatten. Ich konnte auch im Winter 1948, ganz ausgefüllt von dieser Aufgabe, Kaschmir nicht verlassen. So mußte ich um Urlaub bitten, damit ich die begonnene Arbeit weiterführen konnte in einer Zeit, in der unser eigenes Schicksal in der Waagschale lag. Während dieser Zeit spielten sich bedeutsame Veränderungen im politischen Staatsgebäude ab. Der erbliche Herrscher mußte abdanken und machte einer Volksregierung Platz. Diese große Umwälzung hatte in ihrem Gefolge zahllose andere, die neue Werte an die Stelle der alten setzten und neue Wege des Denkens und Handelns öffneten. Die alte Ordnung änderte sich, wie dies oft geschehen ist, ohne dabei die notwendige Veränderung zur Besserung der menschlichen Natur mit zu vollziehen. Die Lektion, die eine Revolution bringt, wird bald wieder vergessen und man handelt in einer Weise, die nach einiger Zeit eine neue Erhebung unvermeidlich macht.

Im November 1949 ging ich wieder in mein Büro nach Jammu. Meine Frau blieb lieber in Srinagar, um nach dem Haus und den Kindern zu sehen. Sie vertraute auf meine Gesundheit und meine Geschicklichkeit, auf mich zu achten, um die Leiden zu vermeiden, die ich während der letzten zwei Jahre hatte ertragen müssen. Mein Körper hatte so regelmäßig funktioniert, daß nicht die leiseste Ursache für eine Störung aufgetreten war. Auf der anderen Seite hatte ich Kraft und auch Freude an der mühsamen Aufgabe, die wir uns gestellt hatten, das Unglück von Hunderten von Familien zu lindern. Wir selbst waren nur eine Handvoll Männer ohne Hilfsquellen oder Einfluß zu einer Zeit äußerster Anspannung und unter härtesten Bedingungen. Ich lebte in Jammu bei einem alten Freund, der mir liebenswürdigerweise ein Zimmer zur Verfügung stellte. Ich nahm seine Gastfreundschaft gern an, da er sie mit großer Herzlichkeit und Liebe anbot und sie mir manche Erleichterungen verschaffte, vor allem die Möglichkeit, für mich ganz allein zu sein und mich in die Betrachtung des strahlenden Glühens in mir zu versenken. Es hatte begonnen, bis zu einem gewissen Grad den verzückenden Charakter der Vision anzunehmen, die ich am ersten Tage des Erwachens wahrgenommen hatte.

Nach der furchtbaren Erfahrung, die ich früher erlebt hatte, machte ich absolut keinen Versuch, wie zuvor zu meditieren. Ich tat jetzt etwas ganz anderes. Ohne jede Anstrengung und manchmal auch ohne eigenes Wissen sank ich tiefer und tiefer in mich selbst, mehr und mehr überflutet von den glänzenden bewußten Wellen, die in Größe und Ausmaß zuzunehmen schienen, je mehr ich ohne Widerstand in das Meer des Bewußtseins versank. Nach etwa zwölf Jahren war eine seltsame Veränderung in dem glühenden Kreis des Gewahrseins um meinen Kopf herum eingetreten. Sie brachte mir stets eine subtile Welt des Lebens ins Bewußtsein, die sich nach allen Seiten ausbreitete, wo immer ich atmete, ging und tätig war. Dabei hatte ihre alles durchdringende, gleichbleibende Eigenart keinen Einfluß auf meine täglichen Unternehmungen in der Welt; auch wurde sie nicht von diesen berührt. Um noch klarer zu sprechen: Es schien, als ob ich mich bewegte und handelte und dabei von einer äußerst subtilen, unsichtbaren, bewußten, wunschlosen Leere umschlossen war, so wie wir von Radiowellen umgeben sind. Es bestand nur der eine Unterschied, daß ich das Vorhandensein dieser Wellen nicht wahrnehmen oder fühlen konnte und gezwungen war, ihr Dasein durch die Logik bestimmter Tatsachen anzuerkennen. Ich wurde des unsichtbaren Mediums durch innere Bedingungen gewahr, als würde mein eigenes begrenztes Bewußtsein seine Grenzen überschreiten und auf allen Seiten in unmittelbare Berührung mit seiner eigenen Substanz kommen, so wie ein empfindender Tautropfen, der unberührt im Meer des reinen Seins versinkt, ohne sich mit der umgebenden Wassermenge zu vermengen.

Während der vergangenen Monate hatte ich bei einigen Gelegenheiten dieses Bestreben meines Geistes bemerkt, sich, ohne einer Schranke zu begegnen, in sich selbst auszuweiten und sich gleichsam wie ein Öltropfen auf der Oberfläche des Wassers auszubreiten, bis ich mich mit einer Anstrengung zusammennahm und wieder in meinen natürlichen Zustand zurückfand. Aber auch dieser war schon weit ausgedehnter als das ursprüngliche Bewußtseinsfeld vor dem Erwachen. Ich hatte dieser Phase keine zu große Bedeutung beigemessen, da ich sie für einen Versuch des Geistes hielt, in Träumereien zu verfallen, die durch ihre leuchtende Fülle den Eindruck einer stärkeren inneren Ausweitung hervorriefen. Darin aber war keine zusätzliche Veränderung meines schon seltsamen geistigen Zustandes eingeschlossen. Etwa einen Monat nach meiner Ankunft in Jammu bemerkte ich, daß nicht nur dieses Bestreben ausgeprägter und häufiger geworden war, sondern daß das tägliche Eintauchen in die Tiefen meines leuchtenden Wesens zu einer Quelle des Glücks und der Kraft für mich wurde. Die Entwicklung war jedoch so allmählich und die Veränderung so wenig wahrzunehmen, daß ich mir vorstellte, die ganze Begebenheit sei Ausdruck der allgemeinen Besserung meiner Gesundheit, die ich mehr dem zuträglichen Klima als irgendeiner besonderen Gegebenheit meines Körpers zuzuschreiben hätte.

Gegen die dritte Woche im Dezember bemerkte ich, wenn ich aus diesen Augenblicken der Versenkung zurückkehrte, die nun zu einem regelmäßigen Erlebnis meiner einsamen Stunden geworden war, daß mein Geist bei der Dichtung meines Lieblingsmystikers verweilte. Ohne den leisesten Gedanken, meine Kunst als Dichter zu erproben, es sei denn in der Versenkung, versuchte ich mich darin, indem ich die mystischen Reime, die ich am meisten liebte, als Vorbild nahm. Außer der Tatsache, daß ich mich an einige dutzend Reimpaare aus den Werken der Mystiker erinnerte, verstand ich nichts von Dichtkunst. Nach einigen Tagen rein spielerischer Versuche erfaßte mich Unruhe und zum ersten Mal in meinem Leben fühlte ich den Drang, Verse zu schreiben. Nicht ernsthaft beeindruckt von dem, was ich für einen vorübergehenden Impuls hielt, brachte ich einige Strophen zu Papier und widmete mich mehrere Stunden täglich dieser Aufgabe.

Ich schrieb in Kaschmiri, aber etwa nach vierzehn Tagen täglicher Arbeit fand ich, daß ich keine Fortschritte machte. Die Unfruchtbarkeit meiner Bemühungen, Verse zu schreiben, zwang mich zu größeren Anstrengungen. So widmete ich noch mehr Zeit dem, was jetzt zu einem regelmäßigen faszinierenden Hobby für mich wurde.

Die Kompositionen wurden dennoch nicht im geringsten besser und ich mußte manchmal stundenlang daran arbeiten, eine Zeile zu vollenden und noch länger, um das Gegenstück dazu zu finden. Ich brachte diese neue Neigung niemals in Verbindung mit der geheimnisvollen Kraft, die in meinem Körper wirkte. Aber diese erfolglosen Versuche, die ich in der Dichtung machte, bildeten ein willkürlich gehandhabtes Vorspiel für eine aufregende Begebenheit, die bald danach eintrat. Mir wurde innerlich gesagt, ich solle ein neu entwickeltes Talent in mir ausüben, von dessen Dasein ich sonst keine Ahnung hätte haben können. Meine rohen Versuche waren das erste Zeichen dieser Schulung.

Während dieser Tage war ein begeistertes Mitglied unserer kleinen Gruppe, eine eifrige Helferin aus Kaschmir, zu Besuch in Jammu. Sie kam oft zu mir, meist um Neuigkeiten über unsere Arbeit in Srinagar zu empfangen, über die ich regelmäßige Berichte von unserem Schatzmeister oder Sekretär erhielt. Eines Tages bot ich mich an, sie nach Hause zu begleiten, da ich durch einen längeren Spaziergang die leichte Depression, die ich damals hatte, zu verlieren hoffte. Wir gingen gemütlich und besprachen unsere Arbeit, als ich plötzlich, beim Überqueren der Tawi-Brücke, in eine solche tiefe Versunkenheit fiel, daß ich fast die Beziehung zu meiner Umgebung verlor. Ich hörte nicht mehr die Stimme meiner Begleiterin; sie schien in die Entfernung zurückgewichen zu sein, obgleich sie an meiner Seite ging. Neben mir fühlte ich in einer Glut von strahlendem Licht plötzlich eine, wie mir schien, machtvolle Gegenwart, die aus dem Nichts aufgetaucht war und mich umfaßte und alle Gegenstände überschattete, die um mich waren. Es strömten zwei Linien eines wunderbaren Verses in Kaschmiri aus ihr und flossen vor meinen Augen vorbei wie ein leuchtendes Schreiben in der Luft, das so plötzlich wieder verschwand wie es gekommen war.

Als ich wieder zu mir fand, starrte mich das Mädchen in reinem Entsetzen an, verwirrt von meinem plötzlichen Schweigen und dem Ausdruck äußerster Losgelöstheit auf meinem Gesicht. Ohne ihr zu enthüllen, was alles geschehen war, wiederholte ich den Vers. Ich sagte ihr, daß er plötzlich in meinem Bewußtsein ohne meinen Willen Gestalt angenommen habe und ich deshalb das Gespräch unterbrochen hätte. Sie hörte mir verwundert zu, berührt von der Schönheit der Reime und wog jedes Wort ab. Dann meinte sie, es grenze an das Wunderbare, daß ein Mensch, der niemals von der Muse begünstigt worden war, solchen ausgezeichneten Vers beim ersten Versuch in dieser

Blitzeseile gedichtet habe. Ich hörte ihr schweigend zu, fortgetragen von der Tiefe der eben erlebten Erfahrung. Bis zu dieser Stunde war alles, was ich vom Überbewußtsein erfahren
hatte, rein subjektiver Art. Man konnte es weder vorzeigen,
noch von jemanden bezeugen lassen. Nun aber hatte ich zum
ersten Mal einen faßbaren Beweis der Verwandlung, die sich
in mir ereignet hatte und die meinem Oberflächen-Bewußtsein
weder verständlich noch von ihm abhängig war.

SECHZEHNTES KAPITEL

DICHTUNG IN VERSCHIEDENEN SPRACHEN

Nachdem ich meine Begleiterin an ihren Bestimmungsort gebracht hatte, kehrte ich zum Abendbrot nach Hause zurück.
Den ganzen Heimweg über fühlte ich mich in der wohligen
Stille des Abends und der willkommenen Einsamkeit des unbe-
lebten Weges tief versunken in das Rätsel, das die Vision und
der plötzliche Sprung meines Geistes in eine andere Richtung
mir aufgaben. Je eingehender ich das Problem prüfte, umso
erstaunter war ich über die tiefe Bedeutung des Geschaffenen,
die ausgezeichnete Gestaltung und ansprechende Sprache der
Zeilen. Unter keinen Umständen konnte ich die künstlerische
Darbietung als eigenes Werk beanspruchen, als freie Schöpfung
meiner eigenen erdachten Gedanken.

Ich erreichte mein Zuhaus noch ganz versunken in den gleichen Gedankengang und setzte mich ganz vertieft zum Essen
nieder. Ich nahm mechanisch und schweigend die ersten Bissen,
ohne meiner Umgebung gewahr zu sein oder der Nahrung, die
vor mir stand. Ich war auch nicht fähig, mich aus dem Zustand
der tiefen Versunkenheit, in den ich gefallen war, herauszufinden. Mich hielt nur noch ein kleiner Faden mit meiner Umwelt
zusammen wie ein Schlafwandler, der instinktiv davor zurückgehalten wird, mit den Gegenständen auf seinem Weg zusam-
menzustoßen, bewußt aber ihrer nicht gewahr wird. Mitten in
der Mahlzeit, bei der ich noch in dem gleichen Zustand halber
Verzauberung war, hielt ich ganz plötzlich an. Ich versenkte
mich in eine wunderbare Erscheinung, die in den Tiefen meines
Seins sich entfaltete. Meine Haare standen in ehrfurchtsvollem
Schaudern und Staunen zu Berge.

Ohne irgendeine Bemühung, bequem auf einem Stuhl sit-
zend, war ich allmählich — ohne es wahrzunehmen — hin-
übergeglitten in einen Zustand der Erhebung und Selbstaus-

weitung, ähnlich dem zum ersten Mal im Dezember 1937 erfahrenen. Der einzige Unterschied war, daß jetzt an die Stelle des Tosens in meinen Ohren ein Tonfall kam, der dem Summen eines Bienenschwarms glich, voller Zauber und Melodie, und die einkreisende Glut von einem durchdringenden silbernen Strahlen ersetzt wurde, das schon zu meinem inneren und äußeren Sein gehörte.

Der wunderbare Aspekt dieses Zustandes lag in der plötzlichen Erfahrung, daß ich trotz der vorhandenen Bindung an meinen Körper und die Umgebung in unbeschreiblicher Weise zu einer titanischen Persönlichkeit ausgeweitet war, von innen her bewußt eines unmittelbaren direkten Kontaktes mit einem intensiv bewußten Universum, einer wunderbaren unaussprechlichen Immanenz, die mich überall umgab. Mein Körper, der Stuhl, auf dem ich saß, der Tisch vor mir, der Raum mit seinen Wänden, die Rasenfläche draußen und der Raum dahinter, einschließlich Erde und Himmel erschienen erstaunlicherweise als reine Phantome in dieser Realität des alles durchdringenden Meeres des Seins. Wenn ich dieses so Unglaubhafte zu erklären versuche, so schien es ungebunden sich unermeßlich in alle Richtungen auszudehnen und zugleich doch nicht größer zu sein, als ein unendlich kleiner Punkt. Aus diesem wunderbaren Punkt strömte das ganze Sein aus wie ein Strahlen, von dem mein Körper und seine Umgebung nur ein Teil waren. Es schien, als ob ein Projektor, so klein wie ein Stecknadelkopf, das Bild des Kosmos auf die Unendlichkeit ausstrahlte in einer Größe, die meiner Vorstellung von ihm entsprach. Das ganze intensiv tätige und riesige Weltbild hing von den Strahlen ab, die aus dem Projektor hervorgingen. Das uferlose Meer des Bewußtseins, in das ich jetzt versunken war, erschien zur gleichen Zeit unendlich groß und unendlich klein. Groß im Verhältnis zu dem Weltbild, das darin schwebte und klein an sich betrachtet, unmeßbar, ohne Form und Größe, nichts und dennoch alles.

Es war eine erregende und beunruhigende Erfahrung, zu der ich keine Entsprechung, kein Gleichnis geben kann, eine Erfahrung jenseits von allem und jedem, das zu dieser Welt gehört und dem Denken faßbar oder den Sinnen wahrnehmbar ist. Ich war innerlich ganz intensiv eines wunderbaren Wesens gewahr, so konzentriert und gesammelt bewußt, daß ich das kosmische Bild immerwährend in seiner Erscheinung und Gestalt gegenwärtig hatte — nicht nur in Ausmaß und Helligkeit, sondern auch in Wirklichkeit und Substanz. Die Welt der Erscheinung, die in ständiger Bewegung ist, das charakteristische Merkmal der Schöpfung in nicht aufhörender Wandlung und Auflösung, rückte in den Hintergrund und nahm den Ausdruck einer äußerst dünnen, schnell sich auflösenden Schaumschicht an, die auf einem von innen her bewegten Meer des Lebens liegt, eines Schleiers von äußerst feinem Dampf vor einer unendlich großen bewußten Sonne. Dies bedeutete eine vollkommene Umkehrung der Beziehung zwischen der Welt und dem begrenzten menschlichen Bewußtsein. Es zeigte, wie der einst alles beherrschende Kosmos in einen Zustand vergänglicher Erscheinung zurückgeführt wurde und der einst sorgfältig gehütete Punkt des Bewußtseins, den der Körper umschreibt, sich zu den Dimensionen eines mächtigen Universums weitete und die erhabene Statur einer majestätischen Immanenz zeigte, vor der der materielle Kosmos zu der untergeordneten Stellung eines vorübergehenden und trügerischen Beiwerks zusammenschrumpfte.

Ich erwachte aus dem Halb-Trance nach etwa einer halben Stunde, bis in die Wurzeln meines Wesens von der Hoheit und Herrlichkeit der Vision erschüttert. Ich hatte die Zeit völlig vergessen, obgleich ich in der Intensität der Erfahrung mein gewöhnliches Leben weitergeführt hatte. Während dieses Zeitraums gab es, wahrscheinlich durch innere und äußere Anreize verursachte Veränderungen in meinem Körper und Geist, Perioden von tieferer und schwächerer Durchdringung, die sich nicht unterschieden nach der Zeit, sondern nach dem Zustand der immerwährenden Gegenwart. Wenn die Durchdringung am stärksten war, nahm diese eine solche ehrfurchterregende, allmächtige, allwissend glückselige und zugleich vollkommen unbewegliche, unberührbare und formlose Art an, daß die unsichtbare Linie zwischen der materiellen Welt und der grenzenlosen, allbewußten Wirklichkeit zu bestehen aufhörte und beide ineinanderflossen. Der mächtige Ozean wurde von einem Tropfen aufgesaugt, das riesige dreidimensionale Weltall von einem Sandkorn geschluckt, die ganze Schöpfung, der Wissende und das Gewußte, der Seher und das Gesehene wurden in eine unaussprechliche dimensionslose Leere zurückgeführt, die kein Denken erfassen und keine Sprache beschreiben kann.

Ehe ich aus diesem Zustand völlig erwachte und bevor der

Glanz, in dem ich mich befand, vollkommen geschwunden war, erschienen mir in dem strahlenden Glühen meines Geistes die Reime, die dem Vers folgten, der plötzlich in der Nähe der Tawi-Brücke in mir Form gewonnen hatte. Die Zeilen entstanden, eine nach der anderen, als würden sie in das dreidimensionale Feld meines Bewußtseins von einer anderen Quelle verdichteter Erkenntnis tropfenweise hineingeworfen. Sie kamen aus den Tiefen meines Seins hervor und entfalteten sich plötzlich in völlig gestalteten Versen, wie die fallenden Schneeflocken aus kleinen Stücken in der Luft zu deutlich geschnittenen Kristallen werden, wenn sie sich dem Auge nahen. Dann verschwanden sie ebenso plötzlich, fast ohne mir Zeit zu lassen, sie in meinem Gedächtnis zu behalten. Sie kamen vollkommen geformt in Sprache, Reim und Versmaß, fertige Ergebnisse, die — so schien es — von der mich umgebenden Intelligenz hervorgebracht wurden, um an meinem inneren Auge vorbeizugehen und Ausdruck zu suchen. Ich befand mich noch in erhöhter Stimmung, als ich vom Tisch aufstand und in mein Zimmer ging. Das Erste, was ich tat, war das Niederschreiben der Zeilen, soweit ich mich an sie erinnern konnte. Es war keine leichte Aufgabe; denn während der kurzen Zeitspanne hatte ich nicht nur die Ordnung, in der die Reime kamen, sondern auch ganze Teile der Zeilen vergessen. Es war äußerst schwierig, mich ihrer wieder zu erinnern oder sie aufzufüllen. Ich brauchte mehr als zwei Stunden, um das Ausgelassene zu ergänzen.

Ich ging diese Nacht in einem erregten und freudigen Zustand zu Bett. Nach Jahren heftigsten Suchens hatte ich endlich einen Einblick in das Übersinnliche gewonnen und zugleich wurde ich das glückliche Gefäß göttlicher Gnade. Dies paßte alles vortrefflich zu den traditionellen Vorstellungen des Kundalini-Yoga. Doch konnte ich noch nicht an dieses Glück glauben; es war zu erstaunlich, um wahr zu sein. Wenn ich in mich hineinsah und mich fragte, was ich getan hätte, um dieses zu verdienen, dann fühlte ich mich sehr demütig. Ich hatte keine Erfolge auf meiner Seite, die bemerkenswert genug waren, mich für die Ehre, die mir zuteil wurde, zu berechtigen. Ich hatte ein gewöhnliches Leben geführt, niemals etwas besonders Verdienstvolles getan und niemals meine Wünsche und Genüsse vollkommen überwunden. Ich überdachte alle beachtlichen Ereignisse der vergangenen zwölf Jahre im Licht der letzten Entwicklung und fand, daß vieles von dem, was bisher dunkel und unverständlich war, nun eine tiefe und erregende Bedeutung gewonnen hatte. In der Intensität der Freude, die diese Entdeckung mir brachte, vergaß ich die furchtbare Prüfung, durch die ich hatte gehen müssen, ebenso die tödliche Ungewißheit und Angst, die während der ganzen Zeit meine Begleiter waren. Ich hatte den Kelch der Leiden bis zur Neige getrunken, um eine leuchtende, niemals nachlassende Quelle der unaussprechlichen Freude und des Friedens zu finden, die verborgen in meinem Inneren lag und auf eine günstige Gelegenheit wartete, um sich zu offenbaren. Sie schenkte mir in einem Augenblick mehr Einsicht in das Wesen der Dinge, als es ein ganzes, dem Studium gewidmetes Leben hätte tun können.

Mit solchen Gedanken fiel ich endlich in Schlaf, erneut in den strahlenden Bereich der Träume, in dem ich jede Nacht meine Heimat fand. Als ich am Morgen erwachte, war meine erste Erinnerung die übersinnliche Erfahrung des vorherigen Abends. Selbst die flüchtige Erinnerung eines überbewußten Fluges in das Wunderland der Unendlichkeit übertrifft und übersteigt alles, was wir von einer Begegnung in der physischen Welt erdenken können. Wenn man die wunderbare Schau der Natur betrachtet, dann ist es nicht erstaunlich, daß die alten Seher Indiens, die in ständiger Verbindung mit der transzendentalen Wirklichkeit blieben, die Welt nur als einen unerklärlichen Schatten, eine vorübergehende, trugvolle Erscheinung vor einer ewigen, strahlenden Sonne unbeschreibbarer Größe und Herrlichkeit betrachteten.

Ich schrieb während der nächsten zwei Wochen täglich einige Verse in der Kaschmir-Sprache nieder, die ausschließlich einen Aspekt des Unbekannten behandelten. Einige waren mit Gewißheit apokalyptischer Natur. Die Verse überfielen mich plötzlich an seltsamen Stunden des Tages oder der Nacht. Ihnen ging meist eine gewollte Pause des normalen Denkens voraus. Diesem vorbereitenden Anhalten der Denktätigkeit folgte bald ein Zustand tiefer Versenkung, als tauchte ich in mir selbst unter, um eine gewisse Tiefe zu finden, in der ich die Schwingungen der Botschaft auffangen konnte, die sich immer in Gedichten ausdrückten. Die Zeilen entfalteten in einer äußerst subtilen Form einen unsichtbaren Samen und zogen im gleichen Augenblick vor meinem Denkorgan als völlig gestaltete Verse vorüber. Jede folgte der anderen in schnellem Ablauf, bis die ganze Stelle vollendet war. Dann empfand ich

ganz plötzlich den Wunsch, mich aus dem Zustand der Halb-
entrückung zurückzuziehen und in die normale Welt zurückzukehren.

Bei einer anderen Gelegenheit hatte ich in diesen vierzehn
Tagen die gleiche übersinnliche Erfahrung wie am ersten Tag.
Sie stimmte in fast jeder Hinsicht mit der ursprünglichen überein. Ich saß auf einem Stuhl und las etwas, das ich am vorhergehenden Tag geschrieben hatte. Da hörte ich den Befehl und
lehnte mich in den Stuhl zurück, schloß meine Augen in einer
Stimmung von Entspannung und wartete auf die Ergebnisse.
In diesem Augenblick fühlte ich mich nach allen Richtungen
hin ausgeweitet. Ich vergaß die Umgebung und wurde in ein
riesiges Meer glühender Strahlen eingehüllt. Eine süße innere
Musik erklang, die ganz anders war als irgendeine Symphonie,
die man auf Erden hört. Sie kam immer näher und erreichte
ihren Höhepunkt, als ich mich mit einem plötzlichen Sturz von
allem löste, was zu der Welt der Ursachen gehört. Ich verlor
mich in der unaussprechlichen Leere, die frei ist von allen räum-
lichen oder zeitlichen Unterscheidungen. Nach mehr als einer
halben Stunde kehrte ich in meinen normalen Zustand zurück
und fand während der wenigen Minuten des Übergangs eine
wunderbare Komposition. Sie wartete darauf, von meinen Gedanken erfaßt zu werden, die durch die eben durchlebte, außergewöhnliche Erfahrung völlig verblüfft waren.

Nach vierzehn Tagen wechselte die Sprache und an Stelle
von Kaschmirisch erschienen die Reime in englischer Sprache.
Die geringe Kenntnis englischer Verse, die ich besaß, bezog sich
allein auf das Studium weniger ausgewählter Gedichte, die
einen Teil meines Schul- und College-Unterrichts gebildet
hatten. Da ich keinen angeborenen Sinn für Dichtung besaß,
legte ich niemals Wert darauf, sie zu lesen. Ich konnte aber
leicht bemerken, daß die Stelle, die vor mir erschien, den Gedichten glich, die ich gelesen hatte, wenn ich auch über ihren
Wert kein Urteil abgeben konnte, da ich nichts von den Rei-
men und dem Versmaß in englischer Dichtung verstand.

Einige Tage später erschienen die Gedichte anstatt auf Englisch in Urdu. Da ich praktische Kenntnis von Urdu habe, empfand ich keine Schwierigkeit, die Zeilen niederzuschreiben;
dennoch blieben viele leere Stellen, die erst einige Monate später ausgefüllt werden konnten. Nach Urdu kam wenige Tage
später Punjabi. Ich hatte keine Bücher in Punjabi gelesen, aber

die Sprache durch ständigen Kontakt mit Punjabi sprechenden Freunden und Kollegen während der vielen Jahre in Lahore als Student in Schule und College erlernt. Doch meine Überraschung kannte keine Grenzen, als ich einige Tage später die Weisung bekam, ich solle mich vorbereiten, Verse auf Persisch zu empfangen. Ich hatte niemals diese Sprache gelesen, konnte sie auch nicht im mindesten sprechen. Ich wartete in atemloser Erregung, und es blitzten unmittelbar nach diesem Vorzeichen einige persische Verse vor meinen Gedanken auf, in ähnlicher Weise wie die Kompositionen in anderen Sprachen. Ich hatte keine Schwierigkeiten, viele persische Worte zu erfassen, selbst die Versform der Zeilen. Da die Kaschmir-Sprache reich an persischen Worten ist, fiel es mir leicht, solche zu verstehen, die in meiner Muttersprache geläufig sind. Nach einem genügenden Maß an Bemühung und Anspannung gelang es mir, endlich die Zeilen niederzuschreiben. Aber es blieben viele weiße Stellen und Fehler, die erst sehr viel später ausgefüllt oder richtiggestellt werden konnten.

Die wenigen kurzen Gedichte auf Persisch, die ich auffangen konnte, machten mir so viel Mühe, daß ich nach einigen Tagen gezwungen war, von dieser beschwerlichen Aufgabe abzulassen. Ich war völlig erschöpft und — noch ärger — die ungesunde Auswirkung der Anstrengung wie die hervorgerufene Erregung traten ernstlich zu Tage in den längeren Zeiten der Ruhelosigkeit, die meinem Schlaf vorausgingen. Aus diesem Grund verordnete ich mir vollkommene Ruhe für mehr als eine Woche.

Nach kurzer Pause, in der ich mich in gewissem Sinn wieder hergestellt fühlte, fand ich es nicht mehr nötig, dem Impuls zu widerstehen und unterwarf mich zur geeigneten Zeit den erhebenden Stimmungen. Eines Tages, an dem ich der ungesprochenen Weisung gehorcht hatte, meine Gedanken zu entspannen und mich für die Aufnahme vorzubereiten und ich tief genug hinabgesunken war, um die subtilen Ausstrahlungen der überwältigend bewußten Quelle in mir zu erreichen, was mir trotz Tantalus-Qualen nicht gelang, fühlte ich innerlich einen Schauer tiefer Erregung, der nicht ohne Furcht jede Faser meines Wesens durchzog. Ein Zeichen blitzte durch meinen nun beruhigten Geist, das mir befahl, vorbereitet zu sein, um ein Stück in deutscher Sprache aufzunehmen.

Ich kehrte mit drängenden Gedanken aus dem Zustand des halben Trance zurück und konnte mich nicht mit der Idee versöhnen, daß eine solche unglaubliche Vorstellung möglich war. Ich hatte niemals Deutsch gelernt, noch ein Buch in dieser Sprache gesehen, hatte auch bei genauester Erinnerung niemals in meiner Gegenwart Deutsche sprechen hören und doch sollte ich jetzt ein Gedicht in dieser Sprache niederschreiben. Dies bedeutete ganz einfach eine vollkommene Leugnung der altehrwürdigen Wahrheit, daß die Sprache ein erworbener und nicht ererbter Besitz sei.

Nach Deutsch kam Französisch und Italienisch. Dann kamen einige wenige Verse in Sanskrit, denen arabische folgten. Gewiß konnte es nichts überzeugenderes geben als das Phänomen, dessen Zeuge ich während der vorangehenden wenigen Wochen war, um mir unwiderstehlich den Gedanken nahezubringen, daß ich im gelegentlichen Kontakt mit einem nicht ausdrückbaren Brunnen allen Wissens war und daß ich, wäre ich nicht so unfähig zu verstehen und zu übertragen, Dichtungen in den meisten der weltbekannten Sprachen der Erde aufnehmen könnte. Ich fühlte, wie Welle auf Welle bewußter Elektrizität durch mich strömten, angefüllt mit einem Wissen, zu dem ich — dank der ärmlichen Kapazität meines Kopfes — nicht vollen Zugang haben konnte.

Es fehlt mir die Sprache, wenn ich die Erfahrung beschreiben will, die dann und wann das höchste und erhabendste Kennzeichen meiner Existenz geworden ist. Bei einer jeden solchen Gelegenheit habe ich das Gefühl, als ob der Beobachter in mir oder — um es noch genauer auszudrücken — mein strahlendes bewußtes Selbst nur mit einer äußerst trüben Idee des körperlichen Rahmens auf einer lebhaft strahlenden Bewußtseinsebene schwebe. Jedes Bruchstück dieser Ebene stellt eine unbegrenzte Welt des Wissens dar, die Vergangenheit, Gegenwart und Zukunft umfaßt und allen Wissenschaften, Philosophien und Künsten, die jemals gekannt wurden oder in den kommenden Jahren gekannt werden, Befehle gibt. Diese sind insgesamt konzentriert und in einem Punkt enthalten, der hier und überall existiert — heute und immer —, ein formloser nicht bemeßbarer Ozean der Weisheit, aus dem Tropfen für Tropfen das Wissen in das menschliche Gehirn gefiltert wurde und weiter gefiltert wird. Bei jedem Besuch in dem übersinnlichen Bereich bin ich so überwältigt von seinem Mysterium und Wunder, daß alles andere in dieser Welt, und alles, was wir von der nächsten wahrnehmen können, jede Tatsache und jedes Ereignis meines Lebens, mit Ausnahme von diesem, jedes gegenwärtige Geschehnis in der Geschichte, jeder Ehrgeiz, jeder Wunsch und darüber hinaus selbst meine eigene Existenz, daß Leben und Tod alltäglich und trivial sind im Angesicht der unbeschreiblichen Herrlichkeit, dem unergründlichen Mysterium und dem unvorstellbaren Ausmaß des wunderbaren Lebensmeeres, dessen Ufer ich zu Zeiten nahen darf.

Siebzehntes Kapitel

GEISTIGE WELT IN DER WELT

Das tägliche Eintauchen in das Meer des Bewußtseins, zu dem ich nun unverhoffterweise Zugang gewonnen hatte, übte eine höchst beglückende Wirkung auf meinen Geist aus. Ich war voller Staunen, überwältigt von dem unberechenbaren Reichtum, den ich in mir selbst entdeckte. Die ablenkende Unruhe, die ich empfunden hatte und die schweren Zweifel über meine Lage schwanden und gaben Raum einem Gefühl unausdrückbarer Dankbarkeit gegenüber der göttlichen Macht, die trotz meiner Unwissenheit, meines beständigen Widerstandes, meiner Fehler, Schwächen und Irrtümer mit unvergleichlicher Geschicklichkeit einen neuen Kanal der Wahrnehmung und eine neue durchdringendere Sicht in mir geschaffen hatte, um mich einer erstaunlichen Existenz zuzuführen.

Trotz aller Vorsichtsmaßnahmen sickerte die Neuigkeit dieser seltsamen psychischen Manifestationen nach außen durch. Meinen Gastgeber-Freunden und den Kollegen im Amt fiel mein verändertes Benehmen und meine ständige Stimmung tiefer Versenkung auf. Auch wenn ich es versucht hätte, wäre es mir nicht möglich gewesen, mich von ihr zu befreien. Denn ich wurde ganz fortgetragen von dem Wunder einer Begebenheit, die jenseits von allem lag, das ich mir hätte vorstellen können. Gewiß konnte ich vor meinen vertrauten Mitarbeitern nicht eine solche Entwicklung verbergen, die mich aus meinem Gleichgewicht zu bringen vermochte. Mein Gastgeber, dem meine andauernden Ausfälle in einen Zustand tiefster Absonderung peinlich waren, zumal ich zuweilen alles vollkommen vergaß, beunruhigte sich nun ganz intensiv, als er zu den seltsamsten Stunden Licht in meinem Zimmer brennen sah und mich wach fand, äußerst vertieft in mein Schreiben. Da er meine mystischen Neigungen kannte, machte er mir freundliche

Vorwürfe. Er hatte die falsche Meinung, daß meine andauernde Versenkung und die nächtlichen Anstrengungen ein Vorspiel für völlige Weltentsagung wären, um das Leben eines Mönches zu führen.

Nach einigen Wochen war ich nicht mehr imstande, der Faszination des neuentdeckten herrlichen Daseins zu widerstehen und war machtlos, aus meinen kontemplativen Stimmungen herauszufinden. Außer einigen Stunden unregelmäßigen Schlafes in der Nacht, erfaßten sie mich den ganzen Tag und machten es mir unmöglich, meine Gedanken auf etwas anderes zu richten. Ich aß rein mechanisch wie ein Kind im Schlaf, und wenn ich sprechen mußte, sprach und hörte ich wie ein Mensch, der ein höchst faszinierendes Drama betrachtet, das sich vor ihm abspielt und darin so versunken ist, daß er nur lakonische Antworten auf die Kommentare der neben ihm Sitzenden gibt, manchmal sogar ohne ganz zu verstehen und sich zu erinnern, was gesagt wurde. Ich ging ins Büro mehr aus Macht der Gewohnheit als aus freier Wahl oder Neigung. Mein ganzes Wesen empörte sich, wenn ich den Versuch machte, aus der ätherischen Höhe der Transzendenz zu den trockenen Papieren herunterzusteigen, die auf meinem Tisch lagen. Nach einigen Tagen wurde allein die Tatsache, daß ich in der verkrampften Atmosphäre des Zimmers stundenlang sitzen mußte, so unerfreulich und bedrückend, daß ich mir vornahm, dies nicht mehr lange zu tun. Ich wußte, daß die Trennung von der Behörde mein Einkommen stark reduzieren würde, aber der Drang in mir, mich von den Banden der Dienstbarkeit zu befreien, war so stark, daß ihm kein Widerstand aus geldlichen oder weltlichen Erwägungen geleistet werden konnte.

Inzwischen verbreitete sich die seltsame Neuigkeit durch die Stadt und eine große Zahl von Menschen kamen zu meiner Wohnung, von den Gerüchten über die in mir stattgefundenen Entwicklung angezogen. Die meisten von ihnen wollten nur ihre Neugierde befriedigen und das Vernommene prüfen, genauso wie sie zu einer anderen Sehenswürdigkeit oder zu einer erstaunlichen Vorführung eines Zauberers gegangen wären. Einige aber zeigten Interesse an dem Ursprung der Verwandlung oder an der Ursache der plötzlichen Manifestation. In wenigen Tagen wurde der Andrang der Menschen so groß, daß ich vom frühen Morgen bis zur Stunde der Dunkelheit keinen Augenblick für mich allein hatte. Da ich es für unliebenswürdig hielt,

Interviews zu verweigern und unter der Vorstellung stand, solche Haltung würde als Stolz mißverstanden, ertrug ich den täglichen Andrang geduldig auf Kosten des Friedens meines Geistes, der meine erste Sorge auf den Anfangsstufen der neuen Entwicklung hätte sein müssen. Gewöhnlich befand ich mich die ganze Zeit in einem erhobenen Geisteszustand und sprach in dieser Verfassung mit den Menschen, die sich um mich versammelten. Häufig versank ich auch unter ihren Blicken in tiefe Meditation, aus der ich wieder zu meiner Umgebung zurückfand, wenn andere Gruppen eintraten. Ich begrüßte die eifrige Menge mechanisch und wußte kaum, was ich sagte, noch wer tagelang kam und ging.

Nach einigen Tagen wurde die Anspannung unerträglich und ich bekam ihre nachteiligen Wirkungen auf meine Gesundheit zu spüren. Das erste Anzeichen der Beschwerden war eine wachsende Unruhe während der Nächte, die bald in einen Zustand partieller Schlaflosigkeit überging. Ich fühlte mich diesmal nicht bestürzt von dem Wiedererscheinen eines Feindes, der mir in der Vergangenheit so viel Todesangst bereitet hatte, sondern deutete es als erstes Merkmal einer wirklichen geistigen Entwicklung. Da mir die Fürsorge meiner Frau fehlte, die mit echt weiblichem Instinkt stets meine Diät streng überwachte, wurde mir auch das Essen gleichgültig. Ich dachte, daß ich endlich eine Schwäche überwunden hätte, die mich zu aufmerksam gegenüber meiner Ernährung und zu einem Sklaven der Pünktlichkeit gemacht hatte. Allmählich erfaßte mich ein Gefühl der Loslösung von der Welt, begleitet von dem zunehmenden Wunsch, die Ketten zu zerbrechen, die mich an meine Familie banden, um das Leben eines Sanyasin zu führen, das nicht getrübt wird von Wünschen und nicht an Gewohnheiten und Konventionen gebunden ist.

Ich hatte eine höchst seltsame Erfahrung durchlaufen, die ihren Höhepunkt in einer Entwicklung fand, die vollkommen jenseits meiner Erwartungen lag und die ich anderen zugänglich machen sollte. Deshalb hielt ich es für meine Pflicht, ein Leben ganz frei von den Unruhen und Aufregungen eines weltlichen Daseins zu führen, ausschließlich dem Dienst an der Menschheit gewidmet, um die große Wahrheit bekannt zu geben, die ich gefunden hatte. Ich dachte, daß das einzige Hindernis zur Erfüllung dieses Entschlusses die starken Bande waren, die mich an meine Familie und Freunde fesselten und die aufzugeben mir sehr schwer fallen würden. Ich wußte dies aus meiner früheren Erfahrung und meinen inneren Neigungen. Als ich aber noch tiefer über den Ausgang nachgrübelte und mein Herz nach der Antwort durchforschte, fand ich zu meiner großen Überraschung, daß die wunderbare Erfahrung, die ich jetzt erlebte, mich auch von jeder weltlichen Liebe gereinigt hatte und ich von meiner Familie und meinen Freunden für immer Abschied nehmen konnte, ohne einen einzigen Blick hinter mich zu werfen. Ungehindert von jedem Gedanken an Verpflichtungen gegenüber der Familie konnte ich jetzt die heilige Aufgabe ausführen, die ich voller Eifer auf mich nehmen wollte.

Ich hatte einen Blick in den Geisteszustand und die Bewegkräfte tun dürfen, die die Propheten und Seher alter Zeiten zu unvergleichlichen Taten der Entsagung und Askese antrieben und über die Fähigkeiten eines gewöhnlichen Menschen hinaushoben. Dennoch war es nicht meine Bestimmung, ihren Fußspuren zu folgen, da mein Organismus überempfindlich war für chaotische Zustände, die ihn unter dem Druck ungünstiger und grober Bedingungen befielen. Es gab in mir eine physische Schwäche, die oft zum Vorschein kam unter der Härte eines asketischen Lebens oder der fortwährenden Unregelmäßigkeiten in Nahrung und Schlaf. Aufgrund dieser Verwundbarkeit konnte ich, meiner Meinung nach, die enge Verbindung zwischen Körper und Geist selbst in übersinnlichen Zuständen des Gehirns spüren, die mir sonst nicht so deutlich hätten werden können.

Länger als einen Monat lebte ich in einem Zustand des Triumphes und der geistigen Erhebung, der unmöglich zu beschreiben ist. Während dieser ganzen Zeit war mein gesamtes Wesen von dem sicheren Gefühl erfüllt, daß ich bei jeder Bewegung, beim Gehen und Handeln ständig von einer wunderbaren schweigenden Gegenwart umgeben war, aus der ich meine persönliche Existenz empfing. Ich hatte häufig Stimmungen von noch tieferer Versunkenheit, in denen ich, sprachlos vor Staunen, mich ganz in das Unbeschreibbare verlor. Diese Stimmungen wurden gelegentlich, wenn sie dem Ende zugingen, von aufflammenden Inspirationen begleitet. Nach diesem Zeitraum nahm das bisher stets gegenwärtige Gefühl der Erhebung und Freude durch ungenügenden Schlaf und unregelmäßige Nahrungsaufnahme wahrnehmbar ab, und ich fühlte wieder

Anzeichen von Erschöpfung, zu Zeiten selbst eine Unstimmigkeit in meinem Denkorgan. Ich wurde roh aus diesem kurzlebigen Zustand himmlischer Freude herausgeholt, als ich mich eines Morgens beim Aufstehen nach einer ruhelosen Nacht von einer tiefen Depression ergriffen fühlte, die den ganzen Tag andauerte. Sie wirkte wie ein Tauchen in eiskaltes Wasser im Zustand des Rausches. Herausgerissen aus meinem falschen Optimismus, machte ich mir scharfe Vorwürfe, daß ich mich so vernachlässigt hatte. Ich zwang mich sofort, meine Diät zu beobachten und fühlte mich schon nach einigen Tagen besser.

Mein unmäßiges Genießen psychischer Freuden, meine übermäßigen gedanklichen Anstrengungen und das Vernachlässigen der organischen Notwendigkeiten hatten meine Vitalität, ohne daß ich es merkte, in gefährlichem Ausmaß erschöpft und einen vergifteten Zustand des Nervensystems geschaffen, der mich daran hinderte, die äußerst langsame Verschlechterung früh genug zu beachten und geeignete Vorsichtsmaßnahmen zu treffen. Ich hatte Geschichten von Menschen gehört, die, bis zum Wahnsinn berauscht von den ersten Schimmern übersinnlichen Seinszustandes, nach der Erwachung so weit vom irdischen Leben fortgetragen wurden, daß es ihnen unmöglich war, wieder auf die normale Bewußtseinsebene zurückzukommen, um für ihren Körper zu sorgen. Ihr Geist, der in ungebrochener ekstatischer Kontemplation des faszinierenden übersinnlichen Bereiches von Anfang bis zum Ende verharrte, hatte den verhungerten Körper verlassen, ohne auch nur einmal noch auf die Erde zurückzukehren. Ich verzichtete darauf, mich vor der neugierigen Menge zur Schau zu stellen, die in nicht endendem Strom kam und ging. Anstatt die Stimmungen der intensiven Versenkung zu ermutigen, die immer bereit waren, mich im Augenblick, in dem sich meine Gedanken nach innen wendeten, zu erfassen, vermied ich willentlich jedes nach Innen Gekehrtsein und widmete mich ausschließlich weltlichen Aufgaben. So sollte meinem schon überreizten Gehirn eine Zeit der Ruhe gegönnt werden.

Gegen Ende März, zu Beginn der Frühlingszeit in Kaschmir, fühlte ich, daß ich ohne Aufschub dorthin zurückkehren mußte, zu meinem einzigen Asyl in Zeiten der Not, um mich der liebenden Sorgfalt meiner Frau, meinem alleinigen Helfer während der Krankheit zu überlassen. Ohne einen einzigen Tag zu verlieren, flog ich nach Srinagar. Ich ließ für immer den Gedanken fallen, die Welt auf die traditionelle Weise zu durchziehen, um die Menschheit zu erneuern. In meinem Fall war dies eine Fantasie, geboren aus dem Wunsch nach Macht und der Sehnsucht nach geistiger Beherrschung, die oft die Tätigkeit der Kundalini im intellektuellen Zentrum begleitet und eine leichte Trunkenheit im Gehirn hervorruft. Diese ist zu subtil, um selbst oder von nicht eingeweihten Begleitern empfunden zu werden, wie gebildet und intelligent diese auch sein mögen.

Zuhause überließ ich mich ganz der Fürsorge meiner Frau. Die Neuigkeit von meinen seltsamen Taten war mir nach Srinagar vorausgeeilt und es wurde ein schwieriges Problem, der Menge, die sich vor meinem Haus sammelte, den Eingang zu mir zu verwehren. Nach einigen Tagen konnte ich mehrere Stunden am Tag ohne Müdigkeit den Besuchern begegnen. Die übrige Zeit verbrachte ich damit, den Einfluß der kontemplativen Stimmungen zu vermeiden, die auch jetzt noch eine solche Faszination auf mich ausübten, daß ich meinen Willen aufs Äußerste anstrengen mußte, um den Versuchungen auch nur für einen Tag ganz auszuweichen. Im Lauf weniger Wochen verlief sich die Menge und blieb bald ganz fort. So hatte ich mehr Ruhe, die, zusammen mit der vorsichtigen Nahrungsaufnahme, meine Schwäche wieder überwand. Aber es dauerte sechs Monate, bis ich wieder ganz gesund war und meinen Pflichten nachgehen konnte, ohne mich plötzlich in der entrückenden Kontemplation einer bedingungslosen Existenz zu verlieren.

Als mein Urlaub abgelaufen war, hatte ich mich entschlossen, nicht mehr länger im Amt zu bleiben. Der Weg der Flucht aus der Gemeinheit und dem Elend der materiellen Welt zu dem unaussprechlichen Frieden und der Ruhe des strahlenden inneren Universums hin, war zu eng und zu gefährlich, als daß ich es mir hätte leisten können, ihn mit der schweren Last weltlicher Verantwortlichkeiten zu betreten. Um die Frucht der wahren geistigen Befreiung kosten zu können, mußte ich mich, so weit ich konnte, von den Ketten befreien, die mich an die materielle Welt banden. Die abgeschlossene Ecke eines geschäftigen Bürozimmers, das von lärmender Aktivität erbebte und gespannt war mit unterdrückter Erregung, war nicht der Platz, an dem ein Mensch, der jetzt immerfort mit dem Unsichtbaren umging, ohne Gefahr eines ernsthaften Schadens für seine geistige Gesundheit, mehrere Stunden verbringen konnte, stets auf den Ruf anderer wartend. Es gab auch noch weitere Gründe, die meine Entscheidung, meine Beziehungen zum Amt vollkommen zu lösen, beschleunigten. Die Veränderung der Regierung hatte eine Anzahl brennender Probleme mit sich gebracht, die alle sofortige Lösung verlangten. Sie mußten sorgfältig behandelt werden zu einer Zeit, in der sich das ganze Land in einem Zustand der Gärung befand. Dieser wurde auf der einen Seite von der wilden Gier nach Macht und Besitz hervorgerufen, auf der anderen von den Bemühungen, Absetzungen und Enteignungen zu vermeiden. Unser Amt konnte nicht der allgemeinen, überall spürbaren Erregung entgehen und bald war seine Atmosphäre so stark von gegenseitigem Mißtrauen angefüllt, daß ein Mensch in meiner Lage tatsächlichen Gefahren ausgesetzt war. So gab ich um frühzeitigen Ruhestand ein, der mir schließlich nach den gewöhnlichen Formalitäten auch gewährt wurde.

Ich konnte jetzt die Zeit nach meinem Belieben verbringen, ungetrübt von den Überlegungen, wie ich meinen Weg aus den immer bestehenden Berufsschwierigkeiten und dem ständigen Konflikt zwischen meinem Gewissen und den Wünschen meiner Oberen herausfinden würde. Nach vielen Monaten, in denen buchstäblich eine Welt der Verwandlung sich in mir ereignet hatte, traf ich wieder die tüchtige Gruppe von Freunden, die unsere Bewegung während dieser Zeit am Leben erhalten hatte. Ich nahm wieder Teil an ihren Tätigkeiten, die sich jetzt darauf richteten, die Lage der völlig hilflosen Witwen unserer Gesellschaft ein wenig zu verbessern oder die Schranke der öffentlichen Meinung fortzuräumen, die sich gegen die Wiederverheiratung derer erhob, die hiernach verlangten. Auf diese Weise vermochten wir bis zu einem gewissen Grade das Leid Vieler zu mildern, die unmenschlicher Behandlung ihrer eigenen Familie im Namen von Religion und Kaste unterworfen wurden.

Obwohl jedes Mitglied der kleinen Gruppe den tiefen Wunsch hatte, seine Tatkraft dem Auftrag des Dienstes zur Verfügung zu stellen, wurden sie doch gegen ihren Willen in die unruhigen Wasser von Ehrgeiz und politischer Rivalität hineingezogen. Durch ständigen Widerstand wollte man sie gefügig machen. Im Laufe einiger Jahre wurde es ihnen fast unmöglich, ihr Wirken für die Menschlichkeit, für die sie sich eingesetzt hatten, weiter auszuüben. Da sie entschlossen waren durchzuhalten, mußten sie ihre Tätigkeit in einer beschränkteren Weise weiterführen, immer ängstlich bedacht, den rivalisierenden politischen Gruppen zu entgehen, die ihre Unterstützung suchten.

Während der kritischen Jahre, die meiner ersten Erfahrung des Unsichtbaren folgten, diente mir das Arbeitszentrum meiner Gruppe für zweierlei: Einmal hatte ich eine geeignete Beschäftigung ohne Beschränkung meiner Freiheit und zweitens war dies ein fruchtbares und gesundes Tun für meine Freizeit. Ich hatte zum ersten Mal die Freude eines neuen Daseins geschmeckt; sie erregte mich in einer Weise, die ich nicht für möglich gehalten hätte. Ich entfremdete mich von der Welt und empfand eine Abneigung gegen die Dinge des Lebens, als wäre ich Gefangener in einem fremden Land, der ungeduldig darauf wartete, aus dem Gefängnis auszubrechen, doch nicht imstande war, dies zu tun. Ich hätte in eine Einsiedelei gehen können, um das Feuer der Entsagung, das in mir entfacht war, zu besänftigen, aber die stete Berührung mit dem Elend und Leiden und der kleine Hoffnungsschimmer, diese zu mildern, hielten mich davon zurück. Meine aktive Teilnahme an den caritativen Bestrebungen war äußerst begrenzt, half mir aber in gewisser Weise normal zu bleiben um, genügend an die Welt gebunden, die morbiden Neigungen der Weltentsagung, die sich in mir entwickelt hatten, zu bekämpfen. Das übrige vollbrachte meine Frau, deren ungeheure Liebe, nicht nachlassende Aufmerksamkeit für meine noch so geringen Notwendigkeiten und andauernde Sorge, mich so stark von ihr abhängig machten, daß der Gedanke auch nur kurze Zeit von ihr getrennt in der Einsamkeit zu verbringen, zu schrecklich schien, als daß ich ihn in einer solchen äußerst empfindlichen und sonderbaren Gesundheitslage hätte ausführen können.

Vom Anfang der neuen Entwicklung an kamen viele Menschen zu mir aus reinem Verlangen oder aus Notwendigkeit. Sie hatten bestimmte Absichten und warteten Stunden lang auf die Gelegenheit, mit mir allein über den Zweck ihres Besuches zu sprechen. In den ersten Zeiten, in denen die Menge nicht abzunehmen schien und ich im allgemeinen in einem Zustand der Erhebung war, weitab von jeder Mitteilsamkeit, kamen sie mehrere Male am Tag hintereinander, bis sie einige Minuten einer privaten Unterhaltung erhascht hatten. Für die meisten hatte ich eine Autorität erlangt, da ich die subtilen Kräfte der

Natur beherrschen konnte und fähig war, Dinge zu tun und zu entflechten oder, je nach den Umständen, das Schicksal zu verändern und die Wirkung durch Handlungen und Benehmen anderer Menschen zu mildern. Sie maßen mir eine Stellung königlicher Erhabenheit und eine enge Vertrautheit mit dem Allmächtigen zu und meinten, ich hätte die Kräfte, den Gesetzen der Natur Trotz zu bieten und den Gang der Ereignisse allein durch eine Gebärde oder eine Willensentscheidung zu unterbrechen.

Ich hörte mir schweigend ihre Berichte an, gerührt von den Szenen des menschlichen Elends und dem herzzerreißenden Kummer, von dem sie berichteten. Einige waren hilflos verlassen, andere ohne Stellung, wieder andere kinderlos. Einige waren in Prozesse verwickelt, andere hoffnungslose Invaliden. Oder sie waren in die Fangarme des Schicksals verstrickt, in häusliche Schwierigkeiten verwickelt und so fort. Sie erwarteten von mir, daß ich ihretwegen in das Schicksal eingreife, um sie von ihren Sorgen zu befreien und sie aus ihren Schwierigkeiten herauszuholen, denen sie kampf- und machtlos gegenüberstanden, immer begierig, eine vorübergehende günstige Gelegenheit zu ergreifen oder den leisesten Hoffnungsstrahl zu fangen, so wie sich der Ertrinkende an einem Strohhalm festklammert. Es waren alles elende, betrogene oder enttäuschte Männer und Frauen, für die das Leben voller Dornen war.

Der allgemeine Glaube der Menge, der auf vorgeschichtliche Zeiten zurückgeht, mißt Menschen von höherer seelischer Entwicklung und mit visionären Fähigkeiten erstaunliche übernatürliche Kräfte bei. Man ist der Meinung, sie besäßen eine geheimnisvolle Verbindung zu subtilen intelligenten Naturkräften oder könnten diese lenken und Elementarwesen und Geistern befehlen. Ich konnte den Folgen dieser Vorstellungen nicht entrinnen und keine Leugnung und Erörterung war wirksam genug, um die Menschen zu überzeugen, die nicht nur tief im Aberglauben von früher Kindheit an verstrickt, sondern auch durch äußerst schmerzhafte Bedingungen gezwungen waren, nach einer übernatürlichen Macht Ausschau zu halten, die sie aus ihren Schwierigkeiten heraustrug. Nicht wenige von ihnen, die meine ehrlich ausgesprochene Unfähigkeit, ihnen aus ihren Schwierigkeiten herauszuhelfen, auf Mangel an gutem Willen meinerseits zurückführten, benahmen sich wie kleine

Kinder. Sie erflehten meine Hilfe mit gefalteten Händen und Tränen in den Augen. Der Anblick von Tränen und der Klang männlicher Stimmen, die von Erregung heiser waren, berührten mich tief in ihrem Kummer.

Diese niedergedrückten Männer und Frauen, die zu mir kamen und eine wunderbare Hilfe aus ihren Leiden erwarteten, waren meist Opfer sozialer Ungerechtigkeit, und mein Herz neigte sich ihnen in Mitgefühl zu. In ihrer Lage hätte ich wohl auch so gehandelt. Meine völlige Unfähigkeit, ihre Sorgen fortzunehmen, verstärkte mein Leid über ihr Elend so sehr, daß ich nicht imstande war, es mitzuerleben. Manchmal mußte ich das Heiligtum meines tiefsten Seins aufsuchen, um Gewißheit und Kraft zu finden, dies zu ertragen. Ich tröstete sie so gut ich konnte und oft gingen sie in einem friedvolleren Zustand nach Hause. Ich aber blieb unruhig und unbefriedigt zurück, schwer tragend an meinem Kummer und lebhaft bewußt, daß wir als kleine individuelle Zellen eines mächtigen Organismus die Sorgen und das Elend, die in der Welt vorhanden sind, mittragen müssen. Da wir uns aber durch die Mauer des Ichs von solcher Erkenntnis abschließen und jede Zelle von der anderen abtrennen, fühlen wir uns glücklich und stolz über Errungenschaften, die wir auf eigene Kosten erworben haben, von denen wir aber irrtümlicherweise meinen, sie wären uns von anderen bezahlt worden.

Obgleich es eine feste Grundlage für den ehrwürdigen Glauben gibt, daß Seher übersinnliche Kräfte besitzen, hat sich die volkstümliche Idee Jahrhunderte lang erhalten, daß die Besitzer dieser Mächte in der Lage sind, die Gesetze der Natur aufzuheben und den befohlenen Lauf der Ereignisse zu verändern. Dieser Gedanke stammt von einer ungenauen Bewertung der Stellung den Lebensproblemen gegenüber und von einer ungesunden Haltung in diesen Fragen. Die Entwicklung eines übersinnlichen Kanals der Erkenntnis für die Wahrnehmung subtiler Wirklichkeiten jenseits des Bereichs der Sinne und Vernunft soll nicht die rationalen Fähigkeiten verdrängen, sondern eher ihnen bei der Handhabung der weltlichen Angelegenheiten helfen, die unerbittlich von zeitlichen Gesetzen bestimmt werden. Die psychischen, selbst physischen Kräfte, die Propheten und Seher besitzen, sind gleichsam nur Manifestation, Sinnbild der Überlegenheit, die von der Natur verliehen wurde. Würden die äußerst seltenen geistigen Begabungen zur

Lösung täglicher Probleme der körperlichen Existenz des Menschen verwendet, für die der Intellekt das geeignete Werkzeug ist, so wäre dies nicht weniger unvernünftig, als feinstes Gold zum Schlagen von Steinen für den Straßenbau zu verwenden. Heilende und andere Kräfte, die Mystiker und Heilige manchmal ausübten, überschritten niemals den Bereich personaler Beziehung. Den genialen Männern bleibt es überlassen, ihre Schau dem Intellekt zur Verfügung zu stellen und allgemeingültige Heilmittel für Plagen wie etwa Pocken zu entdecken oder andere Erfindungen auf dem physischen Bereich zu machen. Diese Aufgabe wurde weder von Propheten und Sehern vollzogen noch fiel sie in ihren Bereich.

Als die Zeit verging und ich mich entschlossen gegen die Versuchung wehrte, eine gewöhnliche Schaustellung zu geben oder unfrommen Gebrauch von dem unschätzbaren Geschenk zu machen, das mir der Himmel beschert hatte, verkleinerte sich die Zahl der Hilfesuchenden, die nur ein Wunder erleben wollten, beträchtlich; schließlich blieben sie ganz fort. Ohne Bedenken ging ich wieder zu einer normalen Lebensweise über und vollbrachte alle Pflichten, die auf mir als dem Haupt einer Familie lagen. Weder in meinem Anzug noch in meinem Auftreten und Benehmen zeigte ich die geringste Abweichung von der Art, die ich im gewöhnlichen Leben hätte befolgen müssen. Dies ließ die meisten Menschen, die am Anfang das tiefste Interesse an meinen erstaunlichen Darbietungen gezeigt hatten, ihre Meinung neu prüfen. Nun betrachteten sie die Entwicklung entweder als seltsame Laune, die ebenso geheimnisvoll verschwand, wie sie gekommen war, oder als Abnormität, die sich mit der Zeit von allein wieder legte. Nach einigen Jahren wurde das Ereignis, das als Sieben-Tage-Wunder bekannt war, fast ganz vergessen. Heute wird es kaum noch erwähnt, es sei denn von Verleumdern, die darin den unbestreitbaren Beweis für meine exzentrische Veranlagung sehen, wenn sie mich schlecht machen wollen.

Angesichts dieser Erfahrung wunderte ich mich über die Unfähigkeit des Massendenkens, sich auch nur einen Zollbreit über das gewohnte Gleis hinaus zu bewegen. Mit Ausnahme von nicht mehr als einem halben Dutzend Menschen unter all den Tausenden, die mich zu sehen kamen, interessierte sich niemand im geringsten für die Entstehung dieser Entwicklung oder das Geheimnis hinter dieser erstaunlichen Manifestation.

Hätte ich zu Beginn der Offenbarung in einer geheimnisvollen Weise gesprochen und geflüstert oder im Verborgenen Bände herausgegeben für geheimnistuerische Leser, die nach Belieben aus den unklaren Ausdrücken und dunklen Stellen ihre eigene Meinung hätten herausziehen können, anstatt genaue, nicht doppelsinnige Tatsachen festzustellen, und hätte ich das gleiche Prinzip in meiner Kleidung und meinem Benehmen verfolgt, dann wären zumindest eine Zeitlang Interesse und Neugier ungeheuer gewachsen und hätten mir nicht nur Berühmtheit, sondern auch Geld auf Kosten der Wahrheit gebracht.

ACHTZEHNTES KAPITEL

UMWANDLUNG DER PERSÖNLICHKEIT

Im Lauf der Zeit näherte ich mich mehr und mehr dem Normalen, obwohl der erhöhte Bewußtseinszustand erhalten blieb. Ich stieg von einem verzückten Zustand der Gedanken zur Nüchternheit hinab und wurde noch eindringlicher der Tatsache bewußt, daß ich im wesentlichen keineswegs anders wie meine Mitmenschen oder ihnen überlegen war, trotzdem mein psycho-physisches Material nun eine Beschaffenheit erlangt hatte, die es mir ermöglichte, gelegentlich die unbeugsamen Schranken ihrer begrenzten Gedankentätigkeit zu durchbrechen.

Im Physischen war ich der gleiche, der ich zuvor gewesen war: ebenso empfänglich für Krankheiten, Verfall und Alter, ebenso abhängig von Unfällen und Gefahren, ebenso sehr Hunger und Durst unterworfen, so wie ich immer ein normaler Mensch in jeder Hinsicht gewesen bin. Die einzige Ausnahme war die Veränderung im Denkbereich, die mich zu Zeiten näher den nüchternen metaphysischen Wirklichkeiten brachte, die so erstaunlich und weit entfernt von unseren gewöhnlichen Begriffen sind, wie es das Licht von der Dunkelheit ist. Dies übte eine einschränkende Wirkung auf die leichtsinnigen und eitlen Bestrebungen meiner Gedanken aus. Ich hatte in keiner Weise die biologischen Begrenzungen meines Körpers und das Maß seiner Ausdauer und physischen Kapazität überschritten oder irgend welche wunderbaren Kräfte erlangt, um das Gesetz der Natur aufzuheben. Auf der anderen Seite war mein Organismus zarter geworden. Ich war der gleiche Mensch, der an dem denkwürdigen Tag, in Meditation versunken, seine erste Erfahrung des Übersinnlichen empfing, inzwischen nur älter geworden. Der eine Unterschied aber bestand: Mein Gehirn hatte sich seither an feinere Schwingungen aus dem unvorstellbaren bewußten Universum um uns gewöhnt und dadurch eine tiefere und eindringendere Schau empfangen. Mit Ausnahme der Veränderung im Lebensstrom und bestimmter eigentümlicher biologischer Wandlungen gab es keinen unterscheidbaren äußeren Zug, der mich von den anderen abhob. Die Stimmungen der tiefen Versenkung, die zeitweilig zu dem unbeschreibbaren Überzustand führen, sind ein normaler Bestandteil meines Seins geworden. Dennoch verlor ich den Kontakt zu ihm in den Zwischenzeiten von Krankheit und körperlicher Schwäche, die seinem Erwachen folgten.

Die übersinnliche Erfahrung hat sich so häufig wiederholt, daß es keinen Zweifel über ihre Gültigkeit geben kann. Sie stimmt auch so genau mit den Beschreibungen der Mystiker und Yogis überein, daß keine Verwechslung mit irgendeinem anderen Zustand möglich ist. Die Erfahrung ist zweifellos im Ursprung gleich, aber es besteht ein Unterschied zwischen meinen Erkenntnissen und den aus der Vergangenheit berichteten. Er liegt darin, daß ich die Manifestation nicht als Zeichen einer besonderen göttlichen Gnade betrachte, die ausschließlich mir geschenkt wurde oder die ich als Belohnung für einen Verdienst geerntet hätte, sondern als eine stets gegenwärtige Möglichkeit, die in allen menschlichen Wesen vorhanden ist. Diese ergibt sich aus einer Evolution, die noch in der Menschheit am Werke ist und die darauf zielt, eine Bedingung des Gehirns und Nervensystems zu erlangen, die die vorhandenen Grenzen des Denkens zu überschreiten und einen Bewußtseins-Zustand zu schaffen vermag, der weit jenem überlegen ist, der gegenwärtig die natürliche Erbschaft der Menschheit bedeutet. Mit anderen Worten: Ich glaube nicht, daß die Erfahrung trotz ihrer wunderbaren und erhabenen Natur die subjektive Erfassung einer höchsten, vollkommenen und ganzheitlichen Wirklichkeit, sondern daß sie ein Aufstieg von einer Stufe der Leiter der Entwicklung zu einer anderen ist.

Es scheint mir keinen Grund zu geben, das Phänomen dem unmittelbaren Eingreifen des göttlichen Willens zuzuschreiben ohne Beziehung zu physischen und geistigen kosmischen Gesetzen. Der Fortschritt, den der Mensch während des atomaren Zyklus seiner Entwicklung macht, kann nicht zufällig sein; noch kann seine Verwandlung ohne göttliche Führung und Gunst bei jedem Schritt vollzogen werden. Es wäre fast lächerlich, wolle man annehmen, er sei jetzt Gott lieber als vor Millionen von Jahren und empfinge jetzt besondere Gunstbezeugungen, die ihm damals vorenthalten wurden. Wenn wir nicht das Göttliche vollkommen aus der Schöpfung ausschalten oder zumindest aus dem ganzen Schema der organischen Entwicklung, müssen wir ohne andere Wahl annehmen, daß der Ursprung und die Entwicklung vom ersten Lebenshauch im ursprünglichen Zustand an bis zum Hervorgehen des Menschen allein der Tätigkeit des göttlichen Willens zukommt, der durch ewige Gesetze wirkt, die uns heute noch verborgen und nicht verständlich sind. Die Entfernung, die der Mensch zurückgelegt hat bei seinem Aufstieg aus den Niederungen des Triebes bis zu den Höhen eines vernünftigen Wesens, ist eine ebenso wesentliche Strecke wie die jetzt vor ihm liegende vom Zustand eines erdgebundenen Sterblichen zu dem vom Himmel geküßten Gipfel der Gottheit. Der erste Weg verdankt seinen Ursprung ebenso sehr dem göttlichen Willen, wie der zweite und bei beiden hängt der Erfolg von der richtigen Beobachtung der noch dunklen kosmischen Gesetze ab.

Es ist ein Gesetz am Werk selbst in Fällen, in denen die Manifestation plötzlich geschieht und einem außergewöhnlichen geistigen Streben und Kasteiungen folgt, vielleicht aber auch ohne diese. Oder es tritt zu allen Erscheinungen in einem kritischen Augenblick ein wunderbarer Einfluß hinzu, wie es in meinem Fall mehr als einmal geschah. Hierfür gibt es absolut keine Erklärung; man muß das Phänomen für die Tat göttlicher Gnade halten. Ich weiß nicht, ob ich es der Natur der Manifestation oder dem Umstand verdanke, daß ich dieses Vorzuges gewürdigt wurde, während ich das normale Leben eines Hausvaters führte, ohne vorherige Unterweisung, religiöse Neigung oder mönchische Disziplin der Gedanken, aber die Tatsache bleibt bestehen, daß vom ersten Anfang an eine eingeborene Überzeugung langsam in mir Gestalt annahm. Sie besagte, daß alles, was ich in dem transzendentalen Zustand erfuhr, nur die nächsthöhere Bewußtseinsstufe ist, die die Menschheit im Lauf der Zeit als ihren normalen Besitz zu erwerben bestimmt ist. Von dieser aus ist noch eine höhere Form zu erstreben, die aber in der Gegenwart nicht einmal vorgestellt werden kann.

Durch die krankhaften Auswirkungen nach einer zu starken Versenkung in das Überbewußtsein gewarnt, bewahrte ich eine gewisse Zurückhaltung und Mäßigung in der übersinnlichen

Tätigkeit meines Geistes. Im Lauf der Zeit stellte es sich auch heraus, daß nur geringe Kenntnis einer Sprache genügte, um mir die Möglichkeit zu geben, Verszeilen zu empfangen, ohne meine Erinnerung zu überfordern oder das empfindsame Gehirn zu erschöpfen. Vielleicht führte die Gefahr einer Schädigung durch die angespannte gedankliche Bemühung, die das Empfangen unbekannter Sprachen verlangte, dazu, daß diese Phase der neu entwickelten psychischen Aktivität nach einiger Zeit aufhörte. Es kamen ab und zu noch Zeilen in den Sprachen, die ich verstand, vor allem in den drei Wintermonaten, in denen mein Körper wahrscheinlich durch seine bessere Anpassung an Kälte als an Hitze leichter die hohen Stimmungen ertragen konnte als im Sommer. Aber ob es sich um Sommer oder Winter handelt, allein wesentlich für das übersinnliche Spiel meiner Gedanken ist, daß der Körper sich in normaler Gesundheit befindet, frei von Krankheit und Infektion.

Das strahlende Glühen im Kopf und die Melodie in den Ohren hielten unvermindert an. Es entstand nur eine leichte Abwandlung in dem Glanz wie in der Qualität der Töne während körperlicher oder geistiger Unstimmigkeit. Dies zeigte deutlich eine ebenso enge Beziehung zwischen dem jetzt stark ausgeweiteten Bewußtsein und dem Organismus, wie sie zwischen beiden vor dem Erwachen bestand. Meine Reaktion auf Krankheit und Infektion ist ein wenig verschieden. Zuerst fehlt jede Temperatur, oder nur eine kleine Erhöhung ist während der Krankheit vorhanden. Dabei ist der Puls von einer unnormalen Schnelligkeit. Zum zweiten bin ich völlig unfähig, meiner Gesundheit gewiß zu sein. Anscheinend ist der Abfluß des Lebensstoffes in meinem Organismus, der die immer brennende Flamme über der Stirn mit Nahrung versorgt, zu übermäßig und die Reserve an Energie zu klein, als daß sie die stark angewachsene vitale Aktivität längere Zeit weiterführen kann, ohne sie neu aufzufüllen. Diese Empfindlichkeit des Organismus mag von der riesigen Anstrengung oder selbst von einer leisen Schädigung meines Nervensystems bei mehr als einer Gelegenheit herrühren. Diese stammen von meiner bewußten Verletzung der Umstände, die meine neue Existenz beherrschen oder von der angeborenen Schwäche einiger Lebensorgane oder von beiden.

Außer den Krisen, denen ich auf geistigen Gebieten begegnete, hatte mich das Schicksal für nicht weniger schwere Prüfungen im zeitlichen Bereich bestimmt. Die Lösung von meiner Verbindung mit dem Amt verringerte mein Einkommen auf die Hälfte. Damit hatte ich mich und meine Familie zu erhalten. Ich war Jahre lang zu zart und gefährdet im Geistigen wie Körperlichen, als daß ich zur Verbesserung meines Einkommens irgendeine andere Beschäftigung hätte aufnehmen können, die anhaltende Aufmerksamkeit und Arbeit verlangte. Ich brauchte Freiheit und Ruhe, um mich vor einem geistigen Zusammenbruch in dieser äußerst empfindlichen Verfassung des Gehirns zu bewahren.

Während dieser Zeit stiegen die Preise und machten es unmöglich, bei unserem geringen Einkommen einen Ausgleich zu finden. Weit davon entfernt, meine Hand nach irgendeiner Hilfe auszustrecken, erlaubte ich auch nicht, daß die geringste Andeutung unserer niederschmetternden Armut nach außen drang. Ich hatte keinen Bruder oder Onkel, der mir hätte helfen können. Mein armer Schwiegervater, der stets um mein Wohlsein besorgt war, wurde von den Plünderern zur Zeit ihres Einfalls 1947 erschossen und sein ältester Sohn war Gefangener in Bunji und mußte mehr als ein Jahr lang schwerste Härten erdulden, ehe er wieder freigelassen wurde. Seine jüngeren Brüder hatten ihre eigenen Hände voll zu tun, indem sie versuchten, das ruinierte Vermögen der geplünderten und beraubten Familie wieder herzustellen. Meine beiden Schwestern, die äußerst freundlich und liebevoll zu mir waren, waren selbst in wirtschaftliche Sorgen verstrickt und konnten sich jahrelang nicht soweit fangen, daß sie ihre Füße wieder auf festen Grund zu stellen vermochten. Die niederdrückende Woge der Armut, die uns erfaßte, überschwemmte fast alle anderen Familien, die mit uns in verwandtschaftlicher Beziehung standen und es gab keine Möglichkeit, Hilfe von irgendeiner Seite zu empfangen. Aber auch wenn dies der Fall gewesen wäre, hätte ich sie nicht für mich beansprucht. Obgleich wir fürchterlich litten, machten wir doch keinem gegenüber eine Geste der Bedürftigkeit. Mit den Vorkriegspreisen verglichen, waren die Nahrungskosten hoch gestiegen als Folge der Inflation, die sich überall ausbreitete. Das ganze Gehalt, das ich vor meinem Rücktritt vom Amt bekam, hätte, auch verdoppelt, uns nicht ermöglicht, das Notwendige für unsere kleine Familie zu beschaffen und hätte selbst bei normalem Verlauf finanzielle Schwierigkeiten verursacht. Die Hälfte des Einkommens aber bei mindestens vierfach erhöhten Lebenskosten und das unvermeidbare Verlangen nach einer nahrhaften und damit kostspieligen Diät ohne die geringste Möglichkeit einer anderen Einkommensquelle, brachten mich in eine unbeschreiblich schwierige Lage zu einer Zeit, in der ich schon in einer seltsamen geistigen Verfassung war.

Der Kampf dauerte fast sieben Jahre. Nur der Heroismus meiner Frau rettete mir das Leben. Sie verkaufte ihren Schmuck und versagte sich das äußerste, um die notwendigen Nahrungsmittel für mich zu verschaffen. Ich war vollkommen ohnmächtig, sie daran zu hindern und mußte ein hilfloser Zeuge ihrer Opfer bleiben. Sie war die einzige, die meine ganze Situation kannte. Ohne im geringsten etwas von der wirklichen Bedeutung der Entwicklung zu verstehen, quälte sie sich ab, um mich bei wiederholten Gelegenheiten aus den Griffen des Todes zu retten. Wenn ich zeitweilig in einem Zustand äußerster Erschöpfung auf meinem Krankenbett lag, staunte ich über das wunderbare Geheimnis des Schicksals, das zuließ, daß ein Mensch, der nach seiner Bestimmung ein mächtiges Geheimnis zu enthüllen hatte, verzweifelt und gequält war, weil ihm einige Münzen fehlten, die in Strömen auf allen Seiten flossen und von vielen Lumpen hier und dort aufgehoben wurden. Aber selbst in den dunkelsten Zeiten blieb eine unerschütterliche Überzeugung in mir wach wie ein einzelner Stern, der schwach an einem sonst drohend schwarzen Himmel glüht. Sie sagte mir, daß ich auf irgendeine Weise die Krise überwinden und leben würde, um der Menschheit das große Geheimnis zu übergeben, auf dem ihre zukünftige Sicherheit beruht. Vor allem verdanke ich es dieser inneren Kraft, die aus keiner äußeren Quelle stammen konnte, daß ich auch in den verzweifeltsten Lagen durchhielt, in denen es aus irdischen Quellen keine Hilfe mehr geben konnte.

Die üblen Auswirkungen dieser ernsthaften gesundheitlichen Zusammenbrüche, die das unvermeidliche Ergebnis der Entbehrungen waren, dauerten jedesmal Monate an, einmal sogar fast zwei Jahre. Während dieser Zeiten verlor ich die erhabenen Stimmungen und litt selbst eine Zeitlang an beunruhigenden geistigen Symptomen, bis der Körper den verausgabten Vorrat an Lebensenergie wieder zurückgewann. Der Lebensstrom oder der strahlende Kreis um meinen Kopf nahm selbst in den schwächsten Zuständen nicht ab. Die heftige Reaktion

meines Körpers auf jeden meiner Fehler, die auf irgendeine
Weise die Tätigkeit des in mir vorgehenden Prozesses hemm-
ten, vor allem jedes Nachlassen in den Diätvorschriften, war
gut zu verstehen. Jede erstrebte natürliche Umwandlung kann
nur wirksam vollzogen werden, wenn sie begleitet wird von
einer gleichen biologischen Aktivität und für die Wirksamkeit
jeder biologischen Aktivität ist Nahrung in genügender Menge
und gesunder Form notwendig und erforderlich. Es ist für
einen Athleten verpflichtend, daß er bestimmte strenge Regeln
des Verhaltens beobachtet, daß er regelmäßigen Schlaf hat und
eine ausgeglichene Diät. Wieviel notwendiger ist es für einen
Menschen, dessen ganzer Organismus sich in einem Zustand
fiebriger Tätigkeit befindet, ähnlich den Anstrengungen eines
Athleten während des intensiven Trainings, daß er in dieser
Hinsicht und auf allen anderen Gebieten vorsichtig ist, damit
er seinen Körper vor nicht wieder gutzumachendem Schaden
bewahrt. Der Vorgang, der in ihm am Werk ist, hat nicht nur
den Zweck, Arm-, Bein- und Brustmuskeln auszubilden, sondern ist weit wesentlicher darauf gerichtet, Gehirn und Nerven
zu entwickeln, die Hauptkanäle des Lebens. Diese und alle
Lebensorgane verfeinern sich Tag und Nacht, während der
Eigentümer des Körpers im augenblicklichen Zustand unserer
Erkenntnis über diesen Mechanismus völlig im Dunklen bleibt.
Er weiß nichts über die Art der Behandlung, die er einschlagen
und über die Vorsichtsmaßnahmen, die er treffen muß, um sich
vor Schäden zu schützen, die weit größer sind und ernsthafter
als jene, die ein Athlet erleiden muß, wenn er ebenso nachlässig
ist.
Ich verdanke es allein der ungeheuren Selbstaufopferung
meiner Frau und der ängstlichen Sorge, die sie mir jeden Tag
mehr als 29 Jahre lang — wenn ich nur die Zeit nach der Manifestation rechne — geschenkt hat, daß ich am Leben geblieben
bin, um dieses Buch zu schreiben. Wann immer ich mir vor-
stelle, wie ich in ihrer Lage gehandelt hätte, wenn unsere Rol-
len vertauscht gewesen wären, dann hätte ich unter ähnlichen
Umständen, trotz aller meiner Erfahrung des Übersinnlichen
und meines Anspruchs auf die Erkenntnis des Nichtwahrnehm-
baren, demütig bekennen müssen, daß ich elendiglich versagt
hätte. Ich hätte ihr nicht nacheifern können in den Verrichtun-
gen der ermüdenden und doch wesentlichen Aufgaben, die sie
mit heiterem Ernst und gewissenhaft Jahre lang ausführte.

Vielleicht ist niemand, der diesen Bericht liest, erstaunter als ich selbst über den herrlichen geistigen Einfallsreichtum der Natur und die Wunder, die sie im zerbrechlichen Rahmen des Menschen verborgen hält, so daß sich sein Geist durch den Lehm hindurch, der ihn an die Erde bindet, ungehindert zu schwindligen Höhen erheben kann, um an die Tore des Himmels selbst zu klopfen. Wie das kleine Kind, das zum ersten Mal hinauszugehen wagt und sich an der Küste eines wogenden Meeres befindet, einen Blick rückwärts auf die heimatliche Hütte wirft und einen anderen auf die wunderbare Sicht nach vorn, so fühle ich mich äußerst verloren zwischen den beiden Welten, in denen ich lebe — zwischen dem unbegreifbaren und unendlich wunderbaren Universum in mir und der riesengroßen, aber vertrauten Welt im außen. Wenn ich nach innen schaue, fühle ich mich über das bedrückende Gewicht des materiellen Kosmos und über die Grenzen von Zeit und Raum hinausgetragen, in Einklang mit einem majestätischen all-bewußten Sein, das sich über Ängste lustig macht und dem Tod entgegenlacht. Mit diesem Sein verglichen, sind die Seen und Berge, die Sonnen und Planeten nur wie ein schwacher Dunst, der über einem glühenden Himmel schwebt. Es ist ein Sein, das in allem ist, dennoch vollkommen fern von allem, ein endloses unaussprechliches Wunder, das nur erfahren, nicht beschrieben werden kann. Blicke ich aber nach außen, dann bin ich, was ich war: ein gewöhnlicher Sterblicher, in keiner Weise anders als die Millionen, die die Erde bewohnen, ein einfacher Mensch, bedrückt von Notwendigkeiten und von Umständen getrieben, ein wenig gezüchtigt und gedemütigt.

Die einzige wirklich beachtliche Veränderung, die ich in mir wahrnehme, ist die Entwicklung eines neuen Kanals der Kommunikation in mir, eines höheren Sinnes. Diese geschah nicht durch eigene Anstrengung, sondern durch etwas, was ich im Augenblick nur Gnade nennen kann als Ergebnis einer täglich stärker wahrnehmbaren aber dennoch unverständlichen Tätigkeit einer strahlenartigen Lebensenergie, die in schlafender Form im menschlichen Organismus gegenwärtig ist. Durch diesen außergewöhnlichen und äußerst empfindsamen Kanal drückt sich zu Zeiten eine Intelligenz aus, die höher ist als die, über die ich verfüge. Dies geschieht in einer Weise, die für mich ebenso erstaunlich ist, wie sie es für andere sein würde. Sie ermöglicht mir bei Gelegenheiten einen flüchtigen Blick der mächtigen, unbeschreiblichen Welt zu empfangen, zu der ich wirklich gehöre, so, wie ein schmaler Lichtstrahl, der schräg durch ein Loch in ein dunkles Zimmer hineinfällt, nicht zu dem Zimmer gehört, das er erhellt, sondern zu der strahlenden Sonne Millionen und Millionen von Meilen entfernt. Ich bin so fest überzeugt von der Existenz dieses Übersinnes, wie ich von den anderen in uns schon gegenwärtigen Sinnen überzeugt bin. Tatsächlich nehme ich, jedesmal, wenn ich ihn gebrauche, eine Wirklichkeit wahr, vor der alles, was ich sonst für wirklich halte, gegenstandslos und schattenhaft erscheint, eine Wirklichkeit, die dauerhafter ist als die materielle Welt, die von den anderen Sinnen widergespiegelt wird. Sie ist sogar dauerhafter als ich selbst, der vom Gedanken und vom Ich umgeben ist, dauerhafter auch als alles, das ich, die Dauerhaftigkeit eingeschlossen, wahrnehmen kann. Mit Ausnahme dieses außerordentlichen Zuges bin ich ein normales menschliches Wesen mit einem Körper, der vielleicht empfindlicher ist für Hitze und Kälte und für den Einfluß disharmonischer Faktoren auf gedanklichem wie physischem Gebiet als der normale.

Der wahre, nicht verschönerte Bericht eines natürlichen Lebens, der auf diesen Zeilen dargestellt wurde, ehe sich die plötzliche Entwicklung des oben beschriebenen außerordentlichen Zustands des Denkens und der Nerven ereignete, genügt meiner Meinung nach, um festzustellen, daß ich am Anfang nicht besser und nicht schlechter war als andere menschliche Wesen und daß ich keine ungewöhnlichen Merkmale besaß, wie es gewöhnlich bei Visionären der Fall ist. So war ich für keine besondere Gunst voraus begabt. Es zeigt sich auch, daß der außergewöhnliche Bewußtseinszustand, den ich am Ende erlangte, und den ich auch jetzt noch besitze, nicht auf einmal da war, sondern den Höhepunkt bildete eines unaufhörlichen Prozesses biologischer Erneuerung, der nicht weniger als fünfzehn Jahre dauerte, bevor die ersten unmißverständlichen Zeichen eines Neuerblühens bemerkbar wurden. Der Vorgang ist noch am Werk, aber selbst nach einer Erfahrung von mehr als 25 Jahren bin ich noch voller Erstaunen über die Zauberkräfte der geheimnisvollen Energie, die für die Wunder verantwortlich ist, deren Zeuge ich Tag für Tag in meinem sterblichen Körper bin. Ich betrachte die Manifestation mit dem gleichen Gefühl von Ehrfurcht, Anbetung und Bewunderung wie jene erste. Die Gefühle haben an Intensität zugenommen und sind nicht schwächer geworden, wie dies im allgemeinen bei materiellen Phänomenen der Fall ist.

Im Gegensatz zu der Meinung, daß geistiges Wachstum auf rein psychischen Grundlagen beruht, auf äußerster Selbstverleugnung und Entsagung oder auf einem außergewöhnlichen Grad von religiösem Eifer, habe ich die Erfahrung gemacht, daß ein Mensch von der normalen zur höheren Bewußtseinsebene emporsteigen kann mit Hilfe eines fortdauernden biologischen Prozesses, der so gradlinig sich vollzieht wie jede andere Tätigkeit des Körpers. Auf keiner Stufe ist es notwendig oder selbst wünschenswert, daß der Mensch sein Fleisch vernachlässigt oder den menschlichen Gefühlen im Herzen keinen Platz einräumt. Ein höherer Bewußtseinszustand, der sich selbst von der Knechtschaft der Sinne befreit, erscheint unvermeidbar mit der physischen Existenz, in der Leidenschaften und Begierden und die animalischen Notwendigkeiten des Körpers, wie stark sie auch gezügelt sein mögen, bestehen bleiben, es sei denn, daß die biologischen Faktoren mit einbezogen werden. Ich kann aber voller Vertrauen sagen, daß eine vernünftige Beherrschung der Begierden, zusammen mit einiger Kenntnis des mächtigen Körpermechanismus und einer angemessenen Konstitution, einen sicheren und heileren Weg für die geistige Entfaltung bedeuten als jede Menge von Selbstabtötung oder anormalem religiösen Eifer.

Ich habe allen Grund zur Annahme, daß mystische Erfahrung und übersinnliche Erkenntnis zu einem Menschen ebenso natürlich kommen können wie das geniale Schöpfertum und daß es hierfür nicht nötig ist, mit Ausnahme richtig geleiteter Bemühungen zur Selbstveredelung und Regulierung der Begierden sich überspannt aus dem normalen Ablauf des menschlichen Verhaltens herauszustellen. Gleichgültig, ob der Vorgang der Verwandlung in Bewegung gesetzt wird durch freiwillige Anstrengungen oder ob es unmittelbar eintritt, sind Reinheit der Gedanken und diszipliniertes Benehmen notwendig, um den Widerstand gegen den Akt der Reinigung und Umgestaltung, die die machtvolle Kraft im Organismus bewirkt, zu verringern. Das Subjekt muß auf eine in jedem Sinn normale Weise der großen Feuerprobe entsteigen, verwandelt aber geistig gesund und mit unvermindertem Intellekt und Gefühl, um imstande zu sein, in Fülle die höchste Freude der zeitweiligen verzückenden Vereinigung mit dem unbeschreiblichen Meer des

Bewußtseins im übersinnlichen Zustand zu werten und zu schmecken. Denn nur auf diese Weise ist der Unterschied zwischen dem zerbrechlichen menschlichen Element in ihm auf der einen Seite und dem unsterblichen Geist auf der anderen zu bemerken und die unvergleichliche Glückseligkeit der Befreiung zu erfahren. Das unbedingte Sein jenseits des Ortes der Freude oder ihres Gegenteils besteht und ist der tatsächlich Genießende in der ichgebundenen bedingten menschlichen Kreatur, der Schauende und niemand sonst.

Neunzehntes Kapitel

MENSCH DER ZUKUNFT

Meiner Natur nach konnten keine Erscheinungen gewöhnlicher Art, sei es in Form von Verzückungen, die mit Visionen und Ekstasen verbunden sind, oder in der Gestalt von plötzlich erwachten psychischen Kräften, mich vollkommen überzeugen und die leisen beständigen Stimmen des Zweifels stillen. Diese Zweifel müssen jetzt im Lichte der modernen Wissenschaft gelöst werden, ehe die Existenz der geistigen Welt und die Möglichkeit der Entwicklung eines höheren Zustandes des Bewußtseins in einem normalen Menschen von streng rationalen Erwägungen bestätigt werden kann. Eine solche Erklärung muß dem Anthropologen ebenso überzeugend erscheinen wie dem Gottesmann und für den Psychologen ebenso vernünftig sein wie für den Geschichtsforscher. Die Antwort, die mir endlich nach einem halben Jahrhundert des Wartens und Beobachtens und nach fast einem Vierteljahrhundert der Leiden kam, war — wie es für alle universalen Gesetze charakteristisch ist — von auffallender Einfachheit. Sie vermochte einen Zweifel nach dem anderen zu stillen und eine wirksame Lösung des größten Problems der Menschen aller Zeiten zu geben. Es bedarf jetzt der Arbeit und des Opfers von anderen fähigen Männern und Frauen dieser und kommender Generationen, um es zur Hauptfrage der exakten Wissenschaften zu machen. An sie wird man sich wenden müssen, um Anregung und Führung zu empfangen. Zum ersten Mal wird man sich bewußt sein vom Zweck und Ziel der menschlichen Existenz, zu denen alle gemeinsam streben werden.

Ohne Stolz über die Errungenschaft, ohne Anspruch auf ein göttliches Amt, unterstelle ich demütig, kraft des gewonnenen Wissens, daß Religion in Wirklichkeit viel mehr ist als das, was sie jetzt bedeutet oder was man von ihr angenommen hat. Sie ist in Wahrheit Ausdruck des Antriebs zur Entwicklung im Menschen, der einem nicht wahrnehmbaren aktiven, doch regelmäßig funktionierenden organischen Kraftzentrum im Körper entspringt und unter günstigen Umständen willentlich angeregt werden kann. Ferner unterstelle ich, daß der übersinnliche Zustand, von dem wir nur ein schwaches, wenn auch unmißverständliches Bild durch die Beschreibung der Mystiker haben, die natürliche Erbschaft des Menschen ist — mit all seinen Gefühlen und Wünschen —, nur verfeinert und zurückgehalten, um in Übereinstimmung mit den Notwendigkeiten einer höheren Art der Wahrnehmung zu handeln. Auch, daß das Glück und das Wohlergehen der Menschheit abhängt von der Befolgung der noch unbekannten Gesetze dieser evolutionären Kraft, in Indien Kundalini genannt. Sie trägt alle Menschen einem glorreichen Bewußtseinszustand entgegen, in dem ihre Fähigkeiten zu handeln, zu lieben und zu genießen unversehrt bleiben und dadurch eher entzückt als geschwächt werden, einem geschulten Willen unterworfen, den Befehlen eines entwickelten Bewußtseins gehorsam und in Übereinstimmung mit den Verordnungen eines gut informierten Intellekts, der das Ziel vor sich klar im Auge hat.

Meine eigene Erfahrung, die sich über dreißig Jahre erstreckt, hat mich unwiderstehlich zu dem Schluß geführt, daß sich der menschliche Körper in der Richtung entwickelt, die von den Mystikern, Propheten und Genies vorgezeichnet worden ist und daß dies durch die Tätigkeit des wundervollen Instruments geschieht, das am Ende der Wirbelsäule ruht und hauptsächlich von der Kraft abhängt, die ihm von den Fortpflanzungsorganen zur Verfügung gestellt wird. Diese Kraft ist zwar nicht in ihrer allgemeinen Verwendung als Fortpflanzungsorgan im Menschen, sondern in der persönlichen Sphäre als Mittel zur Entwicklung der Geistigkeit, übernormaler Fähigkeiten und seelischer Kräfte seit altersher bekannt und dafür eingesetzt worden.

Wenn sie aktiviert wird und zu einer intensiven Tätigkeit in den Menschen erwacht, die schon auf dem Wege fortgeschritten sind und bei denen einige Faktoren, vor allem eine günstige Erbanlage, Konstitution, Lebensführung, Beruf und Diät vorhanden sind, dann kann sie sehr bemerkenswerte und äußerst nützliche Ergebnisse hervorbringen. Sie führt den Körper allmählich von seinem Geburtszustand über eine Stufe großer geistiger Wirksamkeit zum letzten Ziel, in dem kosmisches Bewußtsein und Genie vereinigt sind.

Zivilisatorische Arbeit und Muße, die des Mißbrauchs entkleidet sind, in den beide aus Unwissenheit und grundsätzlich falschen Vorstellungen vom Sinn des menschlichen Lebens gerieten, sind nur Mittel zu diesem hohen Ziel. Zur Zeit noch undurchdacht geleitet und falsch benutzt, müssen sie notwendigerweise einen Prozeß der Verfeinerung durchmachen, wenn das Ziel klar aufgezeigt ist. Die höchsten Entwicklungen der Zivilisation, Propheten, Mystiker, Genies zeigen klar die Richtung an und das Ziel der menschlichen Entfaltung. Im Licht der Tatsachen, die in diesem Band erwähnt werden, kann man bei ihnen allen gemeinsame Eigenschaften erkennen. Antrieb und leitende Kraft, die alle bewegt, ist ohne Ausnahme Kundalini.

Von diesem Blickwinkel aus kritisch betrachtet, führt alles in dieselbe Richtung: die alten religiösen Schriften Indiens, die esoterischen Lehren Chinas, die heiligen Lehren und Glaubensrichtungen anderer Länder, die Denkmäler und Reliquien der vorhistorischen Kultur mit Abwandlungen je nach der Entwicklungsstufe, nach der Umgebung, den Sitten und Gebräuchen der Völker. In hohem Maße waren in Indien, zu einem geringen Grade in China und bis zu einem bestimmten Ausmaß im Mittleren Osten und in Griechenland, wie auch in Ägypten die Methoden, die übernormalen mentalen Fähigkeiten und die geistigen Kräfte zu entwickeln, bekannt und wurden Jahrhunderte vor dem Christentum ausgeübt. In Indien wußte man von der Fähigkeit, geniale Begabungen zu übertragen. Sie wurde um ihres pragmatischen Wertes willen entwickelt. Es gibt genügend Material in den heiligen Büchern meines Landes, die diese Behauptungen auf beinahe jedem Felde bekräftigen. Die Lehre des Yoga, einer der größten Errungenschaften lang andauernder menschlicher Bemühungen, die sich über Jahrtausende erstreckt, verdankt ihren Ursprung der im Menschen vorhandenen Möglichkeit, sich selbst unter Mitwirkung des Bewußtseins zu einem höheren Zustand der funktionellen und organischen Wirksamkeit hin umzugestalten und dadurch immer näher an die ursprüngliche Substanz heranzukommen, die für seine Existenz verantwortlich ist. Diese Möglichkeit kann nicht zufällig sein, in einigen gegenwärtig, in anderen nicht. Noch kann sie ein rein künstliches

Produkt der menschlichen Beziehungen sein, völlig losgelöst von der Natur. Sie muß als eine Möglichkeit existieren, die naturgemäß im menschlichen Körper vorhanden ist und deren wirksame Materialisierung von Gesetzen und Faktoren abhängt, die noch nicht recht bekannt sind oder verstanden werden.

Die Erweckung von Kundalini ist das größte Unterfangen und das schönste Ziel für den Menschen. Es gibt absolut keinen anderen Weg für seinen rastlos suchenden Intellekt, die Grenzen des sonst bedeutungslosen physikalischen Universums zu überschreiten. Sie stellt der Wissenschaft die einzige Methode zur Verfügung, die empirisch die Existenz des Lebens als eine unsterbliche, alles wissende Macht jenseits der organischen Erscheinungen auf Erden feststellen kann. Sie bringt in ihre Reichweite die Möglichkeit der gezielten Entwicklung der Schöperkraft im Menschen, die von Geburt an noch nicht mit Genie begabt sind. Sie öffnet dadurch vor dem geistigen Auge des Menschen Wege und Kanäle zur Beschleunigung des Fortschrittes und eine Steigerung an Wohlergehen, die man sich heute unmöglich ausmalen kann. Dieser heldenhafte Weg kann aber nur von hochintelligenten, heiteren und ernsthaften Menschen eingeschlagen werden, deren Ideal die Keuschheit und edles Wollen ist. Der Versuch muß an ihrem eigenen kostbaren Fleisch gemacht werden und im gegenwärtigen Augenblick riskieren sie dabei ihr Leben.

Wenn die richtige Art von Menschen auf geeigneten Wegen die Führung übernimmt und die notwendigen Vorsichtsmaßnahmen getroffen werden, die zum Teil auf diesen Seiten erwähnt und in anderen Büchern noch ausführlicher erklärt werden, dann wird der Versuch mit Sicherheit erfolgreich sein. In einigen Fällen wird es genügen, das Wirken des Vorganges darzustellen, der nach Erweckung zu verschiedenen Ergebnissen führt. Die Reaktion, die im Körper erzeugt wird, kann sich nach einer Weile legen oder wie ein angezündetes Streichholz ausgehen, ohne im Menschen eine bemerkenswerte Veränderung herbeigeführt zu haben, nachdem sie als ein auffallendes und unheimliches Phänomen monatelang existiert hat, zugänglich der Beobachtung, Untersuchung und Messung. Sie kann aber auch nach verschiedenen langen Perioden schließlich zu einer immer anhaltenden Schädigung geistiger oder körperlicher Art, selbst zum Tode führen. Im letzten, wirklich erfolgreichen Fall wird der erzeugte Umwandlungsprozeß jenen erhabenen Zustand bewirken, der den irrenden Sterblichen in überirdische Höhen hebt, in die freudige Nähe der ewigen, alles wissenden, bewußten Wirklichkeit, die wundervoller als das Wunder und geheimnisvoller als das Geheimnis ist, die sich als verkörpertes Leben in unzähligen Formen um uns herum manifestiert, häßlich und schön, gut und schlecht, weise und töricht, lebensvoll, freudig und leidend.

Die Versuche, die uns den unbestreitbaren Beweis liefern für die Existenz eines Schöpfungsplanes, würden gleichzeitig eine neue und gesunde Richtung erkennen lassen, die von Natur aus für die Sublimierung der menschlichen Energie bestimmt ist. Sie würden auch die Sicht für menschliche Hilfsquellen öffnen, die heute für leichtsinnige Dinge vergeudet werden, für erniedrigende Vergnügungen und Unternehmungen, die mit der Würde des Menschen nicht vereinbar sind. Das Wissen um die sichersten Methoden zur Erweckung der Kundalini und ihre empirische Anwendung durch körperlich und geistig begabte edelste Menschen werden der Menschheit eine Periode goldener Ernte von überragenden geistigen Genies schenken. Diese und sie allein werden im Atom- und nachatomischen Zeitalter fähig sein, auf rechte Weise zur Erhaltung und zum Schutz der Menschen die höchsten Ämter zu bekleiden als Diener Gottes und Herrscher der Menschen.

Es ist nicht schwer zu erkennen, daß heute die Sicherheit der Menschheit stärker bedroht ist als jemals zuvor. Obwohl dies nicht den schrecklichen Ausgang herbeiführen und zum Auslöschen jeder Spur von Zivilisation auf Erden führen muß, wird wahrscheinlich doch eine große Verwüstung geschehen, die Millionen Menschenleben kostet und unsagbares Elend und Leid mit sich bringt, wie es in diesem Ausmaß noch niemals von der an Mühen und Katastrophen gewöhnten Menschheit erfahren wurde. Es war für mich ein Rätsel, warum die Weltsituation einen solchen drohenden Aspekt tragen sollte in einem Zeitalter einer demokratischen Regelung, eines noch nie dagewesenen Wohlstandes, eines unvergleichlichen Fortschrittes auf allen Gebieten der Wissenschaft, der weit verbreiteten Erziehung, Gedankenfreiheit und vor allem der fast vollständigen Herrschaft über die Hilfsquellen der Erde. Welche winzige Schraube war locker in einer sonst vollkommenen Maschine, die solch eine Störung verursachen konnte und die ganze komplizierte Maschine in Stücke zu reißen droht? Aber als die Antwort kam, sah ich sofort Licht, wo zuvor völlige Dunkelheit geherrscht hatte. In diesem Licht rollte das menschliche Schicksal vor mir ab und erlaubte mir, einen kurzen Blick in Vergangenheit und Zukunft des Menschen zu tun. So erkannte ich, warum seine Bemühungen, Reichtum anzuhäufen letztlich nur seine Ausschweifungen nähren; warum seine Versuche, Weltreiche zu gründen, immer zur Invasion führen; und warum seine Bemühungen, Macht zu gewinnen, unvermeidlich in Zwietracht enden. Diese ganze Erkenntnis wies auf eine nur kleine Schraube im menschlichen Körper hin, die bei einer so starken Vernachlässigung das Steigen und Fallen von Menschen und Völkern bewirkt wie eine feine Feder die Genauigkeit der Uhr.

Eine Menge von hochwichtigen Dingen, die dringende Aufmerksamkeit verlangen, werden auftauchen, wenn es feststeht, daß ein evolutionärer Mechanismus, der unablässig damit beschäftigt ist, das Gehirn zu einem vorbestimmten Stand des höheren Bewußtseins hin zu entwickeln, wirklich im Menschen existiert. Es ist nicht schwierig, sich ein Bild von diesen Dingen zu machen, von denen das wesentlichste die Richtung des evolutionären Antriebs ist, die biologischen Faktoren, die am Werk beteiligt sind, und die Art der Lebensführung, die für die Einzelnen und für die Gesellschaft notwendig sind, um den Prozeß der Verwandlung zu erleichtern. Es bedarf einer sofortigen Aufklärung, um beide, die im Augenblick über das Ziel noch völlig im Dunkeln sind, davor zu bewahren, nach einer Richtung zu drängen, die der von der Natur bestimmten entgegengesetzt ist. Ein solcher Konflikt kann nur in einem gigantischen Kampf enden, in dem, nach langem Leiden und viel Kummer — wie nicht unschwer zu verstehen ist —, die Partei, die ausgelöscht und verletzt wird, nur der Mensch sein wird.

Es ist leicht zu sehen, daß eine klar erkennbare Änderung in der äußerst feinen Fabrik des menschlichen Denkens vor sich geht, die wir gern dem Wechsel der Zeiten, der Moderne, dem Fortschritt, der Freiheit, der liberalen Erziehung und einer Menge anderer wesentlicher wie unwesentlicher Dinge zuschreiben. Von der Nähe betrachtet, entspringt der Wandel, obwohl teilweise von einem oder mehreren an die Oberfläche gebracht, aus der verborgenen Tiefe der Persönlichkeit, aus dem Ursprung des Lebens. Die Veränderung, wenn sie auch noch so klein ist, kann nicht auf einmal geschehen, sondern muß die gesammelte Auswirkung von nicht wahrzunehmenden Veränderungen sein, die im äußerst verzweigten psychophysiologischen Körper des Menschen während Jahrhunderten einer zivilisierten Existenz vor sich gegangen sind, in manchen Dingen unvereinbar mit den Gesetzen der Entwicklung. Für das rechte Wachstum des Menschen, von dem die Sicherheit und das Glück des Einzelnen und der Gesamtheit abhängen, ist es entscheidend, daß sein Geist eine harmonische und angemessene Verbindung von Gefühl, Willen und Gedanken ist, und daß die Entwicklung von Moral und Intellekt miteinander übereinstimmen. Wenn das nicht geschieht und ein ungleichmäßiges Übergewicht des einen, bei einer Unterentwicklung des anderen oder beider anderen besteht, dann ist es ein Zeichen, daß das Wachstum nicht normal ist und so niemals zum Glück und zum Fortschritt der Menschheit führen kann.

Die gegenwärtige beunruhigende Weltsituation ist das unmittelbare Ergebnis des unharmonischen Wachstums des inneren Menschen. Durch keine Anstrengung des Intellekts und durch kein anderes Kunststück kann die Menschheit der Strafe entgehen, die sie für ihre fortwährenden Verletzungen des evolutionären Gesetzes zu bezahlen hat. Wenn auch, wegen der absoluten Unwissenheit über den allmächtigen Mechanismus, noch nicht wahrnehmbar, nimmt Kundalini bei der Gestaltung des menschlichen Schicksals doch eine ebenso wichtige Stellung ein wie das Fortpflanzungssystem für den Fortbestand der Rasse. Die Zeit ist nahe, in der dieser Mechanismus seine Existenz fühlbar machen wird, allein durch die Macht der begreifbaren Begleitumstände, die keine andere Erklärung finden können. Nur muß der fortschreitende Teil der menschlichen Wissenschaft sich zuerst erweitern, um die Lücke aufzufinden, die in den geläufigen Erklärungen liegt, die dem Intellekt zugänglich sind.

Im heutigen Zeitalter der technischen Entwicklung ohnegleichen und hoher Explosivkräfte, die mächtig genug sind, ganze Städte in einem Augenblick auszulöschen, ist schon die geringste sprunghafte Richtung des Geistes in den Führern der Menschen, vor allem in solchen, die die Macht in Händen halten, im höchsten Sinne gefahrvoll für die Menschheit. Eine einzige unüberlegte Handlung oder eine unvorhergesehene Kette von Umständen als Reaktion auf das Verhalten ethisch minderwertiger, wenn auch noch so intellektuell begabter Menschen kann den Funken entzünden, der genügt, den ganzen blühenden Menschheitsgarten in Schutt und Asche zu verwandeln. Solange die grundlegenden Tatsachen über den Geist nicht bekannt sind und die Wissenschaft nicht im Besitz wirksamer Methoden ist, um die angeborenen Neigungen zu zügeln, die in Menschen mächtiger Stellungen Unheil von globalem Ausmaß anrichten können, wird die Menschheit fortfahren, auf der Spitze eines schlafenden Vulkans zu wandeln, der jederzeit eines heftigen Ausbruchs fähig ist.

Der einzige sichere Schutz gegen die über uns hängende Drohung eines Vernichtungskrieges liegt im umfassenden Wissen um Kundalini. Ich fühle die unsichtbare Hand des Schicksals, die mich trotz meiner Begrenzungen dazu treibt, eine beweisbare religiöse Wahrheit von höchster Wichtigkeit aufzuzeigen. Sie kann in dieser entscheidenden Zeit die Menschheit retten, die in das größte Unglück stürzt, das sie jemals erlitten hat, hilflos wegen ihrer völligen Unkenntnis der Gesetze des mächtigen Mechanismus, der im Körper eines jeden Gliedes der Menschheit am Werke ist.

Die einzige Kraftquelle, die ich besitze, ist die absolute Überzeugung von meiner unter allen Umständen zutreffenden Enthüllung über Kundalini. Ich bin vollkommen sicher, daß die hauptsächlichen charakteristischen Züge der Erweckung, die in diesem Buch beschrieben sind, ihre genau erklärten Ergebnisse und die letzten Folgerungen, die ich vorausgesagt habe, durch Versuche und durch die Bekräftigung von unerwarteter Seite, teilweise noch vor Ende dieses Jahrhunderts und vor allem in den kommenden Jahrhunderten bewiesen werden. Ich bin auch sicher, daß die Enthüllung eines mächtigen Naturgesetzes, das noch lange Zeit hätte im Geheimnis verborgen bleiben können, ohne daß jemand fähig gewesen wäre, es auch nur zu erraten, eine Art göttlicher Offenbarung ist. Ich wurde zu der Erkenntnis dieser großen Wahrheit Schritt für Schritt geführt durch das Wirken einer überirdischen Kraft in meinem Körper, die ihn stufenweise umformte, bis mein Nervensystem die erforderliche Leistungsfähigkeit erreichte. Ich war gleichsam dazu ausersehen, in den alten Wissenschaften unterrichtet zu werden, um sie in einer nachprüfbaren Form, die für die Geistesrichtung dieses Zeitalters angemessen ist, bekannt zu geben.

Man mag fragen, wie alles, was ich zu berichten habe, eine solche Wirkung auf die Welt ausüben wird, daß z. B. ein geistiges Klima geschaffen wird, das die Drohung der Kriege forträumt und in ein Zeitalter hineinführt, das günstig ist für die Errichtung einer universalen Religion, einer neuen Weltordnung, einer einzigen Weltregierung, die die Rassen- und Farbengrenzen niederreißt und andere sehr notwendige Reformen einführt, die dem ungehinderten Fortschritt und dem ununterbrochenen Glück der Menschheit dienen. Die Antwort ist einfach, vielleicht so einfach und gewöhnlich, daß es vielen schwer fallen mag, sie mit der großartigen Natur der Umwandlung, die sie hervorbringen soll, zu vereinen. Alle Änderungen, die ich erwähnt habe, werden hervorgebracht durch den einfachen Kunstgriff, empirisch den Wandel herbeizuführen, der im menschlichen Körper vor sich geht, wenn Kundalini willentlich erweckt wird. Bei jedem erfolgreichen Versuch würden die Ergebnisse so positiv sein, daß sie absolut keinen Raum mehr für Zweifel lassen. Sie wären auch so erstaunlich, daß sie die sofortige Änderung einiger der am festesten begründeten wissenschaftlichen Theorien und Auffassungen verlangen und unausbleiblich zur Verlagerung des Weltinteresses von rein materialistischen zu geistigen und seelischen Zielen führen.

Der glückliche Mensch, in dem die göttliche Kraft von Anfang an segensreich angelegt ist, der die psychischen und biologischen Gaben hat, die — soweit ich urteilen kann — ihn für einen günstigen Ausgang bestimmen, wird nach verschiedenen Zeitabständen, die sich normalerweise auf Jahre erstrecken, bemerkenswerte Entwicklungen innerlich sowohl als äußerlich aufweisen. Wenn man von den vorherrschenden Meinungen großer Denker ausgeht, kommen diese so unerwartet, daß sie sicherlich eine überwältigende Wirkung nicht nur auf den Menschen selber, sondern auch auf die geschulten Wissenschaftler ausüben werden, die mit der Beobachtung des Phänomens beschäftigt sind. Innerlich entfaltet sich der Mensch zu einem Schauenden, der Träger eines höheren Bewußtseins ist, mit einem geistigen oder sechsten Sinn begabt. Äußerlich wird er ein religiöses Genie werden, ein Prophet, eine geistige Größe mit einer unheimlichen Vielseitigkeit und Einsicht, mental vollständig verschieden von dem, was er vor der Erweckung war. In Ausnahmefällen — und solche Beispiele werden sich in der Zukunft ergeben, wenn mehr Tatsachen über die Arbeitsweise der mächtigen Kraft bekannt werden — kann sich der begünstigte Sterbliche zu einem Übermenschen entwickeln mit gewaltigen geistigen, mentalen und körperlichen Eigenschaften, zu einer Quelle des Wunders und der immer gegenwärtigen Ehrfurcht für die Menge, der Erleuchtung und Führung für andere, die schon fest auf dem Wege stehen, aber nicht dazu bestimmt sind, seine Höhe zu erreichen. Die meisten der erfolgreichen Priester werden früher oder später Zugang finden zu der ewigen Quelle der unendlichen Weisheit und werden aus ihr in unnachahmlicher Sprache Eingebungen schöpfen, die der Erleuchtung und Führung der Menschheit dienen.

Nur ein paar erfolgreiche Versuche würden genügen, um die Welt von der Gültigkeit und dem natürlichen Charakter des Phänomens zu überzeugen. Die erlangten Ergebnisse werden den Beweis bringen, der notwendig ist, um die Natur und den Zweck des religiösen Antriebs im Menschen herauszufinden. Sie werden die geheimnisvolle, überlegene Macht offenbaren, die den Propheten und Heiligen ihre Autorität und ihre Eingebungen schenkte. Sie werden den geheimen Brunnen der Kunst enthüllen und vor allem das unmittelbare Ziel, für das die Menschheit von Natur aus bestimmt ist und das sie unter allen Umständen erreichen muß, um in Frieden und Wohlstand zu leben. Auf der empirischen Seite werden die Wirkungen: Regelmäßigkeit und Einheitlichkeit der Symptome sein und die geordnete Abfolge des biologischen Prozesses, der deutlich von Tag zu Tag Jahre lang beobachtet werden kann und hindeutet auf die Tätigkeit einer überlegenen Art der Lebensenergie im Körper. Diese führt letztlich zum vollständigen Wandel der Persönlichkeit und zur Entwicklung von höheren geistigen Fähigkeiten. Die unbedingte Folge hiervor ist, daß der menschliche Körper durch das Wirken eines außerordentlichen biologischen Gesetzes, das der Wissenschaft noch ganz unbekannt ist, innerhalb von ein paar Jahren den evolutionären Zyklus beenden kann, der notwendig ist zum Erklimmen der nächsten Stufe. Im normalen Laufe der Ereignisse würde eine sehr große Zeitspanne zur Vollendung dieses Vorgangs benötigt.

Die überaus große Wichtigkeit der Fragen, die durch dieses psycho-physiologische Phänomen aufgeworfen werden, kann vom Blickwinkel der modernen wissenschaftlichen Richtung aus nicht übertrieben werden. Das Vorhandensein eines

Bewußtseins von übersinnlicher Art nach einem gewissen Zeitraum und die unausweichliche Folge des Erwachens der Kundalini in allen erfolgreichen Fällen stellen einen unumstößlichen Beweis für die Tatsache dar, daß die Erneuerungskraft, die im Körper am Werke ist, schon von Anfang an des höchsten Vorbildes gewahr ist, dem sie sich anpassen soll durch Umgestaltung des biologischen Prozesses, den sie in Gang gesetzt hat. Die Existenz einer empirisch beweisbaren Kraft im Körper, die nicht nur ganz vertraut ist mit den verwickelten psycho-physischen Feinheiten des Organismus, sondern auch fähig ist, diesen zu einem höheren Grad organischer und funktionaler Tätigkeit hin umzugestalten, um ihn in Harmonie zu bringen mit den Erfordernissen eines höheren Bewußtseinszustandes, kann nur einen einzigen Sinn haben: daß die geistige Kraft im Menschen, diesen zu einem schon bekannten und vorbestimmten höchsten Ziel führt, von dem die Menschheit keine Ahnung hat, es sei denn durch die religiösen Vorstellungen der Propheten und der Gott-Schauenden.

Man darf sich der Untersuchung nicht in einem Geiste der Eroberung oder der Anmaßung nahen mit der Absicht, eine Naturgewalt zu besiegen, wie dies für die Annäherung des Menschen an die Fragen der materiellen Welt charakteristisch ist. Hier muß man sich mit Demut nahen in einem Geiste völliger Hingabe an den Willen Gottes und in absoluter Abhängigkeit von der göttlichen Gnade, in derselben Geistesverfassung, mit der man sich der flammenden Sonne nähern würde. Es gibt keinen anderen Weg, der den Menschen offensteht als diesen, um zur Lösung eines sonst undurchdringlichen Geheimnisses der Schöpfung zu gelangen; keinen anderen Weg, der ihm offen ist, um herauszufinden, welchen Pfad ihm die Natur für seinen Fortschritt gegeben hat; keinen anderen Weg, um sich selbst zu erkennen und keinen anderen, um sich vor den furchtbaren Folgen der bewußten oder unbewußten Verletzung der mächtigen Gesetze zu retten, die sein Schicksal bestimmen. Es ist der einzige Weg, um den Abgrund zu überbrücken, der heute zwischen der Wissenschaft und der Religion gähnt, zwischen den sich bekämpfenden Parteien und Ideologien, und — tödlicher als die heftigsten Krankheiten, schrecklicher als alle Epidemien zusammengenommen — zwischen den religiösen Glaubensüberzeugungen, den Rassen, Nationen, Klassen und schließlich zwischen den Menschen selbst. Dies ist das unsterbliche Licht, das seit undenklichen Zeiten von der Natur hochgehalten wird, um die stolpernden Schritte der irrenden Menschheit durch die Windungen und Drehungen, durch das Auf und Ab des gewundenen Pfades zu führen. Es ist das Licht, das in den Propheten und den Weisen des Altertums geschienen hat, das weiter in den Genies und den Heiligen von heute scheint und in alle Ewigkeit weiter scheinen wird. Es erleuchtet das große Amphitheater des Weltalls für das wunderbare, nicht endende Spiel der ewigen, allmächtigen Königin der Schöpfung – für das Leben.

Pandit GOPI KRISHNA, *1903 in Kashmir geboren, meditierte seit 1920 und erlebte 1937 das Erwachen der Kundalini. Er war Regierungsbeamter bis zu seinem freiwilligen Rücktritt 1950. 1925 heiratete er und ist Vater von drei Kindern. Von 1950 bis 1966 beobachtete er seine innere Entwicklung, schrieb inspirierte Verse nieder und widmete sich dem Dienst der Armen. 1967 gründete er mit Unterstützung von Dr. Sinai Barbara R. Pleyer das »Research Center for Kundalini, the Spiritual Energy in Man«, in Nishat, Kashmir.*

INHALT

Von wesentlicher Bedeutung ist heute »die Begegnung zwischen den großen Kulturen des Westens und des Ostens. Der Versuch, das Gespräch zwischen diesen beiden Seiten in Gang zu bringen, ist vielleicht das wichtigste Geistige, was heute geschehen kann«.

Diesen Worten von C. F. v. Weizsäcker fühlt sich der Otto Wilhelm Barth Verlag seit Jahrzehnten verpflichtet. Er hat es sich zur Aufgabe gestellt — auf religiösem, kulturellem und psychologischem Gebiet — ein Spiegel des lebendigen Austausches zwischen Ost und West zu sein und Zeugnisse wie Dokumente aus den religiösen Bereichen der Völker den Lesern zugänglich zu machen. Der Verlag ist zugleich bemüht, an der Gestaltung des abendländisch-christlichen Menschenbildes mitzuarbeiten.

Bitte fordern Sie zur Orientierung über die Arbeit des Verlages unseren Gesamtprospekt an.